コレクティヴ・ジャーナリズム

中国に見るネットメディアの
新たな可能性

章 蓉 [Zhang Rong]

公益財団法人
新聞通信調査会

目　　次

まえがき ——————————————————————— 3

第1章　ジャーナリズムとは何か──危機論からの出発 ——— 9

1.1　ジャーナリズムとは何か　10
　1.1.1　定　義　10
　1.1.2　起源（日常生活の記録、政論新聞）　12
　1.1.3　「ジャーナリズム」の再検討　14
1.2　マスメディア・ジャーナリズムの功罪　16
　1.2.1　プロフェッショナルなジャーナリズムの確立　16
　1.2.2　マスメディア・ジャーナリズムの危機の本質　21
1.3　マスメディア側の革新　22

第2章　市民ジャーナリズムとコレクティヴ・ジャーナリズム ——— 26

2.1　ネットメディアの特徴とネットジャーナリズムの実践　26
　2.1.1　ネットメディアの特徴　27
　2.1.2　ネットジャーナリズムの実践　29
2.2　受け手が送り手へ　30
　2.2.1　市民ジャーナリズムとは何か　30
　2.2.2　ジャンル　32
　2.2.3　実　践　32

i

2.3 インターネット時代と集合知:「コレクティヴ・ジャーナリズム」の提起　39
　2.3.1　集合知とインターネット時代　40
　2.3.2　「コレクティヴ・ジャーナリズム」の提起　45

第3章　コレクティヴ・ジャーナリズムの理論的背景 ―― 48

3.1　公共圏理論　50
　3.1.1　公共圏とは　50
　3.1.2　公共圏理論とマスメディア　53
　3.1.3　公共圏理論とネットメディア　54
　3.1.4　公共圏理論とコレクティヴ・ジャーナリズム　57

3.2　討議民主主義理論　59
　3.2.1　討議民主主義とは　59
　3.2.2　討議民主主義理論とマスメディア　63
　3.2.3　討議民主主義理論とネットメディア　64
　3.2.4　討議民主主義とコレクティヴ・ジャーナリズム　66

3.3　「モニタリー・デモクラシー」(監視制民主主義)　68
　3.3.1　モニタリー・デモクラシーとは　68
　3.3.2　モニタリー・デモクラシー理論とマスメディア　70
　3.3.3　モニタリー・デモクラシー理論とネットメディア　71
　3.3.4　モニタリー・デモクラシー理論とコレクティヴ・ジャーナリズム　72

3.4　ソーシャル・キャピタル(社会関係資本)理論　73
　3.4.1　ソーシャル・キャピタルとは　74
　3.4.2　ソーシャル・キャピタル理論とマスメディア　77
　3.4.3　ソーシャル・キャピタル理論とネットメディア　80
　3.4.4　ソーシャル・キャピタル理論とコレクティヴ・ジャーナリズム　81

目　次

第4章　中国のマスメディアとジャーナリズムの発展──83

4.1　中国のマスメディアとジャーナリズムの歴史と現状　83
4.2　市場経済導入後のジャーナリズムの変化　88
　4.2.1　調査報道の実践：CCTVの「焦点訪談」と『南方週末』　89
　4.2.2　ローカルテレビ局の挑戦──民生ニュース放送　94

第5章　中国のインターネットの発展とネットメディアの実態──101

5.1　中国のインターネットの発展と利用状況　101
　5.1.1　中国のネットユーザー　101
　5.1.2　中国のインターネット利用状況　103
　5.1.3　中国のニュース関連サイト　106
5.2　参加型メディアとしてのネットメディア　116
　5.2.1　意見表明と議論の場であるBBS　117
　5.2.2　ニュースの集散地、ニュースサイト書き込み欄（コメント欄）　131
　5.2.3　ブログと微博　134
　5.2.4　各種ネットメディア（プラットフォーム）の比較　142
5.3　ネットメディアの光と影　144
　5.3.1　ネットユーザーの活躍とネットメディアの影響力拡大　145
　5.3.2　民衆のネットメディアへの期待　159
　5.3.3　国家のネットメディアへの期待と規制　164
　5.3.4　民間企業のネットメディアの商業利用　174

第6章　ネット事件と「集合的知性」が生み出すジャーナリズム──コレクティヴ・ジャーナリズム　179

6.1　ネット社会事件について　179
6.2　事例研究：華南虎事件　189
6.3　事例研究：闇レンガ工場事件　211

iii

6.4　事例研究：隠れん坊事件　218
6.5　事例研究：上海地下鉄チカン事件　229
6.6　ネット社会事件から見えるコレクティヴ・ジャーナリズム　234
　6.6.1　「コレクティヴ」のメカニズムの特徴　235
　6.6.2　コレクティヴ・ジャーナリズムの定義と基本要素の再整理　241

第7章　コレクティヴ・ジャーナリズムの意義と展望 ── 244

7.1　コレクティヴ・ジャーナリズムの普遍性と必然性　244
　7.1.1　世界の「コレクティヴ・ジャーナリズム」の実例　244
　7.1.2　中国のコレクティヴ・ジャーナリズムの必然性　248
7.2　コレクティヴ・ジャーナリズムの社会的意義　249
　7.2.1　公共圏の視点から見る社会的意義　250
　7.2.2　討議民主主義の視点から見る意義　252
　7.2.3　モニタリー・デモクラシーの視点から見る意義　254
　7.2.4　ソーシャル・キャピタルの視点から見る意義　256
7.3　コレクティヴ・ジャーナリズムの限界　258
　7.3.1　「コレクティヴ」に内在する問題点　258
　7.3.2　外部からの脅威　260
7.4　発展と展望　264
　7.4.1　2つのジャーナリズムの関係　264
　7.4.2　今後の発展に関する展望　267

注　271
参考文献　276
あとがき　289

コレクティヴ・ジャーナリズム
中国に見るネットメディアの新たな可能性

章　蓉

まえがき

　2007年10月、1枚の写真が中国で大きな議論を巻き起こした。陝西省林業庁は記者会見で「絶滅危惧種である華南虎が野生で生存している」と発表し、その証拠として1枚の写真を公表した（そのほか、70枚ほどの写真が撮られたという）。40年ぶりに野生の華南虎の写真を撮影した農民・周正龍は、地方政府から報奨金と栄誉証明書を受賞した。

　しかし、マスメディアで公表された虎の写真を見た一部の人々が不信感を募らせ、インターネットを中心に疑問を提示した。これがやがて写真の真偽をめぐる大論争へと発展したのである。各領域の専門家を含め多くの人々は、一般のネットユーザーとして議論に参加し、理論と実践の両面から多くの情報提供と論評活動を行った。当初は写真が偽物であると主張する「打虎派」と、写真が本物であると主張する「挺虎派」が互いに一歩も譲らなかったが、後になって問題写真と全く同じ姿をしている虎が描かれた古いポスターがネットユーザーによって発見された。これは、論争の的であった公表写真に写っていたのが「段ボールで作られた偽虎」であることの決定的な証拠となり、人々の議論の焦点も写真の真偽から、地方政府の責任問題・信頼問題へと移り、偽写真を作らせたのは関係役人たちの故意の欺瞞行為ではないかという方向にシフトした。最終的に、陝西省政府は謝罪声明を発表し、関連役人たちの免職処分を決定した。また、後の訴訟では周正龍に実刑判決が言い渡されている。

　この事件は「華南虎事件」（通称「周老虎事件」）と呼ばれ、「中国のネットユーザーたちが勝ち取った大きな勝利」として、2007年の中国のトップニュースの一つとなった。現在でも中国ではよく言及されている代表的な「ネット社会事件」の一つである。

　華南虎事件だけではなく、インターネットとソーシャルメディアの発展に伴い、2000年以降中国では「ネット社会事件」が多発してきた。

　2003年の「孫志剛事件」（強制収容制度による犠牲者）[注1]、2007年の「闇レン

ガ工場事件」(闇工場における強制労働)[注2]、2009年の「隠れん坊事件」(留置所内での拘束者の不審死)[注3]、「鄧玉嬌事件」(腐敗官僚による女性暴行)[注4]など、インターネットという媒体を介し、多くのネットユーザーの積極的な参加により、社会やマスメディアに大きな影響を与えたこれらの「ネット社会事件」は、中国で非常に認知度が高く、現在も大きな影響力を持っている。

　この30年余り、中国社会は大きく変化してきた。経済の生産総量は世界2位に登りつめる一方、多くの矛盾も蓄積し、格差の拡大、官僚の腐敗、不動産の高騰、教育、医療問題など社会問題が山積している。

　中国で「ネット社会事件」が多発する理由には中国社会の急激な変動とマスメディア・ジャーナリズムの機能不全が考えられる。中国のマスメディアが依然として政府の統制下にあり、敏感な内容が含まれている社会事件は、一般的に主流メディアのアジェンダ・セッティング(議題設定)にはなかなか上がらない。報道されても、政府の発表をうのみにして、真相と程遠い偏った報道となってしまうことがしばしば見受けられる。一方、1990年代後半からインターネットが出現したことによって、人々のニーズにある程度応えることができるようになった。ネットメディアは物理的に一般の人々が参入しやすく、広い範囲で提供される情報はタイムリーに更新される。そして情報の交換と活発な議論を可能にした。インターネットの存在がマスメディアの情報独占を打破し、ネットユーザーたちの積極的な関与によって、マスメディアで取り上げられていない話題がネットを通じて、最終的には全国的に注目される事件に発展した。中国の場合、ネット情報に対する政府の制限もあるが、市民は政治や経済に関する多くの情報をインターネットから入手しているため、ネットで形成された世論・言説空間はますます無視できない存在になってきた。

　もちろん中国以外でもネットメディアの普及により、ネット発端の新聞記事が増えている。しかし中国のネットメディアほど市民の生の声を反映するツールとしての役割を果たし、マスメディアと比べても高い信頼を得ている例はまれであると言えよう。例えば、日本ではメディアの信頼度において、新聞が71.3％、テレビが65.7％と、マスメディアに対する信頼が依然として高いのに対して、インターネットの信頼度は31.3％にとどまっている(総務省情報通信政策研究所「平成25年情報通信メディアの利用時間と情報行動に関する調査(速報)」)。他方で、中国ではマスメディアに対する信頼度は78％、ソーシャルメ

ディアに対する信頼度が67％という調査結果（エデルマン社「2013 Edelman Trust Barometer」）から、ネットメディアが比較的信頼されていると言える。さらに、中国の民衆に対する調査[注5]によると、「一般市民が不正などを告発する窓口をどこに求めるか」という質問に対して、最も多かった答えはネットの35.8％、次は一般のメディアで31.3％、さらに共産党の規律検査委員会17.2％、検察院11.4％、上級の政府機関3.3％、警察は0.5％であった（中国青年報社会調査センター、2009年調査）。つまり一般市民が、何らかの不正を告発しようとする際、警察は最も信用が低く、党や政府の部門はメディアほど信用できず、マスメディアよりネットメディアが信用できると考えていることが示されている。

　ネット社会事件においては、ネットユーザーたちがインターネットを主な拠点として、情報提供、オフラインでの証拠収集、粘り強い議論と継続的な監視を行ったことが大きく貢献した。それによって、法令の改正が促されたり、不正官僚が罷免に追い込まれたり、奴隷労働を強いられている労働者が多数救出されたりするなどの結果をもたらした。ネットユーザーの発言の中には罵詈雑言も入っており、全て理性や情報の真実性が保証されているわけでもない。ただし、十分な量の情報提供により、間違った情報、情緒的な意見などが徐々に脱落していき、最終的に真相が浮かび上がったのである。中国のネットユーザーの言論活動がジャーナリズム的な力を発揮している。

　しかしながら、その言論活動は、市民記者サイトが中心的な役割を果たしているわけでもなく、一人のユーザーが中心的な存在でもない。今まで情報の伝送路である「マスメディア」はほぼプロフェッショナルな記者たちに独占されてきたが、インターネット時代に、非プロフェッショナルな人々が情報の送り手となり、「記者」に相当する役割を果たすようになったと言えよう。このような現象は、ジャーナリズムの語源である「ジャーナル」が持つ「日常生活の記録（市民の誰でも記者になれる）」という意味と一致する。

　また、インターネット時代のジャーナリズムには、個人の役割も重要だが、情報の収集、伝播、集約および論証というプロセスが、一種の共同作業となっていることも観察されている。特に中国の場合、現実社会の公の言論が非常に限られているため、インターネット上の匿名の言論空間は重要な言論の場になっている。大勢の人々の参加、複数の視点の提示、多方面からの情報提供とい

う「集合的な作業」の存在は、中国のインターネット・ジャーナリズムの重要な特徴とも言える。

　これまでのジャーナリズムの定義は、マスメディアによるニュース（社会的出来事）に関する報道・解説・論評などの活動に限定されていた。客観中立・不偏不党など、ジャーナリストの個人の主体性や理性などが強調されてきた。その後、例えばオルターナティヴ・メディアや市民参加型メディアが発展し、主観性がある程度許されてきたとしても、記事の事実の確認や市民記者の主体性・理性などが依然として必要とされている。

　一方、中国のネット社会事件は明らかにジャーナリズム的な力を発揮している一方、明らかにインターネット発で、脱中心的「主体なき」ジャーナリズムでもある。これまでただ「ネット世論」として捉えられがちだったが、ジャーナリズムの視点からこの現象をどう捉えたらよいのだろうか。

　本書は、この新しいジャーナリズム形式に着目し、これは中国のマスメディアの状況、インターネットの発展と密接な関係にあることを考えた。そして具体的なネット社会事件の事例を取り上げることにより、集合知（コレクティヴ・インテリジェンス）が働く「コレクティヴ・ジャーナリズム」を本書で提起し考察する。

　現在、インターネットとソーシャルメディアの発展とともに、既存のジャーナリズムは「危機的な状況」に陥り、ジャーナリズムとは何かを問い直す機運が高まっている。その一方で、現場のジャーナリストや学界の研究者の中にはマスメディアのポテンシャルを再認識し、マスメディアを再生させようという動向が確認できる。米国のパブリック・ジャーナリズム運動や日本の「地域ジャーナリズム」など、マスメディアの持つ影響力と可能性に着目し、新たな形のジャーナリズム研究が続けられ、各国の政治、経済や社会状況に応じてさまざまな実践が行われている。

　本書では、中国の事例を中心に考察することで、今まで単に「ネットジャーナリズム」とくくられてきた実践活動を、理論的かつ正確に捉えることを試みたい。また、中国の事例は決して孤立的なものではなく、他国と共通している部分もあると考えられるため、「ジャーナリズム」研究に貢献することも期待している。

以下は本書の構成である。

第1章と第2章は理論のレビューで、ジャーナリズムの定義をもう一回問い直し、ジャーナリズムの危機の本質を確認する。また既存の市民ジャーナリズムの発展と限界についても考察する。第3章は民主主義に関する4つの理論を援用し、コレクティヴ・ジャーナリズムの社会的意義を検討する。

第4章からは中国の事例に入る。中国のマスメディアの歴史と現状をレビューする。中国でネットジャーナリズムが発展したのは、マスメディアとジャーナリズムの機能不全が大きな要因である。

第5章は、中国のネットメディアの発展状況について紹介する。ネットメディアの基本状況、ネットユーザーの属性などを検討した上で、参加型メディアとして、電子掲示板（BBS）、ニュースのコメント欄、ブログ、ミニブログ（中国版ツイッター）などのネットプラットフォームの特性について分析する。さらに、影響力が拡大するネットメディアに対し、政府権力と商業主義がどのように対応しているかについても考察する。

第6章では中国の4つのネット社会事件を主な例に、その発生・発展・収束のプロセスを分析することを通じて、アジェンダ・セッティング、情報収集、論評活動といったジャーナリズムの基本要素を検証し、コレクティヴ・ジャーナリズムの特徴とメカニズムを分析する。

第7章では、他国の事例も引用しながら、コレクティヴ・ジャーナリズムが必ずしも中国特有の現象でないことを説明し、限界と課題を考察した上で、その可能性を展望する。

文献表記について

1、参考文献について
　著者（出版年）『書名』出版社
　訳書の場合、原著者名（原書の出版年＝訳書の出版年）『書名』訳者名　出版社（欧文出版情報）の順で記載。

2、研究者名の表記について
　本書の中で他の論者に言及する場合、初出時にはその氏名はフルネームで記載し、2度目以降は名字のみ。ただし言及する論者に同姓の者が複数いる場合は、2度目以降もフルネームで記載。

3、文献注について
　基本は、（著者名　出版年：ページ数）で記載。
　訳書の場合は、［原著者名　原書の出版年＝訳書の出版年：ページ数］。

4、本書の中では中国語文献も多く引用している。同姓の著者が複数いて文献注で判別が難しい場合は、漢字表記でフルネームを記載。

第1章　ジャーナリズムとは何か──
　　　　危機論からの出発

　近年「ジャーナリズムの危機」と「民主主義の危機」がよく論じられている。米国や欧州では広告収入の激減などで名門地方紙の破綻が相次いでおり、それに伴い、新聞やテレビ業界では記者の大量リストラや制作経費削減が現実に行われている。取材体制の脆弱化が報道の質の低下を招き、ジャーナリズムと民主主義が危機的状態にあることが論じられている。

　ジャーナリズムを危機的状態にさせた張本人は、「ネットメディア」であるという指摘も少なくない。インターネットの普及により、伝統的なメディアから読者や視聴者が流出し、その主な収入源である広告収入が大きく減少した。電通が発表した2013年の統計データによると、インターネットはすでに新聞を抜いて、テレビに次ぐ2番目の広告媒体になっている。またインターネットの出現により、プロフェッショナルな記者がアマチュアのネットユーザーに挑戦され、ジャーナリズムと非ジャーナリズムの境界線が曖昧模糊なものになり（Peter Dahlgren 2013）、プロフェッショナリズムが危機に直面しているという指摘がある。

　インターネットの脅威に対応するために、マスメディア側も改革に乗り出し、多くの伝統的なマスメディアがウェブサイトを開設した。新聞社は、オンライン版を発足させることで、情報到達力、影響力の縮小を防ぎ、オンライン事業で広告収入の減少を補う目的で、インターネット事業を展開している。

　しかし、こうした意味での「危機」は、あくまでもマスメディアの経営上の危機、すなわち従来のマスメディアのビジネスモデルの危機であり、「ジャーナリズムの危機」はインターネットが出現する以前にすでに言及されており、それは「マスメディア」のアイデンティティーの危機であるとも認識されている（三好崇一1995）。

　本章では、「ジャーナリズムの危機論」の本質を考察するために、まず、ジャーナリズムの概念・語源を整理し、その歴史をさかのぼり、淵源からその定義を再検討する。また、マスメディア、プロフェッショナリズムとの関連性を

分析する上で、ジャーナリズムとマスメディアは分離して考えるべき概念であり、プロフェッショナリズムも、必ずしもジャーナリズムの必須条件ではない。現状では「マスメディア・ジャーナリズムの危機」とよく議論されているが、「ジャーナリズムの危機」ではない可能性も十分にあることを明らかにする。インターネットは「ジャーナリズムの危機」の張本人であるというより、ジャーナリズムの新たな担い手となることも十分に考えられる。

1.1 ジャーナリズムとは何か

　現代社会において、マスメディア・ジャーナリズムはすでに制度化されており、ジャーナリズムに関わる倫理・原則などはほとんど「マスメディア・ジャーナリズム」の職業倫理・原則に依拠するものである。しかし、メディアを取り巻く状況が激変している現在、ジャーナリズムとは何かが問い直されている。

　現在通常に言われている「ジャーナリズム」は、いわゆる「マスメディア・ジャーナリズム」で、それはジャーナリズムが一定の歴史段階（産業革命・資本主義）で形成された概念と考えた方が妥当であろう。ジャーナリズムには民主主義と商業主義（ビジネスモデル）という2本の柱が存在しているため、「権力への監視」「社会の木鐸（ぼくたく）」などの原則がある一方で、より多くの読者とオーディエンスを獲得するために、「客観中立、不偏不党」などの職業倫理も形成された。それらの原則と職業倫理を保証するためには、ジャーナリスティックな「プロフェッショナリズム」が要請され、確立されたのである。

　しかし、ジャーナリズムの歴史をさかのぼれば、ジャーナリズムとマスメディアは異なる概念であり、さらに、「プロフェッショナリズム」がジャーナリズムの必須条件でないことも明らかである。ジャーナリズムの淵源をたどることにより、ネットジャーナリズムへのヒントが幾つか見えるのではないかと考えられる。

1.1.1 定　義

　ジャーナリズムという言葉の意味については、各種の学術著書の中で数多く論じられてきたが、まだ統一した定義がなく、経験的に語られることが多い。林香里によると、ジャーナリズムは「無自覚に、そして定義されないままに使われてきた…（中略）…概念を定義することを仕事の根幹とする学問の世界に

おいても、『ジャーナリズム』という言葉は、定義されぬままに、経験的な理解をもとに把握されることが多い」(林2002:16)。実践と理論（学界）の意見がある程度分離されていることがうかがえる。

一般的な定義を見てみよう。『広辞苑』第五版によると、ジャーナリズムとは「新聞・雑誌・ラジオ・テレビなどで時事的な問題の報道・解説・批評などを行う活動。また、その事業、組織」と説明されており、『現代用語の基礎知識』2003年版では「時事的な事実や問題の報道・論評の社会的伝達活動」とされている。

次に研究者が下したジャーナリズムの定義を見ると、マスメディアと新聞を混同して定義するケースも少なくない。

例えば、やや古いところでは、鶴見俊輔が、「『ジャーナリズム』とは、新聞・雑誌のことを言い、戦後にはそれだけでなく、ラジオやテレビなどもふくめるようになった」と述べている（鶴見1965:7）。また内川芳美と新井直之は「ジャーナリズムとは何か」という問いに対して、次のように指摘した。「（ジャーナリズムは）新聞の同義語として使われたり、新聞・雑誌業のことであったり、新聞・雑誌の編集活動を指したりで、意味は場合によっていろいろである」（内川・新井1983:i）。鶴見の定義は完全にジャーナリズムとマスメディアを同等化しており、また内川・新井が指摘したように、ジャーナリズムとマスメディア（特に新聞）との関係が非常に深いということが分かる。

研究者らの定義を踏まえた上で、ジャーナリズムが成り立つ幾つかの「要点」をまとめることができる。

まず、マスメディア（定期刊行物）とジャーナリズムとの緊密な関係があるという点である。長い間、ジャーナリズムはマスメディア（新聞）と同義語として使われてきたことから、マスメディアはジャーナリズムの重要な活動の場であることは間違いない。

次に、ジャーナリズムが「報道と論評活動」という活動である点が挙げられる。事実の報道（news）と論評・観点の提示（views）がジャーナリズム活動の重要な構成部分なのである。

さらに、時事性が必要となる。ジャーナリズムは新しく発生した事象を報道・論評するのが一般的であり、時折古いニュースが持ち出されるのは、「いま、現在」との関連性がある場合に限られる。

11

最後に、ジャーナリズムには受け手と送り手が存在するということ。受け手は「一般大衆」で、送り手はジャーナリスト／マスメディア機関である。
　このほか、マスメディアを下部構造と見立て、ジャーナリズムはその上部構造である意識活動と捉える研究者もいる（花田達朗1996）。論評活動も、なるべく「公平公正・不偏不党」という独立の立場を保たなければならない。また「民主主義の番犬」「社会の木鐸」であるために、批判精神が必要とされる。送り手の報道活動や論評活動の「質」を保障するために、プロフェッショナルが強調されることが多い。
　一方、林香里は『マスメディアの周縁・ジャーナリズムの核心』で「マスメディア」と「ジャーナリズム」の峻別を行い、以上の共通項はあくまでも「マスメディア・ジャーナリズム」の要件で、必ずしもジャーナリズムの必須項目ではないと論じた。
　近年はジャーナリズムの定義に、新聞、テレビ、ラジオと並列する形で、インターネットもジャーナリズムの担い手であるという認識が増えてきた。例えばボブ・フランクリン（Bob Franklin）らによる『ジャーナリズム用語事典』によると、「ジャーナリズムにとって最も基本的なことは、何かを見つけ、新聞、ラジオ、テレビまたはインターネットを通して人々に見つけたものについて述べることである」（フランクリンほか2005＝2009：122、傍点は筆者）と記され、インターネットもジャーナリズムの重要な担い手の一つとして認められている。また、「何かを見つけ」という点の強調も、今までの定義にはあまり直接には出ていないが、ジャーナリズムにとって重要な「アジェンダ・セッティング（議題設定）」という要素が言及されている。ただし、フランクリンらの定義では、インターネットは急速な普及と影響力の拡大で、マスメディアの仲間入りを果たしたようにも見え、インターネットが担うジャーナリズムの独自の特徴はあまり表現されていない。

1.1.2　起源（日常生活の記録、政論新聞）

　現代社会のジャーナリズムはマスメディア（新聞、テレビ、ラジオ、雑誌）と非常に強い関係を持っているが、インターネットの出現により、「ネットジャーナリズム」が認識されるようになった。その一方で、ジャーナリズムの歴史をさかのぼることにより、ジャーナリズムの概念自体がもっと柔軟で、多種多

様であることが分かる。

　近代ジャーナリズムの発祥地はヨーロッパであるとされており、2つの起源があると考えられる。

　1つは、17世紀初めの欧州において海外交易情報を伝えるニュースブックやニュースレターと呼ばれる新聞の初期形態の登場が、ニュース報道の始まり、すなわちジャーナリズムの起源と見なされている。ニュースブックやニュースレターの編集者も閲読者も、政治的・経済的にパワーを持つ人で、決して一般大衆ではなかった。同時に、香内三郎は政治革命がジャーナリズムの出発点であると論じた（香内1982:132）。つまり、ジャーナリズムの起源を政治経済・政論新聞に見いだすことができる。

　もう1つは民衆的生活世界レベルに近いものである。村上直之は16世紀英国のブロードサイド・バラッド[注6]に注目し、「より民衆的生活世界レベルに沿ってさかのぼるならば、早くも16世紀のブロードサイド・バラッドの誕生にそれ（筆者注：ジャーナリズム）を見いだすことができるのである」（村上1995:40）と述べている。その理由は、ブロードサイド・バラッドの持つ「『トピカリティ』（筆者注：時事性）という特徴にこそ近代的な『ニュース』という観念の萌芽がひそかに芽生えつつあった」（村上1995:40）とされている。

　また、鶴見もジャーナリズムの語源である「ジャーナル」に注目し、ジャーナリズムの日常性を重要視した。鶴見によると、「ジャーナル」はもともとラテン語で、「ディウルヌス」は「一日の」という形容詞、「ディウルナ」は日刊官報を意味する。英語となってから毎日つけられる記録は全てジャーナルと呼ばれるようになる。公のことを毎日記録するローマの官報『アクタ・ディウルナ』にしても、毎日の私事を記録した17世紀英国のピープスの日記にしても、ともにジャーナルである。「ジャーナリスト」という英語の単語は、第一に新聞記者・雑誌記者を意味するが、第二には日記をつける人という意味を持っている（鶴見1965:7）。

　以上のように、ジャーナリズムの起源については、政治・経済の発展のプロセスを起源とするものか、あるいは一般市民の日常生活を起源とするものかといった分岐が生じている。ただし、現代では、「政治的ビラやパンフレットも、市民の日常の日記的記録も、『ジャーナリズム』とは呼ばない。多くの場合、そのような言説は、プロフェッショナリズム不在の、独善的あるいは個人的な、

偏見に満ちたものと判断されて、今日の『ジャーナリズムの世界』から却下されてしまう」（林2002:16-17）。今日のジャーナリズムと呼ばれ得るものは、制度として確立されたマスメディア・システム、あるいはプロフェッショナルな職業訓練を受けたジャーナリストが行うものでなければならないと、普遍的に認識されていると言えよう。

1.1.3 「ジャーナリズム」の再検討

　こうした「一般的」「経験的」なジャーナリズムに関する理解は、主に「マスメディア・ジャーナリズム」の基準で判断されていると言えよう。インターネットの発展に伴い、政治的な言論（機密とされる情報を含む）へのアクセスもパワーを持つ人だけでなく、ウィキリークス（WikiLeaks）のようなサイトがあれば、一般の人々にも開かれている。また、ブログ（Blog）やツイッター（Twitter）、フェイスブック（Facebook）などのソーシャル・ネットワーキング・サービス（SNS, Social Networking Service）を通して、一般市民が日常生活をつづる文章が公になる機会が増えている。もちろん、現在も多くの場合、こうしたネット上の情報公開を「ジャーナリズム」に値するものとは認めていない。

　近年、インターネットの発展に伴い、「ジャーナリズムとは何か」を問い直す機運が高まっている。研究者やメディア実践者（アクティヴィスト）の間で、ジャーナリズムの語源である「ジャーナル」（毎日の記録）をもう一度評価する傾向が見られる（林2002；白石草2011）。前述のように、鶴見は「ジャーナリズム」の含意を語源までさかのぼり、そして、市民の記録活動にジャーナリズム蘇生の希望を託したのである。

> 　日本ではやくから日記文学が発達したこと、おおやけのものだけでなく、わたくしの記録もまた重んじられてきたことの中に、日本のジャーナリズムの根があるだろうし、今後も新聞・雑誌などの職場をすでに与えられた者の活動を越えて、市民のなしうる記録活動全体の中にジャーナリズムの根を新しく見出すことに日本のジャーナリズムの復活の希望があると思う（鶴見1965:8、傍点は筆者）。

鶴見が希望を託していた市民の記録活動は、ある程度現実のものになっている。読み書きさえできれば、またビデオ／カメラ付きの携帯を持っていれば、誰でも情報の送り手と記者（ジャーナリスト）になれる。ジャーナリズムの世界は一握りのエリートだけで構成されるのではなく、一般の人々にも開かれるのである。

　本書は、ジャーナリズムの語源である「ジャーナル」、つまり一般市民の日常生活の記録という表現活動に焦点を当てる。これは今日のマスメディア・ジャーナリズムとは異なり、非プロフェッショナルな一般の人々もジャーナリズムを担うことができる、という重要なメッセージが含まれているからである。

　こうした非プロフェッショナルな一般の人々が担うジャーナリズムに関して、「個人的で、独善的で、偏見に満ちた」というマイナスな評価は常に付きまとっており、そして誹謗中傷やセンセーショナルな内容も多く含まれているのが実情である。初期段階のジャーナリズムには、ゴシップやセンセーショナルな内容も多かった。近代ジャーナリズムの誕生はブロードサイド・バラッド[注6]に見いだされたと同時に、ジャーナリズムは「イギリス犯罪報道の社会史」でもある（村上1995）とする論考と、「ジャーナリズムの原点はゴシップである」（鈴木明1992）というような論考がある。ジャーナリズムの発展過程で存在していたイエロー・ジャーナリズムと、現存する娯楽新聞のパパラッチや人物中心で興味本位のヒューマン・インタレスト、さらにメディア・スクラム（集中豪雨的な報道）などを想起すると、ジャーナリズムには娯楽的な内容、センセーショナルな報道手法は、付きものであるとも言える。つまりジャーナリズムはそもそも「高尚」なものばかりではなく、人間の喜怒哀楽や興味本位もそのつど込められていると考えられる。ただし、マスメディア・ジャーナリズムは数百年の発展を経て、プロフェッショナリズムや職業倫理が形づくられており、誹謗中傷に対して処罰や救済の措置などが取られている。

　一方、ネットメディアでは匿名性が一定程度保たれているために、誹謗中傷の発言や流言飛語は少なくない。またプロフェッショナリズムなど制度的に確立されていないため、インターネットは果たして「ジャーナリズム」を背負うのに適するのか、と疑問視する声が少なくない。マスメディア・ジャーナリズムの数百年の発展の歴史に比べれば、インターネットの普及は二十数年の歴史しかない。ネットジャーナリズムにはまだいろいろな不備があるが、長い目で

見れば、規範形成や修正する時間を与える必要がある。

1.2　マスメディア・ジャーナリズムの功罪

「ジャーナリズム」の概念は時代とともに変化してきた。メディアを下部構造とし、ジャーナリズムをその上部構造とするならば、政治経済学的に言うと、上部構造は下部構造に決定されるため、下部構造が変化するたびに、ジャーナリズムの内包（intension: ある概念が持つ共通の性質のこと）と外延（extension: 具体的にどんなものがあるか）が変化する。インターネット・ソーシャルメディアが急速に発展している今日では、下部構造であるメディアが大きく変化し、ジャーナリズムがそれに応じて変化するのが時代の要請とも言える。

既存のマスメディア・ジャーナリズムを分析し、その変わるところと、変わらないところは何かということを検討することも重要と考えられる。本節では、マスメディア・ジャーナリズムの発展軌道をたどり、技術の進歩がいかにメディアを変化させ、民主主義とビジネスモデルがいかにプロフェッショナリズムの確立に関係し、またマスメディア・ジャーナリズムの危機の本質はどこにあるのか、を考察していきたい。

1.2.1　プロフェッショナルなジャーナリズムの確立

長い間、「ジャーナリズム」は「マスメディア・ジャーナリズム」と同意語であった。ジャーナリズムの形成はマスメディアの発展と深く関わっており、すでに制度化・組織化されている。現在も、ジャーナリズムを担うのが記者／ジャーナリストであるという意見が根強く存在し、「プロフェッショナル」が必須条件とされる。例えば、フリーランスという特定のメディア機構に所属しない記者の場合でも、かつてマスメディアでの就職経験や、プロのジャーナリスト／記者であるという経歴を持たなければならないとされてきた。

プロフェッショナルなジャーナリズムがなぜ成立したのか。ジャーナリズムのプロフェッショナリズムにどのような内容が包含されているのか。ビジネスモデルと民主主義の両面から検討していきたい。

(1) マスメディア産業の成り立ちからの要請
・技術の革新とマスメディアの発展

　19世紀末期、産業革命とともに輪転機が改良され、高速印刷が可能になったため、新聞の印刷部数と販売部数が驚異的に伸びた。また、電波を利用する通信技術が発展し、電報や電話の実用化によって迅速な情報通信が可能になった。それに伴い、大手の新聞社や通信社が誕生し、影響力を拡大してきたのである。こうした技術の進歩の半面、メディア業界における競争が激化し、ニュースの生産過程において時間と空間の両面において強い要求を出される宿命も背負うようになった。一つの記事を何時までに、原稿用紙何枚で書かなければならないという制約が生まれる。新聞の配達においても、日刊紙では毎朝のある時刻までに新聞を読者に届けることが要求されるようになった。

　時空間の制約はニュース生産過程の「標準化」を要求し、情報を迅速に処理でき、短時間に記事にまとめる専門家が必要となるため、新聞社や通信社は「情報を加工できる能力のある高等教育を受けた知識人をプロ記者として採用する」（呉連鎬2004＝2005：64）。同時に、写真や映像の撮影なども専門的な技能が求められ、カメラなどの機材も高価であったため、訓練を受けたプロフェッショナルな人材が必要であったと考えられる。

・イエロー・ジャーナリズムとセンセーショナルな報道への反省

　プロフェッショナリズムの規範が確立されたもう一つの理由は、センセーショナルな報道とイエロー・ジャーナリズム（Yellow Journalism）への反省だと考えられる。前節でも言及したように、センセーショナルな記事は16世紀英国のブロードサイドにさかのぼることができる。ブロードサイドの内容は、「政治風刺、社会戯評、ラブソングから災害、惨劇、絞首刑、さらには『世にも不思議な出来事』に至るまで多岐にわたっている」（村上直之1995：37）。産業化と技術の発展とともに、新聞が急成長し、「マス」メディアとなると同時に、その内容も大衆化するようになった。ペニーペーパーと呼ばれる安価な新聞が大量発行され、読み書き能力を手に入れたばかりの労働者層がその主な読者層になった。このプロセスの中で、発行部数を伸ばすために、新聞社の間で熾烈な価格競争と読者の争奪戦が繰り返された。

　イエロー・ジャーナリズムは1830年代に起源をさかのぼることができるが、主に1880年代に米国で発展したものである。「センセーショナルで感情に訴え

る内容が特徴であるイエロー・ジャーナリズムは既存の新聞の合理的かつ偏見のなさが強調される内容とは明らかに対照的で、現代におけるタブロイド・ジャーナリズムの典型的な先駆けと見なされる」(フランクリンほか2005＝2009: 6-7)。センセーショナルで安価な新聞は確実に読者層を拡大し、発行部数を伸ばした。中でも有名な事例は19世紀末期から20世紀初期まで続いた米国のピュリッツァー (Joseph Pulitzer) の『ニューヨーク・ワールド』とハースト (William Randolph Hearst) の『ニューヨーク・ジャーナル』の間で繰り広げられたイエロー・ジャーナリズム「戦争」である。

　イエロー・ジャーナリズムはこれまで新聞と無縁な読者層を開拓し、また撲滅運動ジャーナリズムとして社会変革にもつながった点など、評価する意見もある一方で、センセーショナルな記事の乱用や誇張・捏造（ねつぞう）などがあふれたためジャーナリズムの価値をむしばむと批判する声が絶えない (フランクリンほか2005＝2009:7-8)。晩年のピュリッツァーが巨額な資金を寄付し、コロンビア大学でジャーナリズム・スクールを創設させたのは、このイエロー・ジャーナリズムへの反省が一因だと考えられる。ジャーナリズム教育を通して、報道倫理を身に付けるプロフェッショナルな人材を育成することで、ジャーナリズムの質を高めようという考えがうかがえる。

　米国においてプロフェッショナルなジャーナリズムが制度化され、確立されていく歴史を見てみよう。別府三奈子によると、1923年に米国新聞編集者協会の倫理綱領が制定され、翌年に当時同協会会長のヨスト (Casper Yost) は、綱領の普及と理解のために『ジャーナリズム原理』を出版した。本の中にはジャーナリズムにおけるプロフェッショナリズムの必要性が提唱され、ニュースとジャーナリズムの定義付けも行われた (別府2006:61)。1920年代に、米国においてジャーナリズムのプロフェッショナリズムが要請され、news (ニュース、事実) とバランスの取れた views (意見、観点) がジャーナリズムとして両方重要だということが明示された。そこから、客観中立・不偏不党などの倫理原則が読み取れる。そのためにも、職業倫理を守る専門的な従業者が必要とされ、こうした原則は、今日でもプロフェッショナリズムの重要な指標になっている。

　この段階に来ると、ジャーナリズムは民主主義の維持と発展には不可欠という認識が比較的明確になってきた。

(2) 民主主義からの要請

　ジャーナリズムにおけるプロフェッショナルの成立は、民主主義の要請であるとも考えられる。長い間、ジャーナリズムに言及すると、「客観中立・不偏不党・公正公平」だけでなく、「社会の木鐸」「民主主義の番犬」「権力の監視」などのフレーズが付随している。そのほか、記者はかつて「無冠の王」とたたえられ、ジャーナリズムは「第四階級」「第四の権力」とも呼ばれていた。このように、ジャーナリズムは比較的大きな権限を持つ分、課される責任も重大であると言えよう。

　権力へのジャーナリズムの監視機能を果たすために、まずは適切なアジェンダ・セッティング（議題設定）をし、市民への正確な情報の提供が必要である。権力でも市場でもなく市民に第一に忠実であるべきである。大衆に重大事件への関心を持たせ、議論への参加を促す。ジャーナリズムを担うメディア企業としての「表現の自由」と、読者／一般市民としての「言論の自由」が共に存在しており、マスメディアが市民を代弁し、観点や意見を表明することによって、政策決定過程に影響を及ぼし、権力を監視することができる。

　ジャーナリズム発展の歴史から、「客観中立・不偏不党」という規範形成の過程も読み取れる。18、19世紀西欧の市民革命を経て、市民動員や世論形成における新聞の役割が広く認識されるようになった。市民革命の中で提起された「自由・平等・博愛」などの概念も浸透するようになり、より健全な民主主義を発展させるためには、市民が自由で平等に参入できるパブリックな言説空間を維持しなければならない。つまり市民の「知る権利」「言論の自由」などを保証するために、特定の党派の利益の代弁者である政論新聞の代わりに、新聞言論の客観中立・不偏不党などが要求されるようになった。ニュース記事の信頼性・専門性を保証するためにも、新聞の作り手である新聞記者（ジャーナリスト）は一定の職業倫理を順守する必要があった。また、社会の分業により、高度な専門知識や専門分野へのアクセスに関して、プロフェッショナルな記者の存在の要請もあった。特に記者の取材・調査に当たり、一定の専門性を示さなければならない場合がある。

　さらに、公権力を監視する「番犬的機能」を果たすために、個々人として働くジャーナリストよりも、一定のメディア組織に属することが、組織の権威性などにより情報へのアクセスに利便性があり、記者個人の安全のためにもなる。

組織としてのマスメディアが倫理規範を規定し、「客観中立・不偏不党」の原則を順守し、取材や情報公開に一定の手続きが踏襲されることを明示すること、すなわち「プロフェッショナル」であるということは、組織とジャーナリストを保護することにもつながる。現在消極的な意味で捉えられている「記者クラブ」も設立初期から、権力と対抗する記者を保護する役割を果たしていた。その意味では、ジャーナリズムのプロフェッショナルの制度化と組織化は、民主主義を維持するために積極的な意義を持っていたのである。

　またジャーナリズムには権力を監視する役割があるため、権力とは距離を置く、批判的なスタンスや、反骨精神もかつては強調されていた。こうした考え方は、以下のように正当化できよう。基本的には、ジャーナリズムの報道を通して、社会的意義のある事件あるいは日常生活に含まれている問題点が取り上げられ、話題が公にされる。そこから人々が興味関心を持てるよう、議論が繰り返され、世論として社会に影響を与えることで、政府の効率を向上させ、より良い社会づくりに貢献することができる。世論の力で公権力（政府・官僚）の不正を防いだり、汚職や不祥事などを告発したりすることによって、公権力が市民のためにその責務を果たすよう促すことができる。

　ここで注意しておくべきは、ジャーナリズムにはすでにパラドックスが内包されていることである。「権力への監視」「客観中立・不偏不党」が要請されているため、ジャーナリズムが政治権力、経済権力から独立することにより、反骨精神を発揮することが期待される。しかし、ニュース産業は慈善事業ではない。多くの場合、ジャーナリズムを担うメディア機関は企業であり、営利を考えざるを得ないし、取材や調査報道には経費がかかるため、収入源を確保し、ビジネスとして成り立たせることが重要な課題である。新聞にとって購読料のほか広告費も重要な収入源であり、テレビの場合、商業放送の収入の大半は広告費に依存している。この場合、経済権力からの影響を抑え、ジャーナリズムの質を保つためには、担い手とされるジャーナリストのプロフェッショナリズムが最後のとりでであるわけである。

　しかし、マスメディアの現状から、プロフェッショナリズムだけを頼りにするのは、無理があると言えよう。経済的に自立していない限り、記者は従業員として完全にメディア企業から独立できるわけではない。またマスメディアが担うジャーナリズムが、完全に広告収入から独立しない限り、真の客観中立の

保持は難しいと考えられる。その上、マスメディアが本当に政治権力の影響を受けず、完全な独立性が堅持されるかどうかという点についても、議論の余地がある。それは、ジャーナリズム、正確に言うとマスメディア・ジャーナリズムの危機説の本当の理由であると考えられる。

1.2.2 マスメディア・ジャーナリズムの危機の本質

「ジャーナリズムの危機」が叫ばれて久しい。インターネットが出現してから、危機の原因は長い間「ネットメディア」とされ、インターネットさえなければ危機から救われるという意見も見られる。確かにインターネットの急速な普及およびその「即時性」や「無料性」などの特徴は既存のマスメディアへ一定の脅威となっている。しかし、マスメディアは制度化しており、長所も多く持っている。ジャーナリズムの危機の本質的な部分は、マスメディアが読者の信頼を失ってしまい、権力への監視機能を十分に果たしていないことにあると考えられる。

危機の根源の一つはマスメディアの変化であると言えよう。マスメディアは幾つかの機能を持っており、竹内郁郎によると、①ニュースや解説などを伝える「報道活動」、②意見や主張を伝える「論評活動」、③娯楽的な内容を伝える「娯楽活動」、④知識や教養を伝える「教育活動」、それに⑤「広告活動」がある（竹内1967）。この５つの機能の中で、ジャーナリズムと密接な関係を持つのは、「報道活動」と「論評活動」である。しかし、近代マスメディアのジャーナリズム活動（報道と論評）が後退する一方、その代わりに娯楽活動と広告が盛んに行われているとも指摘されている（新井直之1983）。このような指摘は現在も通用しており、「拡大するメディアと縮むジャーナリズム」（山田健太2012）と指摘されるゆえんである。

そして、マスメディア産業がすでに一つの既得権益と化しており、マスメディア業界が大きな影響力を発揮するようになる一方で、マスメディアへの新規参入が非常に困難になった。また、マスメディア業界は吸収合併が繰り広げられ、メディアのコングロマリット化（多角化企業経営）が進んでいる。世界屈指の巨大メディア複合企業として、ディズニー、メディア王と称されるルパート・マードックのニューズ社、タイム・ワーナー、NBCユニバーサルなどが挙げられる（2012年年間総売上高の順）。こうしたメディア集団は、テレビ、新

聞、雑誌、ラジオなどの複数経営をしており、その情報はほとんど同じ母体から流れてくるものである。従って、チャンネル数が多く見えても、実際は情報の同質化／均質化が起こっている。たとえ「バランスのとれた」報道様式に沿って形式的な多様化が実現されても、内容の貧弱さには変わりがないのである。

マスメディアが企業として利潤追求を重視し、オーディエンスの信頼を裏切り、さらに報道と論評活動を切り詰め、広告と娯楽番組だけが繁盛している現象こそが、マスメディア・ジャーナリズムの危機をもたらしたと言えるであろう。ここでは、2人のドイツの社会学者の論説、ニクラス・ルーマン（Niklas Luhmann）のシステム理論とユルゲン・ハーバーマス（Jürgen Habermas）の公共圏理論を援用し、「ジャーナリズムの危機」を分析していきたい。

ルーマンのシステム理論によると、マスメディア（企業）は社会の諸システム（例えば法的システム、学校システム、経済システム）の一つにすぎない。社会システムはコードに準拠し、自己生産し、閉鎖的である。「マスメディアが近・現代社会の機能システムのひとつ」であり、「その機能システムとは、ほかの全てのシステムと同様、その高度な遂行能力を当該のシステムの分化、オペレーションによる閉鎖性、そしてオートポイエーシス（自己創出）による自律性を負うている」（ルーマン1996＝2005：17）。われわれが認識している「社会と世界のリアリティー」は、このマスメディアの閉鎖性と自律性により構築され続けている。

一方、ハーバーマスによると、高度に成熟した資本主義国において、マスメディアは国家と市場（商業主義）の二重支配を受けるようになり、ジャーナリズムが機能不全に陥り、公共圏は脱政治化し、一部の有名人や企業による操作的パブリシティーと広報機能の空間へ「再封建化」および「植民地化」されたと批判した（ハーバーマス1990＝1994）。

新しい時代のジャーナリズムを考察するために、大手マスメディアだけでなく、周縁やほかのメディアに宿るジャーナリズムを考察することが重要になってくるであろう。

1.3　マスメディア側の革新

マスメディア・ジャーナリズムの危機を克服するために、マスメディアにとって喫緊の課題は、いかに初心に戻り、読者・市民たちの信頼を取り戻すかで

あると考えられる。マスメディアは非常に閉鎖的で、インターラクション（相互作用）を拒む傾向にあるが、実践と理論の両面から改革が試みられている。ここでは、地方メディアが主導する「パブリック・ジャーナリズム」運動、「地域ジャーナリズム」と「ケアのジャーナリズム」をレビューし、その成果と限界も考察する。

　パブリック・ジャーナリズムは、シビック・ジャーナリズム（市民ジャーナリズム）とも呼ばれ、地方のマスメディア業界と大学のジャーナリズム・スクールが連携し推進した一種の社会運動であり、また理論的試みであると見られる。フランクリンほかによると、「パブリック・ジャーナリズムの立場からすれば、ジャーナリストには、民主的過程への市民の関与と参加を促す責任がある。ジャーナリズムは公共生活や市民生活の質を改善するために助力をするだけではなく、実際に向上させるように働くべきであるとされる」（フランクリンほか2005＝2009：254）。

　パブリック・ジャーナリズムが市民ジャーナリズムと呼ばれる理由の一つは、有力政治家やエリート集団の視点を伝えるのではなく、市民の声に耳を傾け、一般市民の視点から問題点や争点を報道し、市民の意見と要望を記事／ジャーナリズム活動に取り入れ、市民に「Deliberation」（討議）の場を提供することが目指されているからである。

　一方、パブリック・ジャーナリズムに対して多くの批判も寄せられている。記者が一般市民の立場でニュースを報道することは、伝統ジャーナリズムの「客観中立・不偏不党」という職業倫理に対する脅威ではないかと危惧されている。メディア研究者のテオドア・グラッサー（Theodore Glasser）は、パブリック・ジャーナリズムは概念的に未成熟であり、「時間をかけて概念や原理に関するしっかりした土台作りがまだできていない」と指摘した（Glasser 2000：683）。また、パブリック・ジャーナリズムは、地方のマスメディアが発行部数を増やすための市場主導的な仕掛け（a market-driven gimmick）にすぎないという批判も存在する（Alicia Shepard 1994：30）。

　現実的には、1990年代の最盛期を過ぎて以降、本場の米国でパブリック・ジャーナリズムは下火になっており、まだ有効な解決策が見いだされていないのである。

　パブリック・ジャーナリズム運動は直接に日本で大規模に実践されていなか

ったが、日本の地方紙にも一定の影響を及ぼし、「つながるジャーナリズム」（寺島英弥2005；寺島2008）という名で、『河北新報』が革新を試みている。また、パブリック・ジャーナリズムとは異なる系譜だが、「市民の視点」と「民主的過程へ市民の参加を促す」などパブリック・ジャーナリズムの精神を受け継ぎ、新聞再生の可能性を模索し、新聞社とNPOが協働し、地域に立脚する「地域ジャーナリズム」の実践も見られる（畑仲哲雄2014）。

　こうした実践の試みとともに、理論的な進化も見られる。今までリベラルで正義の倫理が主導であったジャーナリズムの規範には、「客観中立」「不偏不党」などの規則が重視されてきたが、しかしそれと同時に多くのマイノリティーの声が排除されてしまうのが実情である。この限界を乗り越えるために、ジャーナリズムに、マイノリティーへの配慮とその権利の尊重を主とする「ケアの倫理」を導入し、「ケアのジャーナリズム」（林香里2011）を論じた研究も注目されている（表1-1）。

表1-1　ケアのジャーナリズムと客観的ジャーナリズムの比較

	客観的ジャーナリズム	ケアのジャーナリズム
基底思想	自由主義	ケアの倫理
人間の一般的性向	自己完結的、自律的	相互依存的、ネットワーク的関係性
ジャーナリストの在り方	対象から独立、観察者	対象に依存、支援者
テーマ	権力、事件、コンフリクト、イベント	個人のニーズ、苦悩、悲しみ、日常
取材対象	政府、企業、各種団体などの既存組織、プロフェッショナル、専門家など	未組織の個人、当事者、素人
ジャーナリストとしての職能	スピード、正確さ、バランス、複数性、意見と事実の峻別	人から言葉を引き出すこと、相手への思いやり、問題の察知
スタイル	客観的、情報提供的	主観的、コミュニケーション重視、ストーリー・テラー、対象への共感
目的	アジェンダ・セッティング（議題設定）	コミュニティ動員、社会的コミットメント

出典：『〈オンナ・コドモ〉のジャーナリズム』（林2011：36）

パブリック・ジャーナリズム、つながるジャーナリズム、地域ジャーナリズム、ケアのジャーナリズム、それらの着目点や具体的方法には異なるところがあるが、全て既存マスメディアの危機的状況から抜け出すための処方箋とも考えられる。今までのマスメディアは、閉鎖的、自己再生産的、トップダウン的なコミュニケーション方式を取っているが、より開放的で、ボトムアップ的で、市民の意見を積極的に取り入れることのできるコミュニケーション方式が必要となる。市民がジャーナリズムの主役になることは、インターネット上で展開しているネットジャーナリズムにも共通する部分があると考えられる。特に大手マスメディアは客観中立・不偏不党など「ジャーナリズムの正統」を相変わらず掲げているが、こうした地域メディアの実践は既存の「客観中立」などの立場への反省が含まれ、ケアのジャーナリズムも主観、コミュニケーション、共感などの要素を重視し、ジャーナリズムを一歩前進させるものであると考えられる。

　こうした新しい動向は、ジャーナリズムの概念が継続的に進歩・発展するものであることを物語っている。ただし、パブリック・ジャーナリズムをはじめ、つながるジャーナリズムと地域ジャーナリズムの実践は一定の成果を上げているが、事例はまだ限定的で、マスメディアの「周縁」に位置し、アクセスが地域限定とされているなどの限界も指摘しなければならない。

第2章　市民ジャーナリズムとコレクティヴ・ジャーナリズム

　本章では、主に市民が主役のジャーナリズムの実践に焦点を当て考察する。市民が主役のジャーナリズムは、一般的に「市民ジャーナリズム」と呼ばれ、その特徴から「市民参加型ジャーナリズム」とも呼ばれ、英語では Citizen journalism と Participatory journalism と併記されている。本書では統一して「市民ジャーナリズム」という表現を使い、その定義、実践の状況を分析し、その意義と限界、およびマスメディア・ジャーナリズムへの影響を考察する。

　市民ジャーナリズムでは、かつて「受け手」の立場に留め置かれてきた一般の人々が情報の送り手になる。そこでは、「客観中立・不偏不党」など既存ジャーナリズムの倫理規範に縛られず、市民の積極的な参加で活況を呈している。現在、市民ジャーナリズムの担い手として認識されるものは、一定の規模を誇る市民メディア、市民ニュースサイトが多い。その実践の中で、「情報の正確性・信頼性」が依然として重要視されており、「市民記者」として参加する者の個人の理性と主体性が強調されている。

　一方、中国語圏でも、市民メディアに代表される市民ジャーナリズムの概念が導入され、「公民新聞」という訳語が当てられているが、こうした市民ジャーナリズムをそのまま中国のケースに応用しても、その状況を説明できない部分が多々ある。中国のネットジャーナリズムは、「市民記者」のような特定の個人の意識的な報道活動で成り立つのではなく、多くの場合、それは不特定多数のネットユーザーのさまざまな断片的な言論が集合することによって成り立っている。本章では、この特徴に注目して、集合知（Collective Intelligence と Wisdom of Crowds）の概念を足掛かりに、「コレクティヴ・ジャーナリズム」の概念を提起する。

2.1　ネットメディアの特徴とネットジャーナリズムの実践

　本節では、主にネットメディアに焦点を当て、ネットメディアの特徴とネットジャーナリズムの実践から、「ジャーナリズム」の本源と照合しながら、そ

の意義と可能性を検討する。

2.1.1　ネットメディアの特徴

　1990年代以降、インターネットが急速に普及し、「ニューメディア」としてネットメディアが登場した。web1.0（一方向性）と web2.0（双方向性）の時代を経て、ネットメディア自体も変化し続けているが、マスメディアと比べて幾つか画期的な特徴がある。

　前川徹と中野潔は『サイバージャーナリズム論』の中で、インターネットというメディアの特徴を、①双方向性、②リアルタイム性、③一覧性、④到達力（リーチ）、⑤情報伝達量、⑥オンデマンド性あるいは保存性、⑦検索性、⑧リンク、⑨マルチメディア性、⑩コスト、の10項目にまとめた（前川・中野2003: 30-38）。

　ネットメディア最大の特徴は、双方向性・多方向性という点であろう。マスメディアは基本的に「送り手から受け手へ」という一方通行的なコミュニケーション方式を取っており、送り手という「中心」から不特定多数のオーディエンスへと拡散する。一方で、ネットメディアは「脱中心的」で、誰でも受け手であるし、誰でも送り手になり得る。インターラクティヴというだけでなく、マルチインターラクティヴであるとも考えられる。

　また、ネットメディアでは情報の伝送速度が速く、リアルタイム性（速報性）に優れている。これまでの伝統的なマスメディアでいえば、編集・印刷・配達などに時間を要する新聞に比べ、伝送速度が速いのは電波を利用するテレビとラジオであった。しかしテレビやラジオの情報番組も事前の編集作業があり、作成した内容を電波に乗せるのに特殊設備や専門性を要する操作が必要であるため、生中継を除いて、ほぼ同時に情報を放送することは不可能である。一方で、ネットメディアでは、インターネットへのアクセスには特別な設備が不要で、パソコンなどの操作も簡単で、特に現在スマートフォンの普及により、瞬時の情報の記録と公表が実現している。

　そして、ネットメディアは文字、写真、音楽、映像などを総合的に提供するマルチメディアでもあり、しかも多くのコンテンツは無料で入手することができる。これらの情報は削除されない限り、ほぼ半永久的に保存され、ネットにおける情報掲載量はほぼ無限に近いので、マスメディアに存在する紙幅や放送

時間の制限などがなくなる。インターネットにさえ接続すれば、パソコンや携帯などの情報端末から、いつでもどこでもこのような膨大かつ多元の情報に容易にアクセスすることが可能なので、時間と空間の束縛からも解放される。

　さらに、マスメディアに比べれば、ネットメディアの新設・維持コストははるかに低いのも特徴である。インターネットの普及により、経済力の比較的弱い個人でも容易に世界中に向けて情報を発信することができるようになった。「これは従来のメディア企業やジャーナリストだけがジャーナリズムを支えるのではなく、インターネット利用者一人ひとりがジャーナリズムの主体になりうる可能性が生まれていることを意味している」(前川・中野2003：225)。

　それらの特徴以外に、ネットメディアが作り出した空間は、匿名性がありながら、非常に開かれている空間である。社会的地位、ジェンダー、民族、人種などと関係なく、誰でも比較的平等に参加できる。そこでの発言は基本的に、発言者の社会的地位などよりも、発言の質で判断される。

　「市民の日常生活の記録」と「誰でも記者になれる」というジャーナリズムの本源を考えると、ネットメディアはまさに理想に近いジャーナリズムの活動場所であるが、他方で、こうしたインターネットの特徴には、ジャーナリズムにとってマイナスな要素も含まれている。

　まず、リアルタイム性に関して、マスメディアもネットメディアの速報性と競争するために、事実かどうかを綿密に確認せずに速報してしまうため、誤報を生み出す可能性をはらんでおり、その場合、当事者にも多大な迷惑を掛けることになる。それらは正統なジャーナリズムにおける、真実こそが命という原則には背いている。

　また、ネットメディアの匿名性も問題をもたらす。「インターネットでは、君が犬だなんて誰にも分かりっこないさ（On the Internet, Nobody Knows You're a Dog)」というフレーズが流行していた。匿名性であるため、責任追及が難しく、インターネット上の言論には、著作権侵害、誹謗中傷による人権侵害や業務妨害となるものが少なくなく、有害情報問題もあふれていると言われている。しかし、匿名であるが故に、内部告発ができ、本音で語り合うことが可能になったのも事実である。「権力への監視」「社会の木鐸」などジャーナリズムの機能や使命を実現するために、場合によって匿名性が必要不可欠となるケースも考えられる。

「個人がインターネットを用いて自由に情報発信できるようになったことは、素晴らしいことではあるのだが、社会にさまざまな問題を引き起こしているのも事実である。…（中略）…しかし、問題があろうとなかろうと、この変化は誰にも止められない。人々はインターネットを使って、より自由に情報発信を続けていくに違いない」(前川・中野2003：225) という議論の通り、インターネットには問題点があるが、ネットメディアが持っている上述の特徴は「市民が主役」「日常生活の記録」と「権力への監視」にはふさわしいと言えよう。

2.1.2　ネットジャーナリズムの実践

　ネットメディアで活躍する新しいジャーナリズムについて、サイバー・ジャーナリズム（Cyber journalism）、オンライン・ジャーナリズム（Online journalism）、デジタル・ジャーナリズム（Digital journalism）、ネットジャーナリズム（Net journalism）、ネットワーク・ジャーナリズム（Network journalism）などの概念が林立している。その多くは既存のマスメディアがいかにネット技術を使い、情報提供するかに重点を置いている。インターネットの時代に適応するために、多くの伝統メディアはウェブサイトを開設した。例えば、新聞社は、オンライン版を発足させることで、情報到達力、影響力の縮小を防ぎ、オンライン事業で広告収入の減少を補う目的で、インターネット事業を展開している。web1.0の時代には、マスメディアが既存の情報をそのままウェブへ流し込むというやり方を取ったため、一方通行という情報の発信方式にはそれほど本質的変化がなかった。web2.0の時代に入ってから、ニュースに関するコメントの書き込み欄が設立され、ソーシャルメディアの導入、市民参加を促す「インタラクティヴ」なネットジャーナリズムが目立つようになった。例えば、かつて『神奈川新聞』のウェブサイト「カナロコ」がブログを導入したことで話題になった。また、近年ソーシャル情報通信技術（ICT）の発展に伴い、記者が現場の取材をするより、既存のネット上のビッグデータを活用するデータ・ジャーナリズム（Data journalism）も注目を集めている。

　しかし、マスメディアのインターネット技術活用より、ネットメディアがもたらした最も画期的な変化は市民ジャーナリズムの発展である。かつて情報の「受け手」であった一般市民が「送り手」となり、マスメディア・ジャーナリズムを根本から震撼させるようになった。

もちろん、インターネット時代以前でもジャーナリズムへの市民参加が存在し（原崎恵三1995、松本恭幸2009）、現在提起されている市民ジャーナリズムは決して真新しいものではないが、歴史的・技術的な条件の制約で、マスメディア・ジャーナリズムが確立されて以降、市民ジャーナリズムが本格的に行われたとは言い難い。

新しい技術や設備（カメラやビデオ撮影機能付き携帯電話、手頃な値段の電気製品）の普及により、身近な出来事の日々の記録と時事問題への意見・論評などの「情報コンテンツ」が気軽に生産できるようになった。また、インターネットに常に接続できることで、一般市民が随時に情報発信と情報チェックをすることが可能となり、これらの環境の変化がジャーナリズム活動に参加しやすくなった大きな理由と言えよう。そして、ネット上で市民メディアを設立する際に必要なコストも伝統メディアよりずっと低く、また電波使用許可などの申請制限もなく、ハードルが大幅に下がったため、市民が主役のジャーナリズムは一気に発展したと考えられる。

次節では、市民参加が特徴で、市民が主役の「市民ジャーナリズム」の定義、ジャンル、実践例の考察を行い、市民ジャーナリズムとマスメディア・ジャーナリズムとの比較も行う。市民ジャーナリズムの意義と問題点を明確にする。

2.2　受け手が送り手へ

2.2.1　市民ジャーナリズムとは何か

市民ジャーナリズムに関してはまだ統一した呼び名が存在しておらず、英語では主に Citizen journalism, Participatory journalism と表記されている。そのほか、草の根ジャーナリズム（Grassroots journalism）、ネットワーク・ジャーナリズム（Network journalism）、オープンソース・ジャーナリズム（Open source journalism）、市民メディア（Citizen media）、ハイパーローカル・ジャーナリズム（Hyperlocal journalism）、ボトムアップ・ジャーナリズム（Bottom-up journalism）、独立系ジャーナリズム（Stand-alone journalism）、分散型ジャーナリズム（Distributed journalism）などがほぼ同義語的に使われている（Allan Stuart and Einar Thorsen 2009:18, Mark Glaser 2006）。これらの概念がそれぞれに置く重点は異なるが、国家と市場に支配され（非独立的）、寡占される業界

の中で（集中的、閉鎖的）、一方的に情報を流す（トップダウン的）既存のマスメディアの問題点を突くキーワードが多い。

　市民ジャーナリズムの中身に関する定義もまだ定かではないが、ここでは代表的なものを次に挙げる。

　『We Media』の著者であるシェイン・ボウマン（Shayne Bowman）とクリス・ウィリス（Chris Willis）の定義によると、市民ジャーナリズムとは「個人あるいはグループの市民が、ニュースや情報を積極的に収集、報道、分析と発表を行う行為。市民参加の目的は、独立して信頼性のある、正確で広範囲で全面的な情報を提供する」ことである（Bowman and Willis 2003:9）。彼らのこの定義はかなり早い時期に提出されたため、市民ジャーナリズムに関する研究の中ではよく引用され、影響力も比較的大きい。

　次に、ニューヨーク・タイムズとロサンゼルス・タイムズにも原稿を提供するフリーランスの記者マーク・グレイサー（Mark Glaser）によると、「市民ジャーナリズムの真の意味は、プロフェッショナルな職業訓練を受けていない大衆が、現代の技術とインターネットのコミュニケーション機能を活用し、個人あるいは集合的に、ニュースを作り、伝播し、さらにマスメディアの内容をもチェックする」（Glaser 2006）ことであるという。

　また、パブリック・ジャーナリズム運動の推進者の一人で、ニューヨーク大学教授のメディア学者ジェイ・ローゼン（Jay Rosen）によると、「かつてオーディエンスとして知られていた人々が、自分の持つメディア道具を使い他人に情報を伝えることは、市民ジャーナリズムである」（ローゼン2008）と定義している。

　市民ジャーナリズムに関するこれらの定義は、それぞれ置く重点が多少異なるが、幾つかの共通点が読み取れる。まず、主な担い手はプロのジャーナリストではなく、非プロフェッショナルな一般市民である。次に、インターネットを主な拠点とする現代の市民ジャーナリズムは、インターネットという新しいコミュニケーション技術に負うところが大きく、かつての「受け手」が、技術的に「送り手」になることが可能になった。そして、その活動内容には、情報の収集、ニュースの制作と発表、情報・ニュースの分析が中心で、マスメディアの内容のチェックも含まれる。

　また、ボウマン、ウィリスとグレイサーの定義の中では、個人だけでなく、

「グループの市民」と「集合的」という概念が言及され、すなわち、市民ジャーナリズムには「協働」という要素も含まれる。この点はあまり注目されていなかったが、市民ジャーナリズムの重要な特徴が含まれていると考えられる。

2.2.2　ジャンル

インターネット技術が日進月歩で、ネットメディアも不断に進化し、ブログ、ツイッター、フェイスブック、YouTube、ラインなどの新しいメディアプラットフォームが次々と出現し、人々の注目を集めている。ネットジャーナリズムへの市民参加の形式も、市民メディアに投稿するのか、既存マスメディアが運営するサイトに寄稿するのか、個人のブログを堅持するのか、電子掲示板に自らの言論を発表するのか、あるいは毎日つぶやき、友人とのつながりの中で情報を収集し拡散するのか、選択肢が増えている。

広い意味で以上は全部「市民ジャーナリズム」だと考えられるが、オーストラリアのメディア学者アンジェラ・ロマノ（Angela Romano）によると、市民ジャーナリズムの実践は主に市民メディア、ブログ（ソーシャルメディア）、市民投票による議題設定サイト、市民とマスメディアの連携（UGC）という4つのジャンルに分類できる（ロマノ2010:19-22）。

マスメディアから本当に自立できるのはオリジナルなアジェンダ・セッティング（議題設定）、情報収集、報道、論評が可能な市民メディア、ブログなどのソーシャルメディアだと言えよう。以下では市民メディアを中心に市民ジャーナリズムの実践を分析、考察する。

2.2.3　実　践

情報のメインの発信者が非プロフェッショナルな市民である市民メディアの代表として、米国の Your Hub、韓国のオーマイニュース（OhmyNews）、英国の Action Network、フランスの Agora VOX、台湾地域の苦労網と PeoPo、カナダの NowPublic、Digital Journal.com、日本の JanJan、Our Planet TV などが挙げられる。

設立の経緯はそれぞれ違うが、マスメディアの持つ固有な問題点をよく理解し、報道の在り方に疑問を感じ、新聞社やテレビ局を辞めたジャーナリストたちが、インターネットという新しい情報の伝送路を使ったりして、オルターナ

ティヴなメディアを創設したケースが少なくない。

　市民メディアはその創設目的からマスメディアと対抗する姿勢を持つものも多いが、非営利インターネットテレビ局 Our Planet TV の代表の白石草のように、「既存マスメディアに対抗するというよりは、マスメディアで報道してくれないもの、見落としてしまうものを報道することで、一種の補完的な役割を果たす」（白石2011）と自らの位置付けをしているものもある。

　多くの市民メディアは無名の草の根レベルのネットメディアから出発した。中には突発の事件でマスメディアより迅速で優れた報道を行ったことで、注目されたケースもある。例えば、2005年、米国で発生したハリケーン「カトリーナ」が威力を振るった際、カナダの市民参加型ウェブニュースサイト NowPublic の市民記者が多くの報道をアップロードし、一躍有名になった。時間がたつとともに、市民メディアも大きな変遷を経験し、現在すでに活動していないサイトがあるが、健闘しているサイトも数多い。

　ここでは、市民メディアの成功例として長い間注目されてきた韓国のオーマイニュースを中心に、その実践を考える。

・オーマイニュースにおける市民ジャーナリズムの実践

　オーマイニュースは2000年2月22日に創立されたもので、創設者は元マスコミ記者の呉連鎬（オ・ヨンホ）である。呉は記者時代に既存の主流マスメディアに不満を覚え、米国留学を機に、市民の力で新しいジャーナリズムの時代を作ろうと志した。オーマイニュースが掲げた理念は「市民みんなが記者（Every citizen is a reporter）」である。サイト設立の抱負について、呉は次のように述べた。「所属するメディアの権威ではなく、記事の質で勝負する時代が到来したことを告げるものだ。プロの記者が書き、読者は読むだけ、という一方向の時代が終わり、読者がいつでも記者になれる双方向の時代が来たことを宣言する」（呉2004＝2005：25）。オーマイニュースが韓国だけでなく、世界的な注目を浴びたのは、まさに「読者が記者になる」というパラダイムの転換がうまく実行できたためだと言えよう。

　オーマイニュースは伝統メディアと対抗するために、従来のニュースの価値判断や表現形式を「破壊」した。例えば、記事の内容には「暮らしの中の話」を充実させ、また形式も会話文や手紙文でも採用した。「より簡単に、よりおもしろく、より意味のある、それでいて正確に新しい情報を伝えられる形式を

追求する」(呉2004＝2005：76)。こうして、オーマイニュースではいろいろな実践を行い、正規軍のマスメディアに対し、ゲリラ戦の市民記者が幅広く記事を投稿するようになった。

　一方、オーマイニュースでは常に「記事の質」という部分が強調され、市民記者になるために、市民が一定の手続きを行わなければならない。例えば、ウェブサイトで市民記者として登録すること、記者養成講座や筆記テストを受けること、また記事の報酬も与えられることが挙げられる。さらに常勤の記者が全ての投稿をチェックし、検証や編集作業を加えることもある。これらの工夫は、全て「記事の質」(信頼性と正確性)を保証すると考えられる。

　地道な努力を積み重ね、オーマイニュースは多くの市民の支持を得ることができた。2002年韓国大統領選挙の際に、伝統マスメディアが保守派大統領候補を支持したのに対し、オーマイニュースはリベラル派の盧武鉉を支持し、その大統領の誕生に貢献した。オーマイニュースは、その最盛期に、常勤記者60人[注7]と、市民記者4万人を抱えていた。

　呉連鎬によると、韓国でインターネット新聞が成功した理由には以下の4点が挙げられる。①「韓国では市民運動、労働運動が盛んだ。軍事政権との長い民主化を求める闘いで、共同体が抱える問題に参加する『準備された市民』がいたからだ」。ここで、「準備された市民」は特に強調されるポイントである。②「韓国では既成のマスコミに対する不信感が社会全体にあり、新しいメディアが強く求められていた」。③「韓国では75％の世帯がブロードバンドを利用しているなど、他の国と比べるとネット環境が整備されていた」。④「国土が適度な広さで言語も単一であるから、市民記者が書いた記事について、必要なら専任の記者がすぐにチェックできる」(浅野健一2005：250-256)。「『オーマイニュース』の第一段階の成功は、市民参加意識(市民記者)の成長と、テクノロジー(インターネット)の成長が強力に結びつくことによって可能になったものだ」(呉2004＝2005：59)。

　呉が挙げた4つの理由の中で、③と④について、インターネットの高い普及率は言うまでもなく市民ジャーナリズムの強い味方であり、またオーマイニュースが重視している「記事の質」と情報の真実性・正確性を確保するために、適度な国土の広さと言語の単一性も一定の意味を持っている。ただし、同じくインターネット環境が整備され、また適度な国土面積と統一した言語を持つ日

本の場合、独立系インターネット新聞の成功例はまだなく、インターネット市民新聞 JanJan が廃刊となり、オーマイニュース日本版も失敗に終わったことに鑑みれば、筆者は特に①と②、すなわち「準備された市民」、少なくとも社会問題に強い関心を持つ市民の存在と、「マスメディアへの不満と新しいメディアへの強いニーズ」の重要性を強調したい。

インターネットが世界的に普及しつつある現状の中で、「主役」となるべき市民の強い関心、積極的な参加が市民メディアの成功のカギだと言えよう。

・**市民メディアの興亡から見る市民ジャーナリズムの問題点**

オーマイニュースは現在もオンラインのウェブサイトを運営し、紙版の月刊誌を出版している。しかし、最盛期に比べれば、現在は人気がやや低迷しており、アクセス数と広告収入が減少傾向にあり、影響力が低下していると指摘されている。また、「記事の質」、つまり報道の信頼性と正確性を重視する傾向が強く、また常駐の記者や編集者が全ての記事をチェックするのには無理があったため、2010年にオーマイニュース国際版（OhmyNews International）は閉鎖された。またオーマイニュース日本版も「オーマイライフ」などを経て、2009年4月に閉鎖された。

カナダの有名な市民ニュースサイト、ナウパブリック（NowPublic）も閉鎖されており、かつてのような面影はない。そのほか、市民記者制度を日本に導入した最初のインターネット新聞 JanJan も、2003年に創刊したが2010年3月に休刊しその後 JanJan Blog として運営再開したものの、ブログも2013年に休刊し、2014年2月から関連記事などの一切の閲覧・アクセスが不能になった。

これらの事例、特にオーマイニュースの盛衰を通して、市民メディアをベースとする市民ジャーナリズムの問題点を整理し、市民ジャーナリズムの問題点を考察してみる。

1．**資金問題**　市民メディアも一つの組織であり、正常に運営するため収支のバランスを考えなければならない。基本的に市民メディアはインターネットに依拠しているため、運営コストはマスメディアと比べれば低い。しかし、サーバーの維持費用や、サイトの運営と管理のための人件費がかかり、財源の確保が不可欠である。広告収入に頼ってしまうと、マスメディアとの差が薄くなり、市場からの独立性の保持も難しくなる。一方で、広告に頼らず、市民の義援金・協賛費を集めるのも資金集めの一つの方法（これはむしろ理想の方法）で

あるが、どこまで市民の理解を得ることができ、安定的な収入源となり得るのかという点では、不確実性が高い。また、市民記者には無償で原稿を提供してもらい、運営者までボランティアベースになると、人員の出入りが激しくなり、関心を引く大きな事件がなくなると、原稿も従業員もどんどん減ってしまうのが現実である。

2．情報源の問題 市民メディアであるために、既存のマスメディアと区別化し、オリジナルなニュースの提供を趣旨とする場合が多い。従って、市民による身近な話題の提供やニュースの供給は、市民メディアにとって重要な情報源になる。理想的なシナリオは以下のようなものである。すなわち、市民メディアの理念に賛成する市民は、やがて市民記者となって積極的にニュースを提供する。そんな市民がねずみ算式に増えていき、ニュースの「良性循環」が生まれる。それによって、市民メディアの知名度が上がり、発信力も強くなり、市民の情報発信と情報交換の場としての地位を確立することになる。しかし、現実的には、市民メディアはマスメディアと比べれば、規模や影響力がまだ小さい。これまで有名になった市民メディアの中に、突発的な事件や大きな社会事件で知名度を高めたものは少なくない。有名になっても、アクティヴな読者は全体の10％ほどを占める程度であるため、記者になり、投稿するようになる市民はさらに少数者だと考えられる。市民メディアの報道内容を、限られた市民記者によるオリジナルなニュースに限定すると、常に一定量以上に内容を更新することが難しく、それが原因で、読者離れ、投稿者離れが連鎖的に起こるケースが少なくない。

3．担い手を「市民記者」に限定する問題 「市民誰でも記者になれる」という理念・モットーは「ジャーナリズム」の起源にも一致し、現在マスメディア・ジャーナリズムの実践と比較すると重要な進歩であると言えよう。しかし、市民メディアでは「市民記者」登録制度、市民記者育成講座などが設けられるようになり、記事の質を保つためには重要な役割を果たしていると考えられる一方で、市民記者と非市民記者の境界線を明確に画し、「非市民記者」をある程度排除してしまう危険性もはらんでいると筆者は考えている。

オーマイニュースの呉代表はマスメディアの「標準」を覆し、市民ジャーナリズムの実践は型破りで非常に生き生きしている側面があると同時に、「記事の質」を重んじており、「正確に情報を伝える」ということに力を入れた。こ

れはボウマンとウィリスが2003年に市民ジャーナリズムに言及し定義した「市民参加の目的は、独立で信頼性のある、正確で広範囲で全面的な情報を提供する」とも合致する。しかし、インターネットというのは、そもそも匿名で無料という精神が普及している空間である。市民記者登録制や講習制度、あるいは記事の質に応じて報酬を与えるということは、無意識に市民参加の「敷居」を高く設定してしまう。また、市民にある程度の負担をかけてしまうため、一般市民を「市民参加」から敬遠させてしまうのではないだろうか。

　数字から見てみよう。2000年に設立した韓国のオーマイニュースは最盛期で４万人ぐらいの市民記者を抱えており、台湾のPeoPoは2007年設立で、2014年４月現在は7000人超の市民記者を有している。絶対的な人数は少なくない。また、今まで一方通行のコミュニケーションの中で専ら情報の受け手であった一般市民が、こうした市民メディアの記者になり、情報の送り手になることは大きな進歩と言えよう。しかし、視点を少し転換し、韓国と台湾それぞれ5000万人と2000万人の人口規模から見れば、「市民みんなが記者」というモットーと、現実には大きなギャップが存在すると感じざるを得ない。

　市民記者になるのは、一部のアクティヴなネットユーザーで、「サイレント・マジョリティー」という言葉があるように、彼らは市民全体の少数派にすぎない。また彼らが、ずっと精力的に記事を書き続けるとは限らない。「市民記者」の理念はいいが、現実的に「市民記者」というタイトルに合格する人は少ない。しかも、そこから「市民記者」と「非市民記者」が線引きされ、非市民記者の活動が見過ごされてしまうことになる。これこそ、市民が十分に活動できず、多くの市民メディアが閉鎖、倒産する運命をたどった大きな理由ではなかろうか。

　4．「記事の質」を確保するための「編集」の問題　市民メディアは主流のマスメディアと勝負するために、知名度を上げ、ある意味で「ブランド」を立てなければならない。「ジャーナリズム」と称するためにも、情報の真実性と正確性は重要となる。そのため、多くの市民メディアは常勤のマスメディア経験者の記者を駐在させ、「記事やコメントの質を保つために、プロの記者が編集作業を行う」ことがある。これは既存のマスメディア・ジャーナリズムの規範を強く意識し、市民ジャーナリズムをある意味で未熟なものと見ているからである。市民ジャーナリズムを「ジャーナリズム」として認めさせるためには、

既存のプロフェッショナルな経験を持つ者の力を借りなければならないということになる。

　市民メディアがマスメディアと一線を画す「オルターナティヴ」であるが故に、資金問題、情報源の問題というような固有の問題を抱えている。一方、市民メディアはあまりにもマスメディアを意識し過ぎている部分があり、マスメディア・ジャーナリズムの基準を用いて市民ジャーナリズムを評価する傾向があり、情報の信頼性と正確性を依然として必要不可欠とし、個々人の理性と主体性に重点を置いていることは、マスメディアとそれほど変わっていない。それは、結果的に一部のアクティヴなネットユーザーの活動をジャーナリズムとして認め評価するが、より多くの市民が秘めているパワーを過小評価し、時には十分理性的とは言えないネット言論の意味、「喜怒哀楽」や「ユーモア」に隠されているメッセージを見過ごしてしまうことになると筆者は考える。

　以上の考察から、「市民ジャーナリズム」は近年インターネットの発展と情報機器の普及により、その実践は活発に行われていることが確認された。市民ジャーナリズムはマスメディア・ジャーナリズムの客観中立・不偏不党の規範倫理とプロフェッショナリズムから一歩離れる傾向がある。
　一方、市民ジャーナリズムに対する認識は依然としてマスメディア・ジャーナリズムの影響を深く受けている。すなわち、市民ジャーナリズムにおいても、今までのマスメディア・ジャーナリズムと同様にミクロな個人レベルでの「理性と主体性」が非常に重視されている。ジャーナリズムとして認めてもらうために、多くの市民メディアは記事の質、情報の信頼性・正確性の確保を最重要事項の一つとして掲げ、常駐のプロフェッショナルな記者を要し、市民記者の投稿をチェック、編集し、また養成講座やワークショップの開催を通して市民記者をトレーニングし、市民記者個人の理性と主体性を高める取り組みもある。
　広い意味で市民ジャーナリズムの一部であるはずの一般人が書いたブログの文章や電子掲示板（BBS、Bulletin Board System）とニュースコメント欄での書き込みは、個人的で情緒的な、信ぴょう性と正確性が保証できないものと批判され、実践と研究の中で経験的にジャーナリズムの世界から却下されることが多い。しかし、マクロ的な視点から見れば、広大なネット空間の中で混沌にも見えるこうした一般の人々の言論活動には、集合レベルでの「理性と主体性」

も観測される。次節では、その実態を検討してみる。

2.3 インターネット時代と集合知：「コレクティヴ・ジャーナリズム」の提起

　日々大量かつ多様な言説が生産され、しかもあまり整理、組織化されていないインターネットの言論空間をどう見ればよいのだろうか。そこをカオスで、罵詈雑言が満ちている混迷の世界として見放すのか、それとも草の根の人々によって構成される新しいシステムとして注目するのか。確かに、一部のネットユーザーの発言の中に、情緒的、非合理的なものがあり、罵言、デマ、誹謗中傷、有害情報も含まれており、ミクロレベルでは、個々人の言論が理性的であることは保証されない。しかし、マクロレベルでは、集合体としてそのネットでの言論は世論としてその影響が世界的に拡大し、人々の重要な情報源、知識源としての地位が確立され、社会問題・事件の解決を推進する大きな力にもなっている。

　多数の「個」が集まると、その単純合計を超える何かが生まれてくる。

　まず、個々人の知識が断片的で、主観的な意見（主観知）であっても、十分に多数の意見が集まった場合、アマチュアが専門家より正確な結果を導くことができる（西垣通ほか2013）。これは「集合知」として捉えられている。

　「集合知」に関して、古くから「三人寄れば文殊の知恵」ということわざがある。それは小規模で対面の事例だが、インターネット時代に、その範囲と規模は全く異なった次元になっている。日本の社会学者、東浩紀によると、「情報技術の革新は、集約可能な意見の数を飛躍的に増やし、また集約のメカニズムも急速に洗練させてきたからである。…（中略）…『文殊の知恵』の時代には、ひとはせいぜい三人で顔を突き合わせて議論することしかできなかったが、いまやわたしたちは、三千人、三万人の他者とモニタ越しに関心を共有し、同じ話題を追いかけて意見を集約することができるようになったのである。従って、集合知の思想はいまや、まったく異なる規模、異なる可能性のもとで再検討する必要が出てきている」（東2011：31）。すなわち、インターネットの出現によって、人々はとてつもなく大規模で、表現・形成・集約するのにふさわしいプラットフォームを手に入れた。そこで、無限な可能性を持つ「集合知」が生まれることが考えられる。

そして、集まることで、相互作用の結果として諸個人の思想、言説、行動も他者、集団に影響される。他者との接触によって、新しい発想が創発される場合もあるが、他者と同じ考えを持ち、行動を共にするようになり、一種の集合体としての行動が現れることもある。これはときに「個」の喪失にもつながるが、「結束」による力を発揮することも看過できない。

一方、ジャーナリズム研究の視点からみると、これまでマスメディアが情報の伝送路を独占し、ジャーナリズムの生産はジャーナリストという専門的エリート集団に委ねられてきた。新しいIT時代に、インターネットという新しい伝送路を手に入れた一般の人々が、個々人としてプロの「ジャーナリスト」のようなスキルを持たなくても、多くの人の知識、情報、意見が集まれば、集合的な力でジャーナリズムを織り出すことができるのではないかと考えられる。

ジャーナリズムにとっての、インターネットの言論空間におけるかつてない規模と多様性をもつ一般の人々の言説活動の影響とその可能性を検討するために、次項では、集合知と集合行動に関する先行研究を踏まえて、「集合的である」ことによって生み出された「知性」と行動を中心に考察してみる。

2.3.1 集合知とインターネット時代

集合の知性が個体の総計を超えるということに関して、たくさんの研究が行われており、その中で、集合知に対する考察には複数の系譜がある。

まず、動物界、自然界に対する観察から集合による知性として「群知能」が提起されている。その代表としてよく言及されるのは蟻の群れである。個体としての蟻に高い知能があるとは言えない。しかし多数の個体が集まり群れをなすと、群知能の働きで、個体の認知範囲をはるかに超える空間で、蟻は餌までの最短距離の経路を探し出す。ほかに、おびただしい数の個体で構成される昆虫や鳥、魚の群れが、まるで一つの「超個体」として振る舞い、華麗な動きを見せるのもその好例である。

一方、このように複雑で、高度の知能があるとされる群れの動きは、実は一つひとつの個体が単純なルールに従って行動しているだけの結果である。例えば、魚の場合、つまり、「正面に見える魚の後を追うこと（それがいれば）、そして横にいる魚と速さをそろえること」（フィッシャー2009＝2012:24）。レン・フィッシャー（Len Fisher）によると、単純な規則が複雑なパターンを生み出

す過程は自己組織化と呼ばれる。砂丘の形成や、細胞で心臓が形成されるなど、自然界では多く観察できる。

そして、人間の場合、集合知は特にインターネットが出現した後に、多く注目されるようになった。例えば、オンラインの百科全書ウィキペディア（Wikipedia）と無料のオペレーション・システム（OS）であるリナックス（Linux）は全てインターネットで公開し、編集作業も万人に開かれており、評価を得られた集合知の大作である。

人間社会における集合による知に関して、多様性を持つ多数の人の独立した意見を統計的に総合し結果がどの個人より優れているという「集合の知恵」（Wisdom of Crowds）、そして、人々の意見が交換され、互いに情報を共有することによって、より優れたアイデアが創り出され、最適な解決法が生み出されるというコレクティヴ・インテリジェンス（Collective Intelligence）が提起されている。続いて、集合知に関連するこの２つの系譜の先行研究についてレビューする。

・**集合の知恵**

この考えの代表的な著書の一つにはジェームズ・スロウィッキー（James Surowiecki）の『The Wisdom of Crowds』（邦訳、小高尚子訳『「みんなの意見」は案外正しい』）がある。その中では、多くのエピソードやケーススタディーを通して、集団において情報を寄せ集めることで、集団の方が優れた個人よりも物事をうまく判断し、正確な結論を導くことが書かれている。グーグルが何十億のウェブページから探しているページをピンポイントで発見できるのも、正確な選挙結果の予測ができるのも、株式市場が機能するのも、全て「みんなの意見」つまり「集団の知恵」のたまものである。多様な集団が到達する結論は、一人の専門家の意見よりも常に優れているとスロウィッキーは論じた。

スロウィッキーの集合知理論を後押ししているのが、米国の数理社会学者スコット・ペイジ（Scott Page）の研究である。ペイジは、シミュレーションとゲーム理論の手法を用いて、「多様性予測定理」と「群衆は平均を超える法則」という集合知を支える２つの定理を導き出した。

ペイジが提起した「多様性が能力に勝る定理」、つまり「ランダムに選ばれたソルバー（筆者注：問題解決者）の集団は個人で最高のソルバーからなる集団より良い出来を示す」には、「問題が難しい」「微積分条件」「多様性条件」

「大勢のソルバーからかなりの大きさの集団を選ぶ」などの条件が付くが、「この定理は単なる比喩でもないし、今から10年後には成り立つかどうか分からないような経験上の逸話でもない。論理的な真理なのだ」と断言した（ペイジ2007＝2009:206-211）。こうしてペイジが集合知の成功例を提示しただけでなく、集合知がより正しい結論に導くことの理論的根拠も示したのである。

東浩紀も、統計学的な集合知の有効性に賛同した。東によると、「それらの定理は、前者が、構成員個人の予測の多様性が増せば増すほど群衆の予測が正確になることを（従って構成員の能力不足を多様性の拡大が補いうることを）、後者が、群衆の予測が構成員の平均的な予測よりも必ず正確になることを証明するものである。…（中略）…凡人が集まると賢くなる、そこにはなんの神秘もないしレトリックもない。それはただ単純に数学的な真理なのだと、現代の学問は主張し始めている」（東2011:31-32）。一方、スロウィッキーは、このような集合的知性が力を発揮するために4つの条件を満たさなければならないとしている。すなわち、①集団に参加する個々人が、各分野の知識を持つ「多様性」、②他人の意見に左右されない「独立性」、③専門によって固有の知識を伸ばし視野を広げる「分散性」と④個々の意見を集団のものに統合する「集約性」などが必要とされる。つまり、もし集団の構成員が均一で、あるいは他人の意見を過剰に気にし、個々の考えを生まなくなった場合では、集団の知性が十分に発揮できない。従って、個人間は意見の交流と交換をしてはいけないとスロウィッキーは論じている。

・コレクティヴ・インテリジェンス

一方、集合的知性に関して、「集合の知恵」（Wisdom of Crowds）と異なる文脈ではあるが、相似する意味の概念には「コレクティヴ・インテリジェンス」（Collective Intelligence）がある。代表的な論者の一人は、フランスの哲学者のピエール・レヴィ（Pierre Levy）である。

レヴィは、インターネットを一つの「知識空間」と捉える際、参加している人々が知恵を出し合って、コレクティヴ・インテリジェンスが生まれると、精力的に論じた（Levy1994＝1997）。レヴィによると、「コレクティヴ・インテリジェンスは普遍的に分布される知性で、リアルタイムで強化され、協調され、そして動員される」。その前提に当たるのは、「全てを知る者はなく、しかし誰もが何かしらを知っている。全ての知識は人間の中に宿っている」のである

(Levy1994＝1997：13)。

　スロウィッキーが説いた「集合の知恵」は、データを収集する際に、人々がお互いの知見から影響を受けることなく、独立して自分の予測を入力する場合、優れた知恵が生まれるという点に重点を置いたのに対し、レヴィはインターネット空間を一つのバーチャル・アゴラ（仮想広場）（Levy1994＝1997：68）と捉え、参加者の多様性を大切にすると同時に、参加者が情報を共有し、お互いの知見を修正し、評価し合い、そして理解の一致に至る審議の過程を重視している。

　コレクティヴ・インテリジェンスの文脈で、集合知に関して日本の学者西垣通の著書には面白い事例が一つ紹介されている（西垣2014：51-4）ので、ここでも紹介しておきたい。

　1996年と1999年の、２回にわたって、ネットで世界の人々の衆知を集め、集団でチェスの世界王者と対決するという国際試合が開催された。つまり、アマチュア対名人である。ネットで集まった方は「ワールドチーム」で、その指し手は、毎回参加者が投票し、コンピューター集計の結果、最も得票数が多かったものとする。

　1996年の１回目は、世界王者のアナトリー・カルポフが、第32手で圧勝したそうだ。そして1999年の第２回、カルポフの次の世界王者ガルリ・カスパロフとワールドチームの対決は、「歴史に残る白熱した名勝負」となったのである。62手で世界王者が辛うじて勝ったものの、カスパロフは「世界チャンピオン戦を含めたどんな対戦よりも、この一戦に大きなエネルギーを費やした」という（西垣2014：52）。

　２回の世界チェス対戦になぜこのような違いが生まれたのか。カスパロフの実力がカルポフに劣るわけではない。その理由の本質について、西垣は「指し手を決める手続きにあった」と分析した（西垣2014：52）。

　１回目の場合、ワールドチームが次の指し手を決めるのにわずか10分しかなく、参加者たちは、互いに相談することなく投票し、単に最多票を集めたものがワールドチームの指し手となった。

　一方、第２回では、次の指し手を決めるのに24時間があり、ネット上に専用のフォーラムが作成され、そこで盛んに、次にどの指し手が最善かに関する議論が繰り広げられた。

2回目の場合、プロ級の数人のリーダーが中心になって議論をまとめた。そして15歳の女子で全米チャンピオンのクラッシュが人々の意見を集め、指し手の良否を公開検討し、1日かけて最適手を探したわけである。ただし、西垣は、勝負が近似的に「カスパロフ対クラッシュ」ではなく、クラッシュの実力はカスパロフに到底かなわない水準で、彼女は「あくまでも多様な人びとのアイディアを比較分析し、議論を望ましい方向に導いて行ったにすぎなかったのである」（西垣2014：53）と指摘した。

　このケースでは、情報を共有し、議論する「集合知」の意義を明らかに述べていると考えられる。ワールドチームには、初心者やアマチュア選手、プロの選手などの多様なメンバーが世界各地から集まった。1回目もみんなの意見が集約されたものの、2回目の接戦の要因はまさにネット上のフォーラムにおける議論のプロセスであり、さらに15歳の少女クラッシュが「集約係」を担当し、集約性が保障されたのである。しかし、この場合でも、「少女VS世界チャンピオン」という構図ではなく、少女は中心人物とも言い難いのである。

　集合の知恵とコレクティヴ・インテリジェンスは一見矛盾しているように見える。しかし、スロウィッキーが「独立性」を強調する真意をよく見ると、それは「多様性」を保証する目的、最初の段階に個々人が独立で判断することが大事とし、権威ある意見や、他人の意見に流されてはいけないという考えに基づいている。一方、スロウィッキーは独立性を重視しつつ、9.11同時多発テロ時の米国の諜報機関の失敗を例に、意見が「孤立」してはいけないことを説き、「集約性」の重要性を主張している。

・集合知と民主主義

　『「みんなの意見」は案外正しい』（スロウィッキー）、『一般意志2.0』（東）、『「多様な意見」はなぜ正しいのか』（ペイジ）などの研究で見られたように、これまでは、対象となる問題に「正解」があって、その正解を統計学的に導くアマチュアの集合知についての研究が進んできた。

　一方、西垣が指摘したように、「クイズのように正解が事前に分かっており、それを集団で推定するというのは、集合知の応用としてはむしろ例外である。実際には、ほとんどの場合、正解もしくは正解に近い最適解があるとしても不明で、それを探索していくために衆知を集める必要があるのだ」（西垣2014：51）。そして、「厳密な意味での正解は存在しなくても、なるべく適切な解を見いだ

そうというわけである」（西垣2014：51）。

　以上のように、正解があるクイズ問題の場合、統計学的に証明されるWisdom of Crowds的な集合知が適用されるが、「正解が分からない」が最善に近づくための問題に挑む際に、情報を最大限に公開し、共有し、意見交換してこそ、最も集合知の本領が発揮できると考えられる。

　西垣によると、マイケル・サンデル（Michael Sandel）などがハーバード白熱教室で議論したような政治哲学をベースにし、熟議討論を重ねて意見集約を図り、政策決定など公共的問題に対しネット集合知を用いる可能性が開けてくると指摘した（西垣2014）。

　この点について、レヴィ（Levy）自身も「ユートピア的」（Levy1994＝1997：51）だと認識しながらも、政治・デモクラシーにおけるコレクティヴ・インテリジェンスの重要性を説いた。レヴィによれば、政治の視点から見るコレクティヴ・インテリジェンスのダイナミズムは、傾聴、表現、意思決定、評価、組織、連結、ビジョンで、全ては相互に関連しているのである（Levy1994＝1997：70、75）。そしてバーチャル・アゴラ（仮想広場）は人々やグループ間の相互認識のプロセスを促進し、人々がめぐり合い、相談、契約をする（Levy1994＝1997：74）という。

2.3.2　「コレクティヴ・ジャーナリズム」の提起

　「集合の知恵」に関するスロウィッキー、レヴィらの論述には、ネットジャーナリズムの研究に与えるヒントが含まれている。

　2.1節の分析で明らかになったように、インターネットという情報技術が提供している言論空間は利便性が高く、インターネットに接続さえすれば、特別な設備と専門知識が必要なく、物理的には誰でも、どこでも、いつでも、低コストでこの「情報の伝送路」を利用できる。また、インターネット上の情報伝達はマルチインターラクティヴで、誰でも情報の送り手と受け手になれる。さらに、ネット空間上の情報も、一部の有料コンテンツを除けば、電子掲示板（BBS）やブログ、フェイスブック上の発言は、オープンで誰でも自由にアクセスできるため、公開性を有する。さらに、ネット空間での情報の価値、言論の質は送り手の社会的な地位、年齢、性別やエスニシティー（民族）などとも一切関係なく評価されるので、平等性がある。

利便性が高く、公開性、平等性があるため、インターネットを利用する人々は非常に多様で、世界中に分散しており、実世界で互いに独立を保持できる。ネット空間がマルチインターラクティヴで、平等であるため、ネットユーザーの言論は集約されることも可能である。

　すなわち、ネット空間では多様性、独立性、分散性および集約性が満たされやすく、「集合知」を発揮する絶好のプラットフォームになることができる。

　「独立性」「多様性」「分散性」「集約性」はネットでともに実現可能であり、その中でも一番基礎的なのは「多様性」だと考えられる。ネット社会事件は真相がベールに包まれている場合が多く、個々のネットユーザーはその単独の知識と能力で、真相の全貌をつかむのが難しいため、「多様性」を持つ多数のネットユーザーのさまざまな角度からの発言が不可欠である。

　一方、ネットでの言論には「多様性」があるが故に、非理性的・断片的で信ぴょう性が低い言論も含まれていることが多い。そのために、ネットでの言論や情報が批判され、個々のユーザーたちの言論活動の多くはジャーナリズムの世界から見落とされてしまいがちである。

　しかし、「集合的」に見た場合、個々のネットユーザーの情報や知識に不備が存在するとしても、全てを知る者はなく、しかし誰もが何かしらを知っている。個々のレベルでは理性と主体性も必ずしも必要不可欠ではない。「多様性」「独立性」「分散性」を持つネットユーザーとしての一般市民の言論を基礎にし、オンラインの公共の場で情報が共有され、ネットユーザーたちが集まった知見を評価、修正し合い、「集約」が行われれば、「より正確かつ全面的な情報・知識・見解」「真相」「本当の民意」などにたどり着くことができる。「集合」により、マスメディア以外でも、一般の人々によって、ネット空間で情報の収集、拡散、検証などジャーナリズム的な活動は、従来とは異なる形で、効率的で迅速・正確、かつ全面的で広範囲に成立する。

　本書では、「コレクティヴ・ジャーナリズム」という概念を提起し、こうした多様な言論を集約することが特徴である集合的なジャーナリズムと定義したい。

　中国の事例と照らし合わせると、中国では、マスメディアが基本的に政府の「宣伝部門」にコントロールされているため、マスメディアが作り出す「言説空間」は庶民と程遠いものがある。一方、市民ジャーナリズムの概念は中国に

も紹介されているものの、まだ市民メディア、市民ニュースサイトがほとんど存在しておらず、正式に登録した市民記者もいない。「公民記者」と呼ばれる人々が存在するが、実態は活動家（activist）に近く、政府が封鎖する対象になりやすい。また、中国のネット社会事件は、公民記者が中心になって追及・解決したものは少ない。

中国では、インターネットの発展に伴い、ネットユーザーが数億人に拡大し、電子掲示板（BBS）や一般人のブログ、ニュースの書き込み欄などのプラットフォームで一般の人々の発言があふれている。中国のネットユーザーの発言の中にも非理性的なものが多く、罵詈雑言が大量に含まれており、個々人が提供した情報の中に不正確なものも多々ある。情報の正確性と信ぴょう性が確保できないため、これまでの基準ではジャーナリズムの世界から却下される運命にある。しかし、個々人の言論は確かに不十分、不完全であっても、多数のネットユーザーの積極的な参加（情報提供と議論）を通して、罵詈雑言や不正確な情報が徐々にろ過され、結果的に正確な情報がつなぎ合わされ、真相が究明されるという事例もまた多数存在する。

すなわち、中国では、一般民衆の利益と訴求を代表できないエリートや専門家が世論をリードしきれない中、ネット上で人々は自らより完全な情報を求め、それに基づきコミュニティーを形成し、積極的に発言するという現象が見られる。こうして、中国でネット上に新たな「言説空間」が作り出され、ネット社会事件を多発させ、ネット世論が実社会を動かし、法律の変更、制度の廃止までもたらす大きな力となっている。

こうした事象から、中国では確かにネットユーザーが主役の一種の新しいジャーナリズムが実践されていると言えよう。これは、まさに集合的な知恵とパワーに基づくコレクティヴ・ジャーナリズムである。

第3章　コレクティヴ・ジャーナリズムの理論的背景

　第1章ではジャーナリズムの淵源(えんげん)をさかのぼり、理念上ではジャーナリズムは民主主義が正常に機能するために「社会の木鐸(ぼくたく)」としての役割を有することを再確認した。ジャーナリズムの担い手であるマスメディアは、時事問題の報道、解説、評論活動を行い、市民に正確な情報を提供し、時にはパブリックな事象をアジェンダ・セッティング（議題設定）し、市民に注目させ、議論を呼び起こす。また、マスメディアからの情報を参考に、公的な事柄などに関する市民の意見が形成される。それらの意見をマスメディアが「世論」として取り上げ、政治機構や政策決定の過程に影響を与える。このプロセスは、市民の「政治参加」を意味し、民主主義の重要な一環である。ジャーナリズムには「政治的な意味」が常に包含され、ジャーナリズムは民主主義の維持・促進には不可欠だと考えられる。

　一方、現実としては、ジャーナリズムの主な担い手であるマスメディアは、商業的利益を追求するあまり、娯楽や広告機能ばかりが肥大化し、報道や論評の機能が衰退し、権力監視機能が十分に果たせていない。これこそ「ジャーナリズムの危機」の本質である。

　そして、現在、マスメディア・ジャーナリズムが持つプロフェッショナリズムと客観報道の立場は、市民が主役のジャーナリズムから挑戦を受けている。後者は、まさにジャーナリズムの語源である「ジャーナル」つまり「日常生活の記録」（誰でも記者になれる）という本源に立ち戻り、市民生活の中の政治に重点を置いている。一方、ジャーナリズムの権力監視の機能は、民主主義の維持と発展には相変わらず重要であると同時に、その担い手は必ずしもマスメディアや「無冠の王」と呼ばれるプロフェッショナルな記者だけでなく、不特定多数の非プロフェッショナルな「市民たち」が担うことが十分可能になっている。

　従って、大手マスメディア・ジャーナリズムは機能不全に陥っているが、ジャーナリズム全体が機能不全に陥ったわけではない。ジャーナリズムの新たな

可能性を発掘するためには、むしろ大手マスメディア・ジャーナリズム以外のジャーナリズムの態様を考察することが大事である。周縁のマスメディア・ジャーナリズムの活性化、市民メディアの活躍は、ジャーナリズム全体の活性化とつながるため、引き続きそれらの活動を観察しなければならない。特に第2章でも言及したように、ネットメディアの発展に伴い、市民が主役の市民ジャーナリズムが急速に発展している。「オーマイニュース」（OhmyNews）のようなネット新聞の規模と影響力が確実に拡大しており、市民ジャーナリズムのジャンルの確立へ大きく貢献している。一方、既存の市民ジャーナリズムがマスメディア・ジャーナリズム同様、「個人の理性と主体性」を依然として重要視しているため、市民メディアサイトが自らの活動基盤を少人数のアクティヴなユーザーに限定してしまい、より多くの市民に秘められているパワーを過小評価しがちである。このため、ときには十分「理性的」とは言えないネット言論の意義、喜怒哀楽やユーモアに隠されているメッセージを見過ごしてしまう傾向が見られる。

　本書では、個人レベルでは一定の不正確性があり、信頼性が欠けても、全体レベルでは「集合知」が発揮され、真相究明や権力監視を果たせるジャーナリズムの実践を「コレクティヴ・ジャーナリズム」として概念提起をした。この新しい概念を理論的、規範的に考察することは、重要な課題であると考えられる。

　コレクティヴ・ジャーナリズムに関する考察の射程を延ばすために、ここでは、4つの民主主義理論の援用を試みる。健全なジャーナリズムは、健全な民主主義を維持・発展させるには不可欠であると言っても過言ではないため、ジャーナリズム理論と民主主義理論には相通ずる項目が多い。本書で援用する4つの理論は、今までジャーナリズム研究、マスメディア研究でもよく引用され、民主主義と深く関係を持つ公共圏理論、討議民主主義理論、および近年注目されているモニタリー・デモクラシー（監視制民主主義）理論、ソーシャル・キャピタル（社会関係資本）理論である。

　本章では4つの理論とマスメディア・ジャーナリズム研究、ネットメディア研究との関係をそれぞれ考察した上で、コレクティヴ・ジャーナリズムとの架橋を試みる。

3.1 公共圏理論

「公共圏」（ドイツ語：Öffentlichkeit）は、多義的な概念で語義もさまざまである。「Öffentlichkeit」はドイツ語固有の用語で、ドイツ語の辞書では「公然たること、周知、公開、公共、世間、社会、公の出来事」と定義されている。そしてメディア・ジャーナリズム研究に大きな影響を与えた中核的な思想は、ドイツの社会学者ユルゲン・ハーバーマス（Jürgen Habermas）が『公共性の構造転換——市民社会の一カテゴリーについての探究』（初版1962年）で提起した公共圏概念と言えよう。

3.1.1 公共圏とは

『公共性の構造転換』において、ハーバーマスは西欧近代の歴史過程に対する観察から理念型としての「公共圏」概念を抽出した。17、18世紀には市場経済の発展により、社会が徐々に国家から独立し、国家（権力）・社会・市場（経済）という三者鼎立の態勢が確立されるようになった。新興のブルジョア階層が教養と財産を手に入れ、コーヒーハウスや文化サロンで活発な談論が繰り広げられ、「文芸的な公共圏」が作り出された。その入場券は主に教養と財産で、その条件さえ満たされれば、旧来の身分や出身を問わずに比較的自由・平等に参加できたとされている。そこで、ブルジョア層が公共的批判を展開する社交的会話を通じて「公共的議論の術を習得」し、「文芸的な公共圏」の中から政治的公共圏の姿が現れる（ハーバーマス1990＝1994：48-50）。

フランス革命に代表される「市民革命」の後、市民社会が誕生した。市民革命の担い手は言うまでもなく新興のブルジョア階層であり、市民社会に生きる人々には少なくとも理念において自由と平等が保障されていた。「表現の自由」と「言論の自由」がジャーナリスティックな空間を開き、市民の間に自由闊達な議論が交わされ、こうした言説空間から「主体的叡智、公開性、そして市民的連携あるいは共同性」（林2002：128）という構成要素が含まれる「規範的公共圏」が抽出できると考えられている。

自由かつ理性的な言説・批判が交換され、公共圏で形成された理性的な合意は社会の合理化に役立つ。このような政治的公共圏は「規範的公共圏」として現代社会にも受け継がれている。

ハーバーマスによると、「政治的公共圏」とは「市民社会という基礎を通じて生活世界に根を持つコミュニケーション的構造」であり、「他の場では解決されないがゆえに政治システムによって処理されねばならない問題に対しての、感応装置」である（ハーバーマス1992＝2003：89）と定義される。民主主義社会にとって、「公共圏」は非常に重要な役割を果たすと考えられる。すなわち、健全な民主主義を保つために、公共圏は批判的な精神を保たなければならない。しかし、後期資本主義そして福祉国家の発展によって、マスメディアがますます国家と商業主義の二重支配を受けるようになり、「政治的公共圏」を創出する能力を失いつつある。公共圏は公衆による批判的言説空間であるのではなく、体制化した諸組織による大衆に対するPRの空間へと転換したのである。ハーバーマスはこの現象を「公共圏の再封建化」と呼び、公共圏の「構造転換」を指摘した（ハーバーマス1990＝1994）。

　公権力による「社会の国家化」だけでなく、経済領域の商業主義の影響で、かつての公衆が批判する視点を失い、ただマスメディアに提供された娯楽的な番組内容に拍手喝采を送るようになり、「文化を議論する公衆」が「文化を消費する公衆」になったと指摘されている（ハーバーマス1990＝1994：215）。このような脱政治化した公共圏は民主主義の危機を招きかねないと懸念される。

　『公共性の構造転換』のドイツ語版は1962年に初版が出版され、1973年には日本語に訳された。1989年から東西冷戦の情勢が大きく変わり、ベルリンの壁が取り壊され、東欧において民主主義革命が勃発し、さらにソ連という世界最大の社会主義国家が解体した。これらの一連の時代の流れは、公共圏概念に現実味を与え、市民のパワーと市民社会の役割を再認識させた。1989年に著書が英訳され、公共圏概念が一躍注目されるようになり、英米圏においてこの概念は積極的に評価されている。

　一方、ハーバーマスの規範的公共圏概念に対しさまざまな観点からの異論も多い。例えば、ブルジョア公共圏だけに注目し平民的（Plebeian）公共圏を無視し、平民的公共圏の持つ多くの特質を見落としているという批判（Eley Geoff 1992）や、ブルジョワ的・男権主義的な公共圏で、ジェンダー・人種・職業などに基づくマイノリティー集団なども公共圏から排除されている（フレイザー1992＝1999）といった批判が挙げられる。

　近年、ハーバーマスの理論的アプローチを発展させる理論の一つは、米国の

政治学者ナンシー・フレイザー（Nancy Fraser）が提起した「下位の対抗的な公共性」（フレイザー1992＝1999：138）である。「下位の対抗的な公共性」とは、主流の「公共性」に対して、「（女性、労働者、有色人種、ゲイやレズビアンのような）従属的な社会集団から成り、そこでは、自分たちのアイデンティティー、利害関心、要求をめぐってそれを覆すような解釈を定式化する対抗的な討議を考えだし、流布させていく同時並行的に存在する討議の舞台」が展開されると説明した（フレイザー1992＝1999：138、1992：123）。このような下位の公共性を有する舞台は、主流で支配的な公共圏で排除されてしまう話題を取り上げることで、全体的な討議の空間が広げられていく。

「かつては競合することもなかったさまざまな前提が、いまでは公共の場において議論されなければならない」（フレイザー1992＝1999：139）ことで、単一的・均質的な主流公共圏を多元的・重層的公共圏に変化させることが可能である。フレイザーは、階級社会でも平等主義的多元社会でも、対抗的な公共圏のような多元的な公共圏の方が、単一の公共圏より望ましいと指摘した。ただし、対抗的公共圏の全てが高潔なものではなく、反民主主義、反平等主義的なものも存在するとフレイザーは警告している（フレイザー1992＝1999：157）。今日、インターネットを利用して勢力拡大を図っている過激派組織イスラム国（IS）の動向は、対抗的公共圏の極端な一面を表現しているとも考えられる。

そして、フレイザーの対抗的な公共圏と少し異なる文脈で林香里は「オルターナティヴ公共圏」に注目した。林によると、1960年代に、先進工業国においてプロテスト運動が盛んになり、その中の学生運動が提示した既存のエスタブリッシュメント（権力）への反抗の言説空間は狭義の「対抗的公共圏」として捉えられる。その後、主に若者の自律した生活実践の空間においてエスタブリッシュメントを批判していくという運動が「オルターナティヴ公共圏」を生み出した。現在は直接的な対抗や批判というより、問題意識などを社会へと提示し、社会的あるいは政治的承認を獲得しようという動きが強いと指摘されている（林2002：130-131）。今日のオルターナティヴ公共圏は日常的な経験を重要視し、私的生活にある公共的な話題を提供する役割があると考えられる。

このように、既存の主流・支配的公共圏と異なる公共圏の存在が提起され、名前こそさまざまで多元化しているが、討議の話題を豊富にさせていることは共通している。

健全な民主主義社会において、誰でも自由に発言する権利を有し、公共的な場に誰でも入場でき、意見を述べ、他人と議論することができる。そして、公共圏で評価されるべきものは、発言者の職業や肩書ではなく、発言の内容およびその質である。公共の言論の場は、市民社会に根を下ろしており、国家権力や市場経済から影響を受けてはならない。これらの理念は今日でも意義を持っているし、追求し続けなければならないと考えられる。

3.1.2 公共圏理論とマスメディア

公共圏理論はメディア研究とジャーナリズム研究において重要な理論の一つである。メディアと公共圏の関係について、花田達朗は次のように述べた。「メディアは公共圏という社会的空間を生産しているのであり、公共圏はメディアによって設営されている」（花田1996：294）。現実には、公共圏は「予定調和の花園でもなければ、よく整備された庭園でもない。権力的に操作された言説や貨幣に買われた言説が巧妙に滑り込んでくる。言説の闘争と懐柔の場であり、大変まだらで不均等な風景が広がっている」（花田1996：294）と指摘されている。そしてジャーナリストは公共圏の耕作者であると比喩し、つねに公共圏に鋤と鍬を入れなければならないと説いた（花田1996：294）。

つまり、公共圏は一度形成されても、自動的に維持・発展できるのではなく、公共圏の維持と開拓には、常に耕作者と不断に開墾する努力が必要である。その耕作と開墾の活動は、ジャーナリズムという活動である。ジャーナリズム活動が健全で活発であれば、公共圏が開墾され、市民の参加も活発になり、民主主義が健全に維持されるのである。その一方で、ジャーナリズムが機能不全であれば、公共圏も貧弱になり、構造転換され、民主主義の維持と発展が困難になってしまう。

長い間、マスメディアはジャーナリズムの主な担い手であり、公共圏の発生と発展は、歴史的にマスメディアの発展と緊密な関係を有している。ハーバーマスによると、近代からマスメディアを媒介としたコミュニケーションが盛んに行われるようになり、公共圏が誕生した（ハーバーマス1990＝1994）。また、「実態においてマスメディアは公共圏の装置として最強であり、公共圏を支配しているのはこの制度化されたマスメディアにほかならない」（花田1996：294）と指摘されたように、マスメディアがジャーナリズムの主流を占めているため、

公共圏を維持・発展させるために、マスメディアには非常に重要な役割が課せられていた。

しかし、現実には、大手マスメディアが政治権力と商業主義から二重支配を受けることにより、マスメディア・ジャーナリズムが危機に直面しており、そのため、公共圏も構造転換されつつある。

前述のように、市民社会と生活世界こそ、公共圏の源であり、公共圏が生存する根本的な基礎である。公共圏は市民社会に根を下ろさなければならないように、花田はマスメディアを再活性化するためには、ジャーナリズムの主な担い手であるジャーナリストたちが政府・市場の支配的な意見・視点だけを報道するのではなく、市民社会に根を下ろし、市民たちの意見に耳を傾けなければならないと指摘した。

前述したパブリック・ジャーナリズム運動、地域ジャーナリズムの実践は、宙に浮いているジャーナリストたち／ジャーナリズムが、もう一度市民社会に根を下ろし、市民たちと緊密な関係性を取り戻す運動と実験であり、マスメディアによる新たな公共圏の開墾である。また、マイノリティーへの配慮とその権利の尊重を強調し、ジャーナリズムにケアの倫理を導入することも公共圏を理論的に発展させたものである。

一方、「マスメディアの枠の外に存在する自律的な公共圏もあるのであって、それがマスメディア公共圏との交渉に入ってくることも事実である」（花田 1996：294）と指摘されているように、「市民社会という基礎を通じて生活世界に根を下ろすコミュニケーション的構造」としての公共圏は、マスメディアとプロフェッショナルな記者の活動以外にも存在する。今日、オルターナティヴメディアやネットメディアの発展により、ジャーナリズム活動が多様になり、公共圏も「マスメディア公共圏」から脱却し、「対抗的公共圏」や「オルターナティヴ公共圏」など、さまざまな公共圏が登場した。

3.1.3 公共圏理論とネットメディア

時代は常に変化し続けているため、理論もその変化に応じて発展しなければならない。ネットメディアは勢いよく発展しているため、「ネット公共圏」への関心と注目も高まっている。インターネットの双方向性、平等性、即時性などの特徴から、人々がインターネットの空間で政治的争点や社会的争点につい

て意見交換をし、公論の形成が期待されるのである。

　英語圏ではonline public sphere、virtual public sphereへの考察が盛んに行われており、日本でもインターネットと公共圏に関する研究が少なくない。平井智尚（2013）によると、日本ではインターネットが広く普及する前の1990年代からインターネット普及期に当たる2000年前後にかけて、インターネットと公共圏に関する研究が盛んに行われた。しかし、日本におけるインターネットと公共圏に関する考察は、ネットが普及した初期段階において盛んだったのに対し、インターネットの発展とともに、2000年代前半以降、ハーバーマスの公共圏概念を援用した研究はむしろ停滞している。

　先述したように、規範的公共圏の特徴には、「公開性、理性、共同性（連携）」などが挙げられる（ハーバーマス1990＝1994：林2002ほか）。インターネット空間において、このような特徴を持つ領域が認められる一方、ネットユーザーの言動が複雑化しており、一般化するのは難しい一面があり、特に理性の維持に関して多くの異論が唱えられている。

　そもそもネット空間では誰でも発言できるし、マスメディアのようにプロの記者や編集者がゲートキーピングを行っていないため、全ての発言に「理性」を求めるには無理がある。ネット上では個人的な意見、断片的な情報、罵詈雑言、誹謗中傷などだけでなく、極端な例ではフレーミング（炎上）、ヘイトスピーチなども見られる。このような批判的な見方は、インターネット上に「ジャーナリズム」が存在しにくいという見方と根底で通じている。

　平井は、「これらの批判の提起と並行し、市民同士のウェブを通じたやりとりに公共圏の再生・成立を見出す議論は勢いを失う」と指摘したと同時に、「ウェブ空間・環境の実体と照らし合わせた場合、一方で公共圏の再生・成立という論旨が説得力をそれほど持ち得ず、他方で批判的な議論の方は経験的にも首肯できる」（平井2013：121）と示されたように、ネットユーザーの理性と自律性なしでは、ネット公共圏を議論する根拠が失われ、研究が停滞するのも無理はない。

　実際に、日本では2000年代半ば以降、ハーバーマス理論を批判的に検討し、「公共圏」の形成はインターネット上では不可能であるという研究が散見されるようになった（杉山あかし2005、栗岡幹英2010）。現状からインターネット上では公共圏の成立は不可能と判断した研究者らが依拠しているのは、インター

ネット上で「個人の自律性を期待できない」（辻智佐子ほか2011）ことと言えよう。

　以上の研究者たちに指摘されたような問題点はネットメディアに確かに存在する。しかし、インターネット上での公共圏への期待は非現実的であろうか。そもそも「個人の自律性」はハーバーマスの公共圏の「絶対条件」ではなかったとも考えられる。辻智佐子ほか（2011）が出した処方箋は、自律的な個人に依拠したインターネット「公共圏」ではなく、インターネットが自律的な中間組織の形成と活動を促す点に注目し、インターネット・コミュニケーションの新たな公共性の可能性を模索することを提案している（辻ほか2011：45）。

　筆者も個人の自律性を前提とするインターネット「公共圏」の構築が困難であることに賛成である。インターネット上の言論の多くは、膨大な断片情報が流動的に羅列されている。一方、インターネットにおける「自律的な中間組織の形成と活動」とは別に、インターネットにおける集団的知恵を生み出す「組織ではない集合的な活動」に注目したい。その活動には一定の条件が付くが、基本認識は次の通りである。個々人が全て理性的な状態を保ち、理路整然として情報や意見を提供しなくても、不特定多数の人々が集合し相互にチェックすることにより、膨大な情報が処理され、虚偽の情報が脱落し、断片情報も整合される可能性を持っている。

　このような「組織なき組織」のパワーが発揮される条件として、集合知の4つの条件である①独立性、②多様性、③分散性、④集合性のほかに、一定の共通認識を持つことも大事である。まずは、「言論の場」を大事にする。ネット空間は匿名の場合が多く、感情的な発言もあるが、比較的自由に議論できる貴重な空間を大切にする気持ちが重要なのである。それがあれば、全ての人々が「自律性と理性」を保てなくても、マクロレベルの理性がある程度満たされる可能性が高くなる。次に、皆が興味関心を持つ「公共的な話題」が望ましい。人々の共通の関心があり、人々の利益と密接に関係がある話題であると、参加する人が増えやすく、多様なバックグラウンドを生かせば、情報の真偽へのチェックや断片的な情報の整合が実現される可能性が高くなる。

　一方、既存の支配的公共圏（マスメディア公共圏）に対し、インターネット上で異なる言論空間が発展すれば、これは一種の対抗的公共圏的存在のポテンシャルとして捉えることもできる。近年は、オルターナティヴメディアによる

オルターナティヴ公共圏の創出、そして支配的公共圏への挑戦に関する研究も注目されている（ミッチ・ウォルツ2005＝2008：42-43）。

以上のように、インターネットにおける公共圏の形成というテーマに対してさまざまな視点から議論がなされているが、それらはまだ進行途中であり、さらなる議論の進化が見込まれる。

3.1.4　公共圏理論とコレクティヴ・ジャーナリズム

以上のように、マスメディアが公共圏を作り出し、公共圏がマスメディアの規範を規定する、さらにジャーナリズムは公共圏を耕作する、という公共圏概念とマスメディア、ジャーナリズム研究の緊密な接点が確認された。またインターネットと公共圏の研究も盛んに行われてきたことも確認してきた。ただし、公共圏研究への批判も少なくない。例えば、規範では女性や労働者に対する排除が存在し、また主体性と理性の強調は、近年のオンライン公共圏研究の挫折をもたらすものでもある。

公共圏概念自体は近代西欧の歴史から抽出された規範型ではあるが、決して西欧限定のものではない。アジアでは日本、韓国、台湾などでも検討されている概念で、特に制度的に非自由民主主義の中国でも「ハーバーマス・ブーム」が起こり、公共圏概念の中国での応用が熱心に議論されている。

コレクティヴ・ジャーナリズムは基本的に中国で多発してきたネット社会事件から抽出された概念である。市場経済の発展に伴い、中国でも国家と社会の一定の分離が見られ、完全な市民社会の形成がまだ難しくても、現実社会では「第三の領域」（the third realm）の存在が認められているため、中国でも公共圏論が盛んに行われている。かつてある中国の学者が「公共圏」（中国語：公共領域）概念をどう「中国社会」で応用すべきかという点について、ハーバーマスに手紙を出し、疑問を投げ掛けたことがある。ハーバーマスは次のように答えている。

中国では経済と国家の関係は西欧と異なるため、西欧のモデルを中国に直接「応用」することの困難は想像できる。しかし、私は次のように確信している。すなわち、経済のさらなる自由化と政治体制のさらなる民主化により、最終的には民主型の世論が必ず根を下ろさなければならない。そしてそうし

た体制の変化は、いわゆる「**政治的公共領域**」とネットワークの**等価物**を促進すると同時に、また必要ともするのである。より広範に、より知る権利を有し、より能動的参加を目標とする（私たち西側もまだ努力している）あらゆる改革は、健全な公共的コミュニケーションに依存している。こうした公共的コミュニケーションは敏感なフィルター機能を発揮し、「人々のニーズ」を察知し、解釈することができる。この点に関して、私は社会全体の問題を指している。このような問題がもたらした結果は、一般の人々がプライベートな生活において最初に感じ取るのであって、この人々こそ、それらの問題に対する察知力と解釈において誰よりも信頼に足るのである（哈貝馬斯・景天魁1999:35-6、太字は筆者による強調）。

この「政治的公共圏の等価物」の概念が、中国社会における「公共圏」に関する議論に大きなヒントを与えるのではないかと筆者は考える。中国において西欧型の「公共圏」の存否を議論するより、機能的に「等価的」なものの在り方を考察することが重要だと思われる。マスメディアが作り出した支配的な言論空間に対し、インターネットの発展により、ネット上の言説空間を（重層で、複数の）対抗的な言論空間と捉えることができると考えられる。公共圏の特徴である「公開性、共同性（市民的連携）、理性（主体的叡智）」（林香里2002:128）を主な手掛かりに、コレクティヴ・ジャーナリズムと公共圏の架橋を考えてみる。

　まず、コレクティヴ・ジャーナリズムでは一つの相対的に公開性でかつ平等な言論空間を形成している。ネットユーザーは（つまり操作端末とインターネット回路さえあれば）、誰でも議論に参加でき、また社会的身分や肩書、性別、民族・人種などと関係なく、誰でも平等に意見表明と議論に参加することができる。インターネットの属性と特徴が、公開性と平等性を保障してくれると考えられる。

　次に、コレクティヴ・ジャーナリズムには「市民的連携」（共同性）が見られる。齋藤純一によると、連帯の源泉は「さまざまなリスクを回避するという個人の合理的な利害計算ないし国民の凝集性に求められるほかない」（齋藤2008:163）と指摘されている。コレクティヴ・ジャーナリズムが扱う事象は主に国内の社会事件で、人々に共通する利害関心と関連する事件が多いため、市

民が積極的に議論に参加する傾向がある。さらに、事件が公開されるとともに、真相究明と情報真偽の検証のプロセスにおいて市民の連携と連帯が見られた。この意味で、コレクティヴ・ジャーナリズムが作り出した言論空間は公共圏の「共同性」という特徴も持っている。

また、齋藤が連帯過程に個人の合理的な利害計算があると指摘したように、連帯行為が確認されれば、そこに市民の一定の理性と合理性が内包されていると考えられる。しかしながら、「ネット公共圏」研究のネックになっているのもまさにネット言論の理性問題である。極端な意見や情緒の発露、炎上などの現象は確かにネット上に存在する。一方、コレクティヴ・ジャーナリズムは一つの可能性を提示したと考えられる。「コレクティヴ」の原理では、「組織ではない集合的な活動」において、不特定多数の人々が集合し相互チェックすることにより、膨大な情報が処理され、虚偽の情報が脱落し、断片情報も整合される可能性を持っているため、全体的に理性を一定程度保つことが可能だと思われる。すなわち、コレクティヴ・ジャーナリズムにおいて、個々人（ミクロ）のレベルでは理性や主体性が保障されないが、全体（マクロ）のレベルで真相が究明され、理性と主体性が保たれると考えられるからである。

コレクティヴ・ジャーナリズムが作り出す公共圏では、100％の理性の維持は期待されないが、共通の話題についての議論、情報と経験の共有という意味では、民主主義にとって重要な一環だと考えられる。この点は、次節の討議民主主義に関しても同様に言えると思われる。従って、公共圏理論はジャーナリズム研究の射程を延ばし、コレクティヴ・ジャーナリズムの研究に多くのヒントおよび規範を与えるだけでなく、コレクティヴ・ジャーナリズムという実践がネット公共圏研究にも貢献できると考えられる。

3.2 討議民主主義理論

近年、注目されている民主主義理論の一つは、討議民主主義理論である。

3.2.1 討議民主主義とは

討議民主主義（デリベラティヴ・デモクラシー）は Deliberative democracy の訳語である。近年「熟議民主主義」の訳語も多く見られるが、本書では「議論を尽くして合意に達するのではなく、異論をたたかわす」（篠原一 2004：203）と

いう一面を重んじ、「討議民主主義」という言葉を選ぶことにした。

討議民主主義について以下のような定義がある。①「人々が対話や相互作用のなかで見解、判断、選好を変化させていくことを重視する民主主義の考え方」（田村哲樹2008：ⅱ）。②「単なる多数決でものごとを決めるのでなく、相互の誠実な対話を通じて、異なる立場の人々の間に合理的な一致点を探っていこうというタイプの民主主義」（山田竜作2010：28）。このような定義からも、討議民主主義は結果重視というよりは、経過重視であり、また選挙のように単なる多数決を採るのではなく、議論を通して選好の変容を望むような民主主義であることが今一度確認できる。

討議民主主義理論においても、さまざまな立場や視点からの研究が行われているが、主に2つの流れがあると考えられる。

1つ目の流れは、民主主義社会における政治決定プロセスの中で、熟慮と討議に基づく決定を重要視する。また決定の段階よりも、そこに至る経緯を重視する考え方である。

2つ目の流れは、多元的で複雑な現代社会において、伝統的な選挙ではなく、市民の間に共有された利害や共通の善について社会的合意に基づく考えを形成しようとする民主主義論の一つである。市民が決定プロセスに直接参加するなど、新しい民主主義の在り方を指すことが多い（山田健太2014：131）。

・**討議民主主義理論の時代背景**

篠原によると、討議民主主義の発展の流れには次のような歴史があった。戦後、ファシズムの克服により先進諸国の民主主義は安定期に入ったが、戦後の経済成長が終わる頃から、民主主義の在り方に討議が持たれるようになった。1960年代には市民運動や学生運動、1970年代はマックファーソンらの参加民主主義、1980年代には、マンスブリッジやバーバーなどの市民の間の討議を重視する討議民主主義があった。そして、討議民主主義が盛んになり、現代政治学の一大潮流となったのは、1990年代以降のことであった。議会ではなく、主に市民社会の討議で、市民討議によって代表制民主主義の正統性を回復することができるものと考えられた。1992年に、ハーバーマスが『事実性と妥当性』を出版したことにより、討議民主主義理論は世界中に拡大した。1990年代後半から、討議民主主義の制度化の試みが盛んになり、インターネットによる討議を加味したeデモクラシーも普及するようになった（篠原2012：235-236）。

討議民主主義が民主主義の一つのモデルとして注目を浴びるようになった歴史的背景には民主主義制度そのものへの反省が挙げられる。

　1989年、東ヨーロッパ共産主義諸国家の崩壊と、それに続くソビエト連邦の崩壊は、自由主義と民主主義の勝利かのように見えた。フランシス・フクヤマ（Francis Fukuyama）は『歴史の終わり』（The End of History）において、「人類のイデオロギー的な進化はこれで終結し、西側の自由主義民主主義は政府の最終形式として普及した」と述べた（フクヤマ1992）。しかし多くの社会主義国家の崩壊は、自由主義民主主義の完全な勝利を意味するというより、むしろ「敵」の消失によって自由主義モデルの足らない点が浮き彫りになり、民主主義の危機といわれるほど深刻化したのである。民主主義諸制度の形骸化と、有権者の政治への参加意欲の低下と政治への無関心化などの現象は多くの民主主義国家で見られるため、民主主義そのものへの反省が高まる。

　さらに現在はグローバル化の時代で、世界が一体化しつつ、自由主義民主主義が世界中に拡張しているように見えているが、その分「difference」（差異）も顕在化しつつある。イスラムの原理主義者、イラク戦争、アフガン戦争は差異の極端な表現方式であり、エスニック、言語、ナショナリズム、宗教、文化などさまざまな差異が存在することは言うまでもない。同じ社会においても、女性、少数民族、ゲイなどの問題が存在し、public good（公共善）という一言には吸収し切れないのである。差異を隠し、無視、克服するのではなく、差異をいかに表現させ、共存するかという試みに目を向けることが今日の課題だと考えられる。

　この課題の一つの解決策は、市民の参加と討議だと考えられる。「政体における全てのレベルに参加を増やすことは、difference を表現するための最も実行可能なメカニズムである」（Seyla Benhabib1996：11）。従って、討議民主主義は一つの参加型（直接）民主主義で、「語る」・議論というプロセスが重要視される。

・討議民主主義の理論的な考察

　討議民主主義の研究者が多数いる中、ここでは討議民主主義の重要な論者の一人であるハーバーマスの理論を紹介しておきたい。ハーバーマスは「民主主義の三つの規範的モデル」（Three Normative Models of Democracy）という論文で、従来の共和主義、自由民主主義のモデルを論じ、さらにそれらの問題点を

超越した「討議民主主義」モデルを提出した。

　自由主義モデルでは、市場原理を重視し、選挙も同じ市場原理で運営されており、国家と市場からの個人の自立を前提にしている。その問題点は、選挙という形式を重要視するあまり、市民の政治への関心が低下する場合、コンセンサスが得られなくなり、民主主義自体が空洞化してしまう恐れがあることである。一方、共和主義モデルは、対話という原理を重視し、構成メンバーの間の相互理解とコミュニケーションを大事にしており、民主主義の原初的な意味をよりよく保存しているとハーバーマスは評価した（ハーバーマス1996：23）。しかし、共和制民主主義ではコンセンサスを重要視するあまりマイノリティーの意見が反映されにくくなるという問題点があり、市民に課する倫理的負担が重いという課題も抱えている。

　そこで、自由主義モデルと共和主義モデルの要素を取り入れ、考案されたのが討議民主主義である。討議民主主義は、自由主義の要素を取り入れ、かつそこに修正を加えたものであると言えよう。

　討議民主主義を政治学において理論的に体系づける論考を多く発表しているジョシュア・コーエン（Joshua Cohen）は、自由、合理性、平等、合意の達成という、4つの理想的な討議の要件を挙げている。林香里は、コーエンの理想的な討議では、「共通善を模索しながら、個人の自律性と主体性をも尊重する」ことで、民主主義の重要な構成要素の2つを同時に担保できるものと評価すると同時に、「民主主義を徹底化、草の根化して、一般市民のより広範な政治参加の拡張を図るという観点から見るならば、『理性的な討議』の枠組みが強調されすぎている」（林2002：208-209）と指摘した。

　討議民主主義が実践される場は、議会や議決のための政治的諸機関の内部だけでなく、その外部にある一般市民が議論を重ねる「公共圏」も討議の重要な場所である。討議が平等に行われ、「主体なきコミュニケーション」が行われるのである。自由主義モデルと比べれば、討議民主主義モデルはより制度と法律を重視し、法的手続きを通さなければならないとしている。

・討議民主主義の実施策の検討

　討議民主主義は自由民主主義の修正であり、選挙だけでは市民の意思表明が不十分であるため、市民が関心を持つテーマに関して討議し、議論を通じての意見形成や選好の変容が好ましいと考えられている。従って、討議民主主義は

直接民主制の特徴を有する。しかし国土面積や人口などを考えると、討議民主主義は、意見交換・議論の困難と意見集約・決議の困難を抱えている。全国民が一カ所に集まり、「政治的なフォーラム」に直接参加することは、現代の国民国家ではほぼ無理である。

　この課題を克服するためには、ミニ・パブリックス（ミニ国民代表）といわれるものが考案されている。「ミニ・パブリックスには、討論型世論調査（DP、Deliberative Polling）、コンセンサス会議、計画細胞会議（プラーヌンクスツエレ／プランニング・セル）、市民陪審制度などが挙げられる」（篠原2012：242-243）。討論型世論調査は討議民主主義の提唱者の一人であるジェームズ・フィシュキン（James Fishkin）が考案した方法である。参加者を住民から無作為に抽出し、十分な情報に基づいたバランスの取れた議論を通じて、世論の形成と変化を調査するものである。他に、「熟議の日＝Deliberative Day」も考案され、「『熟議の日』は、主要な国政選挙の1～2週間前に熟議のための休日を作ろうという提案であった。当日、有権者たちは、近所の学校やコミュニティーセンターに集まり、1日かけて選挙の候補者に関する熟議を行う。このような『熟議の日』の存在が、選挙運動のあり方を変化させ、人々により市民的責務を自覚させると期待されるのである」（田村哲樹2008：157）。

　このように、討議民主主義の実施について、さまざまな方法が考案されている。ただし、これらの実施方法を民主主義システムの一環として日常的に機能させるためには、膨大な資金と労力を必要とするため、小規模な実践が試みられているものの、まだ普及には至っていない。

3.2.2　討議民主主義理論とマスメディア

　討議民主主義の実践の重要な場は公共圏であり、またハーバーマスが両理論の重鎮的な存在であるため、討議民主主義理論と公共圏理論が深い関係にあることは明白である。従って、マスメディア・ジャーナリズム研究において討議民主主義理論も重要な意味を持つと位置付けられる。

　理念として討議民主主義の前提は、討議に参加する市民がその議題を熟知し、よく理解することである。これまでのことから考えられるのは、マスメディアは市民に必要な情報を提供し、討議のための基礎を作る。よりよい討議を進行させるために、市民に提供された情報も、なるべく全面的でかつ客観的であり、

真実を保証するものでなければならない。こうした基本的な要請は、既存マスメディア・ジャーナリズムの客観中立・真実報道などの諸原則と合致する。そして討議も1回で終えるのではなく、数回の討議を経て初めて市民たちが議題への理解を深め、ある程度の意見形成／意思形成ができるのである。討議期間中の「討議→フィードバック→再討議」の循環においても、マスメディアが持つ情報の伝達機能が重要だと考えられる。実際に前述の討議型世論調査の実施に当たり、メディア、特に公共放送テレビが活用された（林2004：135）ことが指摘されている。

　今日、マスメディアは高度に発展し、技術も成熟している。「公共的な討議は、ほとんどメディアを経由しての討議になるわけである」（Simone Chambers and Anne Costain 2000：xi-xii）。討議の最終目標は、市民たちが議論を通して得られた幾つかの合意（合意が得られない場合は、理由付きの意見）を行政システムに提出し、政策決定に反映するのである。こうした合意や意見は、「コミュニケーションの権力」としてパワーを発揮する。言い換えれば、行政システムは、メディアを介すことで市民たちの意見を無視できなくなるのである。

　そして、討議民主主義の実践の一部ではあるが、第1章で言及した米国のパブリック・ジャーナリズム運動において、ローカルな新聞紙が討論型世論調査（DP）の実践の場になったことを想起したい。それは新聞社が市民フォーラムを開催し、市民と政治家たちとの間の「デリベレーション」（討議）の仕掛け人を引き受けるプロジェクトである[注8]。簡単にまとめると、討議民主主義にはメディアの協力が必要であるし、また市民の視点からの政治報道を目指すパブリック・ジャーナリズムにとっても、新しい報道のアングルを手に入れることになる。

　一方、近年インターネットを活用することで政府・自治体と有権者の間で双方向性が生まれ、対話が生まれる可能性も重要視されている。さらにはインターネット上で流通する大量のデータ（ビッグデータ）の活用によって、ネット世論をリアル世論に転化させる手法も試みられつつある（山田健太2014：131）。討議民主主義とネットメディアの関係がより注目されている。

3.2.3　討議民主主義理論とネットメディア

　討論型世論調査の考案者であるジェイムズ・フィシュキンは、『人々の声が

響き合うとき：熟議空間と民主主義』で、インターネットが熟議の基盤となるという安易な主張に対し批判的な態度を取った（フィシュキン2009＝2011：15）。しかし同時に、フィシュキンもオンラインによる討論型世論調査を試行的に行っている。「統計的手法で募った小社会を物理的に一つの場所に集めるためには、移動、宿泊施設、食事など、小規模の大会に必要な全ての手配が必要になる。…（中略）…統計的に選ばれたサンプルがインターネット上で熟議をおこなえるのなら、理論上では、こうしたコストの多くは削減できる」（フィシュキン2009＝2011：262）」。しかもフィシュキンの試行の結果、オンラインでも、直接対話方式の熟議と同じような効果を持つことが明らかになっている。オンラインであれば、サンプルでの少人数の参加ではなく、全国規模の範囲で全ての選挙民が「熟議」する日が来るのもすでに夢ではない。

　このように、討議民主主義とネットメディアの関係にアンビバレント（二律背反的）な部分が見られる。まず、次のようなメリットが考えられる。

　第一に、ネットメディアは豊富な情報とさまざまな視点を提供する。既存マスメディアは専門の記者が取材し記事を書くのだが、紙幅や放送枠の関係でその一部しか紹介できない場合が多い。政治権力や商業主義（スポンサー）に不都合な情報は、公表できない場合もある。他方、ネットメディアでは紙幅の制限が存在しておらず、匿名で内部告発することもできる。ネットメディアはマルチメディアであるため、伝統マスメディアの記事を転載することもできるし、ネットユーザーが独自のルートで提供する情報も多数存在する。情報ソースの多様性が、情報の真実度アップにつながるし、一元化より多元化を重視する討議民主主義にとっても重要だと考えられる。

　第二に、ネットメディアは格好の議論の場を提供する。インターネットには電子掲示板（BBS）、ニュースの書き込み欄、チャットルーム、ソーシャルネットワーキング・サービス（SNS）など一連の議論の場が存在する。議論には時間や空間の制限がなく、多くの人が気軽に参加することができ、そしてコミュニティーレベルの身近な問題だけでなく、ローカル、リージョナル、ナショナル、グローバルな話題が全て議論できる。これらの議論では、人件費・交通移動費が掛からないし、参加者のコスト負担もほとんど発生しない。討論型世論調査と熟議の日で、サンプルの抽出、市民の移動、宿泊などに関してコストの削減が期待される。

第三に、非常に重要な点は、ネットで討議された結果をそのまま政策決定機関へ提出することができる。これまで公共的な事件について、マスメディアによって「世論」が形成され、間接的に政府機関や行政部門に反映されることがあった。しかしネットメディア時代に、公共的事件が報道された時点からネット世論（民意）が迅速に形成され（ときにはマスメディアの意図に反する「世論」の形成もある）、ネット上の政府の窓口へ直接反映させられる。

　一方、ネットメディアには次のような問題点やデメリットも考えられる。つまり、インターネットの議論は、理性が保てるかどうかという問題である。対面的な議論でなく、匿名でバーチャルな空間で「討議」する場合、責任感の欠如・情緒的な言論の爆発・議論の質の低下などの問題が懸念される。また、討議民主主義では議論を通して「選好の変容」が望ましいが、ネット上では意見や趣味が似た者同士がますます固まってしまい、極端な意見が形成され、異なる意見を排除する「集団分極化」（キャス・サンスティーン2001＝2003）も危惧される。また、ネット討議には誰でも参加でき、かく乱者もときどき出現すると考えられるため、一定の規制やルール規範の形成が必要である。

3.2.4　討議民主主義とコレクティヴ・ジャーナリズム

　討議民主主義では、ある特定のテーマに関して市民が学習し、また他の市民と議論を通して認識を深め、最終的に選好が変容することが期待される。すなわち、討議民主主義は一つの市民参加型の民主主義である。一方、コレクティヴ・ジャーナリズムは市民の積極的な参加により成り立つジャーナリズムの形式であり、市民参加が最も重要な特徴である。また、討議民主主義自体も集合的コミュニケーション行為であるため、コレクティヴ・ジャーナリズムとの共通点は少なくない。

　前述した討議民主主義の理念と考案されている実践方法を踏まえると、その実施は、参加者の選定、討議の実施、討議結果の確定という3つの段階に分けることができる。その各段階にコレクティヴ・ジャーナリズムの役割の発揮が期待される。

　まず、参加者の選定に関して、討議民主主義は理念的に市民全員の参加が必要だが、実践的には困難が伴っている。そのため、市民の意見を全面的に反映させ、市民の代表（ミニ・パブリックス）を選出するために無作為のサンプリ

ングの抽出が行われる。ただし、無作為のサンプリング抽出過程には、蓋然的(がいぜん)にマイノリティーの声が落とされてしまう可能性がある。コレクティヴ・ジャーナリズムの場合、不特定多数の無限大の参加者の参加は、比率に応じた代表で人数に限りがあるというサンプリングの限界を突破できる。また、関連テーマに興味関心を持つ人がより積極的に参加するという特徴があるため、そこで形成された意見は厳密には「世論」と呼べないが、それは一定の世論の反映と考えられると同時に、一つの訓練過程として、より多くの人々を「討議」プロセスに慣れさせるのに意義があると考えられる。また、マイノリティーの声は、少なくとも平等に公表される機会があると考えられる。

　次に、討議の実施に関して、市民の宿泊、交通移動などにはコストが掛かる。参加者は3〜4日間の討議期間において、規定されたテーマについて議論する。そして手続きに従い、専門家が関連テーマに関して解説し、資料も提供される。一方、コレクティヴ・ジャーナリズムの場合、市民が自発的に参加することが多く、実在の参加の場および移動の費用は必要とせず、コストの削減が可能である。プランニング・セル（無作為に選ばれた参加者が討議を行い提言を行う）や討議型世論調査の場合、市民は数日間にわたり、規定の時間内に議論するが、コレクティヴ・ジャーナリズムは場・規模・言葉遣い・情報の真実性などに一切こだわらず、24時間絶えず自発的に大討論を行う。場所も一つのウェブサイトやプラットフォームにこだわっていない。また、コレクティヴ・ジャーナリズムの場合、提供された情報はマスメディアだけでなく、市民が自発的に提供する情報もあり、より全面的・多元的な視点が提供されると考えられる。

　最後は討議の結果について、民主主義的な討議を経て、最終的に合意ができるかどうかにかかわらず、選好した意見は、ただの個人的な好き嫌いの直観的な選択ではなく、きちんと「理由が付いた」討議の結果であると言えよう。討議民主主義の理念に沿って、市民によるこうした討議の実施が制度化されれば、討議の結果は自然と行政システムへ反映され、政策決定に影響を与えることになる。コレクティヴ・ジャーナリズムの場合、厳密に討議の手続きはしていないが、中国などの事例で観察されたように、公共性のある事件について、強いネット世論が形成されれば、政府に一定の影響を与え、問題解決や法律法規の改定さえもたらす効果も考えられる。それに、プランニング・セルなどの場合、討論のテーマが特定のもので、討論による成果、すなわち合意の達成、各種意

見の周知、選好の変容などは、選ばれた参加者という少人数の範囲内に限られてしまう。一方、コレクティヴ・ジャーナリズムでは、議論にはより広範囲の参加が可能で、討論による成果がより広い影響力を持つことができ、一題一議にとらわれずに、議論の成果は類似の話題にも応用できる。

また、コーエンが提起した討議民主主義の4つの要件、①自由、②合理性、③平等、④合意の達成、と照らし合わせると、コレクティヴ・ジャーナリズムも比較的自由な言論空間、誰でも参加できる平等性、ある程度の合意の形成などの要件と一致する。そして、意見表明する際に理由が付く合理性について、コレクティヴ・ジャーナリズムの場合、個々人が討議に参加する際に必ずしもその条件に符合するとは言えないが、全体として形成された意見にはこのような「理由」がきちんと付くことになる。

3.3 「モニタリー・デモクラシー」（監視制民主主義）

近年、オーストラリアの政治学者、メディア学者であるジョン・キーン（John Keane）により、「モニタリー・デモクラシー」（Monitory democracy＝監視制民主主義）という概念が提起され、注目を集めている[注9]。

3.3.1 モニタリー・デモクラシーとは

・モニタリー・デモクラシーの定義

キーンによると、モニタリー・デモクラシーとは、「デモクラシーの新しい歴史形態で、数多くの多種多様な議会外の権力監視メカニズムの急速な発達によって定義付けられる、さまざまな『脱議会制』政治」のことである（キーン2009＝2013:226）。モニタリー・デモクラシーには政府所属の監視機構、市民社会のモニター機関、およびメディアという3つの基本要素が存在する（キーン2009＝2013:234）。これらは共に「議会外」の権力監視メカニズムで、権力を監視する役割を果たすことができる。

「モニタリー・デモクラシー」という新しい概念の提起は、既存民主主義制度が「権力監視」という機能をそれほど果たしておらず、特に議会による権力監視メカニズムが正常に機能していないことを意味すると言えよう。

キーンによると、モニタリー・デモクラシーは1945年以降誕生したもので、現在も発展中であり、歴史的に新しいタイプの民主主義である。モニタリー・

デモクラシーの特徴は、「脱代表のデモクラシー」（キーン2009＝2013：226）である。モニタリー・デモクラシーはデモクラシーの形態として、最も複雑であることは確かなのだとキーンは指摘する。

キーンは、モニタリー・デモクラシーはサーベイ（調査）、フォーカスグループ（討論グループ）、デリベラティヴ・ポーリング（討議型世論調査）、オンライン討議、視聴者・顧客投票など、リサーチ時代の産物だと論じた。すなわち、モニタリー・デモクラシーの実践は公共圏理論・討議民主主義の実践と緊密な関係にあることは確かであろう。そこには市民の参加、不特定多数の人々の参与が必要だとも考えられる。

モニタリー・デモクラシーの定義から「代議制・議会制民主主義」の疲弊が読み取れる。しかしながら、キーンも数回にわたり強調したのは、モニタリー・デモクラシーが代表デモクラシーに取って代わるのではなく、代表デモクラシーの良い補充という点である。

・モニタリー・デモクラシーが誕生した時代背景

歴史の流れの中で、なぜモニタリー・デモクラシーに至ったのか、キーンがその理由を主に2点挙げた。

まず1点目はモニタリー・デモクラシーが誕生したとされる1945年という年に注目する。1945年は第二次世界大戦が終りを迎えた年である。ファシズム、ナチズムなど、「代表制民主主義」の機能が不全になった結果の産物であるヒトラー現象の再発を防止するために、権力行使にけん制とチェックの制度が導入された。1945年以降、シンクタンク、バイオ地域集会、市民陪審員、政策国民会議、国際刑事裁判所（ICC＝International Criminal Court）などさまざまな監視組織が生まれ、100を超えるモニタリング制度が発明されてきた。無数の人権団体・市民団体が、非常に複雑な様態を呈しているが、編み出されたネットワークが「権力監視のメカニズム」を有しており、モニタリー・デモクラシーを構成している。

2点目は、情報革命がもたらすコミュニケーションの飛躍的な発展と考えられる。インターネットの発展に伴い、今日、大半のモニタリング組織は、ネットワーキング、デジタル技術に依存している。今の時代では、インターネット通信とコミュニケーションに対し、政府であれ、他の権力機関であれ、管理することは極めて困難になっている。インターネット技術により、テキスト、音、

画像、全てを組み合わせてやりとりすることができる。データのコピーも簡単になり、あらゆる形態で世界規模にデータを流通させ、配布させることが容易になった。こうしたインターネットが織り出すネットワークはモニタリー・デモクラシーが実現される重要な技術的要因である。そして過剰なコミュニケーションは賛否両論ではありながら、モニタリングの重要な要素でもある。

3.3.2 モニタリー・デモクラシー理論とマスメディア

　モニタリー・デモクラシーの担い手の一つはメディアで、ジャーナリズム（プレス）の監視機能は「モニタリー」と高度に一致している。一般的には、マスメディア・ジャーナリズムがモニタリー・デモクラシーの監視機能を多く担うはずだと思われる。

　モニタリー・デモクラシーとメディアの関係について、キーンは歴史に依拠し、次のように述べている（キーン2009＝2013：272）。民主主義第一段階の「集会デモクラシーは話し言葉全盛時代のもので」、対面的なコミュニケーションがメーンで、原始的なメディアしか使われなかった。第二段階の「代表デモクラシーが出現したのは印刷文化」の時代であり、「一対N」（1対多）のマスメディア的コミュニケーション構造がある程度発展し、しかも情報の伝送者が一握りの場合、代表デモクラシーが出現し、発展した。

　しかし、近年、既存マスメディア・ジャーナリズムにおいて、権力との癒着が進む一方で、商業主義が勃興し、脱政治化の傾向が強まっている。モニタリー・デモクラシーの重要な実践と思われるマスメディアの調査報道は衰退の一途をたどっており、ピュリッツァー賞受賞の卓越した報道の中にも誤報や捏造（ねつぞう）の事実が存在し、マスメディアの監視機能が著しく低下している現状が存在する。特にインターネットの出現により、情報の多様化などが進むにつれて、情報の伝送者が一握りでなくなり、市民一人ひとりが「情報の受け手」から「情報の送り手」に変身したため、あらゆるものを白日の下にさらすことが可能である。これまでブラックボックスで操作されていた政治・権力も、まさに「監視下」に置かれる状況になっていると言えよう。

　マルチ・メディア、情報爆発、過剰コミュニケーションの時代において、情報の多様化が進み、情報の量が圧倒的に増え、メディア上だけでもヒーローや完璧な人間が存在しにくくなり、代表デモクラシーの破綻が始まり、その代わ

りに、権力監視のモニタリー・デモクラシーが発展するようになった（キーン 2009＝2013：273）。

今日でもマスメディアと既存ジャーナリズムがモニタリー・デモクラシーの重要な一部になっているが、「議会以外の権力監視メカニズム」を全てマスメディア・ジャーナリズムに託すことが困難であるのは明らかである。ネットメディアが重要な役割を果たすと考えられる。

3.3.3　モニタリー・デモクラシー理論とネットメディア

デモクラシーとジャーナリズムについて、キーンは次のような3つの変化にまとめた。1つ目は、代表デモクラシー時代が生んだ理想である、事実に基づいた「客観性」の重視を誇っていたジャーナリズムの衰退である。2つ目は、ランク付けや売り上げ数などを重視する商業ジャーナリズムの勃興である。3つ目は、技術的要因、つまりデジタル技術、インターネットの発展である。技術の発展により、市民たちがインターネット技術を駆使し、権力監視も実行するようになった。

こうした背景下で、新しいジャーナリズムと新しいモニタリング制度が形成され、モニタリー・デモクラシーの主体を担うようになった。

キーンはまず、多くの市民団体・モニタリング組織の多くが情報ネットワークに依存していることが大きいことを指摘した。ウィキリークス（WikiLeaks）やエドワード・スノーデン（Edward Snowden）も、ネットメディアが存在しなければ、暴露と権力の監視はできなかったはずである。

また、インターネットの時代には、飽和状態のメディアと過剰コミュニケーションという特徴がある。マスメディアにはラジオ、雑誌、新聞、テレビなどが存在し、すでに飽和状態である。同時に、インターネット技術の発達により、人類が生産する情報が急速に増加し、ジャーナリズムも一部の人々の営みでなくなり、あらゆる人が情報の生産者と送り手になり、「過剰コミュニケーション」現象が出現した。

過剰コミュニケーションの状況下、権力への監視がより容易になった。政治家や芸能人などの「有名人」の私生活が大いに公開され、人々の関心と夢想の対象になる。「モニタリー・デモクラシーの時代には、悪事や腐敗に対する公的な異議申し立てが日常茶飯事となっても驚かないのだ」（キーン2009＝2013：

275)。従って、飽和状態のメディアと過剰コミュニケーションによって、権力の隅々まで監視することが可能になった。たとえプライベートな事柄（例えば不倫）でも、公開されることにより、閣僚が辞任へと追い込まれる時代である。権力側が不都合な情報をブラックボックスに入れ隠そうとしても、隠しきれないものが市民の監視により、不正の証拠として探し出されることがあり得る。

一方、過剰コミュニケーションにはデメリットも存在する。まず、メディア・リッチ市民とメディア・プア市民の分裂、いわゆる情報格差の危惧がある。また、過剰コミュニケーションつまりメッセージ飽和状態の社会は、デモクラシーに有害な影響力を持つ可能性もある（キーン2009＝2013:280）。キーンが挙げた具体的な有害の要素には、「市民の無頓着」がある。つまり、過剰な情報とメディアの飽和状態は、逆に市民の無関心、シニシズム（冷笑主義）、報道への不信不満を引き起こすことがあり得る。マスメディアも市民の関心を引き付けるために、よりセンセーショナル、過激な見出しや写真を使うことが考えられる。さらに、メディアの飽和状態、特にオンラインでの情報洪水がプライバシーの侵害につながることも容易に想像できる。

3.3.4　モニタリー・デモクラシー理論とコレクティヴ・ジャーナリズム

モニタリー・デモクラシーが強調したのは、議会制デモクラシーだけでは民主主義が健全に運営されず、議会以外の機構や人・団体からの監視が民主主義にとって重要である点である。複数の主体による集合的な権力監視は、コレクティヴ・ジャーナリズムと合致する。

インターネット時代に、モニタリー・デモクラシーは新たな発展を遂げている。誰でも情報の送り手になり得るため、不正や汚職の証拠を手に入れたら、誰でも公開ができ、権力を監視することが可能になった。例えば、スノーデンのような個人での実名告発が実現され、またウィキリークスのアサンジ（Julian Assange）のように、多くの人に支えられながらの情報公開も実現された。ただし、有名になったため、スノーデンとアサンジは亡命や監禁を余儀なくされている。いわゆる言論の自由が保障されている米国や英国でさえ権力監視には多大なリスクが存在することを考えると、民主主義が不健全で、言論の自由が保障されていない国々においては、権力監視の役割はマスメディアに託すことができず、インターネットでも100％安全ではないと言える。結果的に、コ

レクティヴ・ジャーナリズムによる脱中心化の「コクレクティヴ」型の権力監視は比較的有効かつ安全だと考えられる。

　また、モニタリー・デモクラシー理論は、過剰なコミュニケーションの中に権力監視の可能性を見いだしている。過剰と思われるあふれる情報の中には、一般市民のプライバシー侵害などのマイナス要素も存在する一方、為政者と権力者を監視でき、ばかげた政策決定および間違いを繰り返し犯すことを防止することも考えられる（キーン2013）。つまり、特定の「特ダネ」でなくても、すでに公開された情報を整理し、つなげてみれば、その中に不正の証拠を見いだす可能性が十分存在する。コレクティヴ・ジャーナリズムも海のような情報から人海戦術で真相究明を試みるため、過剰な情報とコミュニケーション行為が行われる。過剰な情報の中に、相互矛盾の内容や故意的なミス、さらにコミュニケーションの中に個人の情緒的表現も現れるが、不特定多数の大人数で、海のような情報を整理することで真相までたどり着くことも可能と思われる。「未解決の問題を公にする」という意味でモニタリー・デモクラシーは、ジャーナリズムにとっても新しい機会と考えられる。

　そして、モニタリングのコストの問題で、モニタリー・デモクラシーを長く続けさせるためには、低コストかつ有効なモニタリング体制を整える必要がある。コレクティヴ・ジャーナリズムはまさに最適な活動で、その理由は以下のようなものである。①人々は政府や権力側への監視の情熱と関心が高いため、自発的に監視をしている。②インターネットを主な場としているため、時空間の制限を受けずに、市民一人ひとり余裕がある人でいいので、24時間監視体制は可能である。③政府の規制なども考えられるが、完全に人々を駆除することはあり得ず、全ての人をマークすることは、誰もマークしないことと同様である。一方、マスメディア・ジャーナリズムには必ず人件費や取材費用などが発生するため、コストが高い割には、権力と商業主義からの影響を受けやすい。従って、今の段階では、コレクティヴ・ジャーナリズムが無料かつ有効であるため、モニタリー・デモクラシーの良き担い手の一つになり得ると考えられる。

3.4　ソーシャル・キャピタル（社会関係資本）理論

　ソーシャル・キャピタルという概念は近年、政界と学界両方から注目されている。特にアカデミーでは、多領域において研究が進められている。

3.4.1 ソーシャル・キャピタルとは

・ソーシャル・キャピタルの定義

　ソーシャル・キャピタルの定義は実に多種多様であるが、ソーシャル・キャピタル研究の先駆け的存在であるハーバード大学政治学教授ロバート・パットナム（Robert Putnam）による定義では、「個人と個人の関係性から発生する、社会的ネットワーク、互酬性の規範と信頼」（パットナム2000=2006）が最もコアな部分であるとされている。社会的信頼は市民の連係行動を円滑にさせ、健全な市民社会を育て、政府部門と官僚たちにより責任感を持たせるため、健全な民主主義社会ともつながるとパットナムは言及している。

　パットナムの定義をさらに解説するような形で、宮田加久子（2008）がソーシャル・キャピタルを「社会的ネットワーク（人、集団などの相互間で形成される網の目状の関係性の広がりの総体）、およびそこから発生する互酬性の規範意識と信頼といった社会組織の特徴であり、共通の目的に向かって協調行動を導くもの」だと定義した。そして、①社会的ネットワーク、②互酬性の規範、③信頼、の3つの要素が互いのフィードバックを通してポジティヴなループを形成することがソーシャル・キャピタルの本質であり、これの高い社会では、人々は互いに信頼し自発的に協力し、集合行為が促進され公共財が多く生産される結果、必然的に社会のパフォーマンスが高まると考えられると指摘した（宮田2008:144）。

・ソーシャル・キャピタルの2つの類型

　一般的にはソーシャル・キャピタルは社会に良い効果をもたらすと考えられるが、ネットワークによる人々の結合の様態には社会全体にとってマイナスの効果を持つようなものも存在する。パットナムがソーシャル・キャピタルの定義を発表した後、各方面から批判の意見があったため、その後、ソーシャル・キャピタルには2つの類型があると定義を修正した。つまり、社会的ネットワークには、「接合型」（Bridging）ネットワークと「結束型」（Bonding）ネットワークがあると指摘し直した。「前者が非排除的・浸透的で、異質的集団の間の結びつきの橋渡しをするものであるのに対し、後者は同質的なメンバーの集まりで、外部者を排除するような性格のものである。結束型ネットワークの中には、例えば血の結束を誓うような暴力団やマフィア、麻薬密輸ネットワーク、

排他的人種差別主義者などのように、社会全体にとって好ましくないものがある。従って問題は、異質のネットワークをも横断的に橋渡しするような役割を助長するソーシャル・キャピタルのプラスの力を発揮させることである」（宮川2004:43）。一般的に「接合型」ソーシャル・キャピタルの方が、社会に良い影響を及ぼすと考えられるのである。

またピッパ・ノリス（Pippa Norris）の説によれば、「接合型」と「結束型」という2つの概念は、二項対立的なものというよりは、連続的なものとして見なすべきである（ノリス2003＝2004）。現実には、多くの集団は接合と結束の双方の機能を有している。ただし、ネットワークはこの二極のどちらか近いところへと傾くものとして分類することができる。

・ソーシャル・キャピタル理論の時代背景

定義はさまざまあるが、ここではまずソーシャル・キャピタルが注目され、提出される背景を簡単にレビューしておく。

1つ目の背景は、新自由主義的「経済独走」への反省と「社会」というセクターの復権の動きが考えられる。1980年と1990年代に、米国と英国をはじめとする西欧各国では新自由主義が流行しており、現在もその影響がグローバリゼーションの波に乗って、世界中に広がっている。1987年9月、当時の英国首相サッチャーが『Women's Own』誌のインタビューで「社会というものは存在しない」と発言した[注10]。その結果について、英国の研究者デービッド・ハルパーン（David Halpern）は次のように述べた。「『社会』が否定され、経済と市場が独走状態の社会において、結局『失われたもの』があるとみんなが気づき始めた。この『失われたもの』を表現するために、『ソーシャル・キャピタル』という言葉が使われている。実は西洋先進国だけではなく、かつての社会主義東欧諸国も市場経済に翻弄され、現在は困難に直面するようになった。経済学者たちが見落としたのはまさに『ソーシャル・キャピタル』である」（Halpern 2005:1-2）。こうした「新自由主義」への反省を含め、1990年代半ば以降、西側の世界では中道左派の政党が再び政権を獲得したという傾向は、「ソーシャル・キャピタル」への関心とソーシャル・キャピタル論の隆盛とも呼応していると、ハルパーンは指摘した（Halpern 2005:2）。

2つ目の背景として挙げられるのは、米国民主主義の後退である。米国市民の政治的諸制度や政策への関心の喪失、また選挙投票率の低下が見られている。

ソーシャル・キャピタル研究の代表者の一人であるパットナムは、『孤独なボウリング』でボウリングゲームを、米国社会におけるコミュニティーと市民社会の衰退の象徴と捉え、「ソーシャル・キャピタル論」を提起し、大きな注目を集めたのである。ボウリングは米国人に人気のある娯楽の一つである。仲間と一緒にボウリングを楽しむ光景は、全米のあらゆる町で見ることができた。しかし、1960年代半ばを境に、ボウリング人口が減っていないにもかかわらず、チーム対抗で競い合うリーグ・ボウリングが減少し、黙って一人でゲームをする米国人が増えたのである。

こうした背景を持ち、「社会」研究の復権と民主主義の発展への関心の高まりから、近年ソーシャル・ネットワークと経済発展、健康、犯罪、教育、政府の効率向上と関連する研究が多く出現している。

公共圏理論や討議民主主義理論は、今までマスメディア・ジャーナリズムの分野で援用され、メディア研究においてなじみのある政治理論である。モニタリー・デモクラシーの提起者であるジョン・キーンは政治学者であると同時にメディア研究者でもあり、モニタリー・デモクラシー理論はメディア・ジャーナリズム研究と近い関係にある。

一方、ソーシャル・キャピタル理論はメディア研究とやや遠い関係にあり、直接言及されるが多くはない。しかしながら、市民が（非公式な）コミュニティーの活動に参加し、社会的イッシューに興味を持つようになり、直接・間接的に政治的イッシューに高い関心と理解を持つことで、メディアがこうした活動を促すことが可能であるため、ソーシャル・キャピタル理論もメディア・ジャーナリズムとは無縁ではない。また、市民の間のネットワークと互酬の規範の形成、信頼など「社会関係資本」の累積は、政策をよりスムーズに実行させ、政府の行政力を高め、民主主義をより円滑に進行させることができる。すなわち、民主主義促進という点において、ソーシャル・キャピタル理論と公共圏理論、討議民主主義理論は共通する部分が多いのである。

今までソーシャル・キャピタル理論がマスメディア、ジャーナリズム研究と接点が少なかった理由は幾つか考えられる。まず1つ目は、ソーシャル・キャピタル理論には「ネットワーク」の形成が重要な要素であった。今までのマスメディアが一方通行的なコミュニケーション方式を取ってきたため、ネットワークの形成に貢献したとは言い難かった。2つ目は、ソーシャル・キャピタル

論の主要な提起者であるロバート・パットナムは、伝統米国社会のソーシャル・キャピタル崩壊の「犯人」の一人は「テレビの普及」だと指摘したのである。ソーシャル・キャピタルは実社会で人々が対面的に結成したネットワークに対して、マスメディア、特にテレビが人々を家に閉じこもらせ、活発だった社会的活動を減少させたという捉え方も存在するからである。

メディアは人々を孤立させる、またつながることもできる「アンビバレント」（二律背反）な性格を持っているため、一概に良い悪いと断言することはできない。ただし、インターネットの発展により、ソーシャル・キャピタルへの検討が活発になっているのも事実である。

3.4.2　ソーシャル・キャピタル理論とマスメディア

これまでのソーシャル・キャピタルの著書には、マスメディアに関する記述は多くない。しかし整理してみると、理論的にはマスメディアは接合型ソーシャル・キャピタルの養成に重要な役割を果たせると考えられる。

まずは「市民」の育成である。例えば新聞を通して、大衆が活字を読み、新聞の関連記事を議論する「公衆」へと導かれ、さらに市民へと成長するのである。パットナムはイタリア地方政府への考察を経て、次のように述べた。「成功した政権には、投票率、新聞購読者層、合唱団や読書会、そしてライオンズクラブやサッカークラブへの参加、こうした市民参加の伝統が強いという顕著な特徴がある」（Putnam 1993：36、傍点は筆者）。またジェイムズ・フィシュキンも文化レベルと新聞と公共事件の関連性を次のように指摘した。「文化レベルが高い地域では、市民たちが文化、運動、文学などに関するアソシエーションに参加している。彼らは新聞そして政治参加を通して公共的な事件に関わる。市民たちの役割も文化レベルの低い地域と異なり、彼らは共同的に公共問題に関与する」（フィシュキン1997：147、傍点は筆者）。こうして、ソーシャル・キャピタルが豊かな地域では、市民がマスメディア（主に新聞）との関わりが深く、公共事件への関心も高く、積極的に地域のアソシエーションに参加し、政治参加・市民参加が活発であることが考えられる。すなわち、新聞が「市民」を育てることで、ソーシャル・キャピタルを育む基礎を培うのである。

次は多種多様な情報の提供である。新聞などのマスメディアはニュースを取捨選択し、理論的には全面かつ正確な情報を市民に提供する。キャス・サンス

ティーン（Cass Sunstain）は一般商業メディアが持つ複数の社会的機能を強調した。「良質の日刊紙または夜のTVニュース番組の真の強みは、読者あるいは視聴者に広範な話題や意見に出会うことを可能にすること」と、「新聞やニュース番組は何百万もの人が共有する準拠枠を提供すること」である（サンスティーン2001＝2003:10）。すなわち、市民（読者）の思いがけない出会いや共有体験が、民主主義にとっても重要である。マスメディアが提供した情報が、思いがけない公共イッシューやアソシエーションに興味を持ち、参加することにつながり、接合型ソーシャル・キャピタルの累積にも貢献できると考えられる。

さらに、地域社会では対面的なコミュニケーションが行われる機会が多いが、範囲が広ければ広くなるほど直接対面する機会が少なくなる。しかし、マスメディアがあれば、例えば新聞・テレビの報道により、臨場感あふれる体験もできるし、より広い範囲の意見・観点と出会うことが可能になる。従って、ローカルだけではなく、リージョナル、ナショナルレベルの社会的ネットワーク、互酬性、信頼関係を育成するためには、マスメディアが不可欠であるとも言える。

先行研究をレビューした結果、今までソーシャル・キャピタル理論とジャーナリズムの架け橋をするような論述はほとんどなかった。しかし、両者は根底部分では通じていると筆者は考えており、以下のような関連性があると考えている。

まずは理念には相似性がある。ソーシャル・キャピタル理論もジャーナリズム論も、「社会」に根を下ろし、政治に関与する。より良き社会の建設と民主主義の促進という基本の目標も一致している。さらに、地域重視・コミュニタリアニズム（共同体主義）との関係性にも類似点がある。

次に、実践にも相似性がある。ソーシャル・キャピタルが社会的ネットワークの形成を促進し、その中から互酬的規範が生まれ、さらに信頼が生まれるという構図は、パブリック・ジャーナリズムの実践と似た要素を持つと考えられる。言い換えれば、近年のパブリック・ジャーナリズムの実践は、地域的なソーシャル・キャピタルを育み、政治的関心を高めようというもので、またソーシャル・キャピタルが豊かな地域こそ、パブリック・ジャーナリズムをより円滑に進め得ると考えられる。両者は持ちつ持たれつの関係だと言えよう。

現在、地域再生・民主主義の促進などを論じる際に、「市民参加」というキ

ーワードが存在する。地元アソシエーションや情報発信への参加などにより、何らかの形で他の人々とつながり、対面的に情報が交換され、他の論点に触れることも可能になる。一方、ジャーナリズム活動においても「市民参加」が一つのキーワードになっている。市民が情報を提供する側と認識し、市民の立場に立って報道する、またUGC（市民生成型コンテンツ）を積極的に利用することによって、市民の信頼を取り戻すという動きも見られる。従って、市民参加、ネットワークの形成など、民主主義理論としてのソーシャル・キャピタル論はジャーナリズム論と根底の部分で通じている。

しかしながら、米国のソーシャル・キャピタルが衰退する要因の一つは、テレビの娯楽番組であり、若年層で見られる甚だしい社会的なつながりの衰退や市民参加の後退を促した主犯として重要なのは、技術とメディア、とりわけテレビ番組であると、パットナムは指摘した。

ただし、テレビ局の娯楽番組がソーシャル・キャピタルを衰退させるという説は、まだ議論の余地がある。テレビ番組には娯楽だけではなく、ニュース、ドキュメンタリー、映画などさまざまなジャンルがあるため、場合によって新聞と同様にソーシャル・キャピタルを育む力も持っている。また、米国ではテレビが人々を孤立させてしまったとしても、この結論を導くためには、おそらく他の国々でも同じ検証をしなければならない。さらに、人間は受動的な存在というより、能動的な部分もあることを指摘しなければならない。一言で言えば、テレビの娯楽番組がソーシャル・キャピタルを衰退させる要因の一つとするのは、やや性急な結論だと言わざるを得ない。

しかし、パットナムの研究が大きな反響を呼んだ理由は、ゲマインシャフト（共同社会）からゲゼルシャフト（利益社会）へ移行する現代社会において、「ソーシャル・キャピタル」が減退していることは、多くの人々が身をもって実感しているであろう。特に現在のマスメディア産業は娯楽機能ばかりが肥大化しており、報道機能が衰退していることが指摘されている。巨大なマスメディアを相手に、視聴者としての市民は受動的な「受け手」から能動的な「送り手」へ変身することの難しさも、極めて明白であろう。

このような背景から、インターネットが急速に発展している現在、ネットワーク型のネットメディアがソーシャル・キャピタルにどんな影響を及ぼしているか、大きな関心が寄せられている。

3.4.3 ソーシャル・キャピタル理論とネットメディア

　近年、インターネットが発展するに伴い、多くの研究は「ニューメディア」と「ソーシャル・キャピタル」の関係に焦点を当てている。

　まず、インターネットが持つ公開性、平等性、匿名性などの特徴により、伝統的な社会的分断が接合され、ニューメディアはソーシャル・キャピタルを推進すると考える研究者が少なくない（Skoric and Ng2009；Valenzuela, Kee, Park 2009）。ピッパ・ノリス（Pippa Norris）によると、「インターネット回線を経由した文字によるコミュニケーションは、社会的アイデンティティー――ジェンダー、人種、年齢、社会経済的地位など――の視覚的・音声的特徴を取り去り、異種混交性を高める。…（中略）…匿名性が、家で働く母子家庭の母親、ゲイの男性、農村の貧困層など、インターネットがなければ自分が属する集団の外部との文化的相互作用から疎外されてしまうような、主流から取り残された人々にとって、最も重要な点であるということだ。…（中略）…参加の障壁が少ないということは、ひとたびインターネット回線上に社会集団が存在すれば、ほとんどの仮想的コミュニティーは公平に新しいメンバーを受け入れ」、つまり、「インターネット回線上の集団への参加は、異質な利害や背景を持った人々の間の社会的接合を高める可能性が高い」（ノリス2003＝2004：165）ことを意味する。

　一方、非正式な物理的空間はオンラインのコミュニティーに取って代わられ（Howard Rheingold1994）、親密なオンラインコミュニティーに参加することによって「集団分極化」がもたらされ、イデオロギー的なヘゲモニーが生じると主張する意見もある（キャス・サンスティーン2001＝2003）。ネットメディアの「結束型」という性格について、ノリスは次のように指摘した。「物理的基盤をもたず純粋にインターネット回線上にのみ存在するコミュニティーは、費用がかからず、参入も退出も容易な集団であることが普通である。認知的不調和を避けようとするならば、集団内の面倒な交渉や葛藤をはらんだ不和を乗り越えてゆくよりも、そこを『退出する』方が簡単である。左翼的あるいは右翼的なトーク番組の熱心なラジオの聴取者や極度に党派性の強い新聞の読者のように、インターネット回線上のコミュニティーへの参加は、そのメンバーが共有する似通った信条や利害を、すなわちイデオロギー上の同質性を強化すると予想さ

れる」、つまり、「ネット回線上の集団への参加は、同質的な利害や背景を持つ人々の社会的つながりを強化する可能性が高い」(ノリス2003＝2004：164)。

ソーシャル・キャピタルにとって、ネットメディアは実は非常に「アンビバレント」な性格を持っている。インターネットの発展により、「ネットゲームが人々を孤立させる」というテーゼがある半面、「人々がより多種多様なネットワークでつながる」というアンチテーゼも提出され、インターネットが持つネットワークを自然に構築する可能性がオンライン・ソーシャル・キャピタルの研究に注目が集まった理由と言えよう。

3.4.4　ソーシャル・キャピタル理論とコレクティヴ・ジャーナリズム

ソーシャル・キャピタルにはネットワーク、互酬性、信頼という3つの基本的な要素が含まれている。ソーシャル・キャピタルの存在は、社会をより安定させ、政治の政策決定などをよりスムーズに実行させる役割などを果たす。

コレクティヴ・ジャーナリズムはインターネットを主な場とするジャーナリズム活動であるため、自然に広範囲な「ネットワーク」を構築できると考えられる。このネットワークのおかげで、ニュースや情報は空間的に限定されるのではなく、国境を越える情報の流通も可能になっている。さらに、そのネットワークはインターネット空間にとどまらずに、オンラインとオフラインの空間の連結、ネットメディアと伝統マスメディアの連結など、より複雑で広範で精巧なネットワークの構築も考えられる。

また、コレクティヴ・ジャーナリズムにおいて互酬性の存在も考えられる。コレクティヴ・ジャーナリズムの扱うものの多くは、多くの人々の共通の関心・利益と関わる話題であり、問題の解決や関連政策の制定は、間接的・直接的に参加者のためになるので、互酬性という特徴が相対的に顕在する。

そして信頼関係について、それは一つの累積の過程であると考えられる。伝統マスメディア・ジャーナリズムと新興のコレクティヴ・ジャーナリズムを比べると、歴史が長く影響力も大きいマスメディアに信頼を寄せるのが一般的である。しかしながら、マスメディア・ジャーナリズムが機能低下・機能不全に陥ってしまい、人々の切実なニーズに反応せず、キャッチできない場合に、人々がやむを得ずインターネットに助けなどを求める傾向がある。一方、最初にインターネット、および匿名的で顔もよく分からない他のネットユーザーに

対して、必ずしも高い信頼感を抱いたとは言えない。しかし、コレクティヴ・ジャーナリズムが権力監視などのジャーナリズム的な機能を発揮するようになり、人々が切実な関心を持つ社会問題が解決される事例が累積するに伴い、インターネット空間、共に「戦う」仲間、コレクティヴ・ジャーナリズムという形の報道・論評活動へのネットユーザー（人々）の信頼感が高まったと考えられる。

　このように、コレクティヴ・ジャーナリズムもネットワークの構築、互酬性、信頼性形成の可能性を持っている。実際には、ネット上では数多くの「コミュニティー」が存在する。その中に愛好家や同じ趣味・価値観を持つ者同士が集まるサイトやコミュニティーがある一方、ある事件をきっかけに同じポストにコメントすることで、一時的に形成される「コミュニティー」も存在する。これらの臨時「コミュニティー」は事件後に解散し、ユーザーたちはまたバラバラになるわけである。しかしながら、こうした流動性のある「信頼関係」も無視してはならない。目に見えない形で、特定のIDやコミュニティーが所在するウェブサイトなどへの親近感が長く続くものと考えられる。そして流動的なコミュニティーだからこそ、より柔軟な態勢で人々を受け入れることが可能で、結束的なソーシャル・キャピタルではなく、接合的なソーシャル・キャピタルの形成に貢献できるのではないかと考える。

第4章　中国のマスメディアとジャーナリズムの発展

　中国ではネットユーザーが急増し、ネット空間で言論活動が活発に行われている。それに伴い、多くの「ネット社会事件」も多発している。その背景には、中国のマスメディア・ジャーナリズムの現状が深く関係している。言い換えれば、ネットを中心に行われるコレクティヴ・ジャーナリズムが中国で実践され、日常生活の記録と権力の監視などのジャーナリズム機能を担うようになったという現象は、現段階でのマスメディア・ジャーナリズムの機能不全に由来するところが大きい。

　中国のマスメディア・ジャーナリズムの理念と実践は、どのような歴史的な変遷を遂げてきたのか。欧米発祥の世界の主流ジャーナリズムとどのような共通点、相違点があるのか。これらの問題の答えから、中国のジャーナリズム座標系におけるコレクティヴ・ジャーナリズムの位置と社会的意義がより明確になると考えられる。

4.1　中国のマスメディアとジャーナリズムの歴史と現状

　中国のジャーナリズム思想には幾つかの源流がある。まず19世紀中期以降中国で初めて近代的な新聞が創設され、西洋の自由主義や民主主義などの思想が中国に入ったことがジャーナリズム誕生の背景にある。そして、20世紀初頭にマルクス主義が中国に伝わり、中国の「革命」とジャーナリズムの発展にも多大な影響を及ぼした。1949年中国共産党主導の中華人民共和国の樹立、特に「社会主義的改造」が完成した1956年以降、ソ連モデルの社会主義ジャーナリズムが実践された。1979年に中国では改革開放政策が打ち出され、市場経済が徐々に導入され、欧米のジャーナリズム思想の影響が拡大し、紆余曲折を経て、現在に至る。中国は過去100年以上にわたり、幾たびも大変動を経験し、現在でも大きな転換期の中にある。中国のマスメディア、ジャーナリズムは、歴史からプラスとマイナスの両方を含む複雑な遺産を継承している。

　1949年の建国当初、中華人民共和国はまだ社会主義国家ではなく、私営経済

と公有制経済が並存する新民主主義の時期にあり、旧来の私営の新聞とラジオ局が存在していた。しかし、大きな時代の変化の中、情報ソースや広告収入などの問題で、多くの私営新聞の経営が難しくなり、休刊や廃刊に追い込まれた。その後、「公私合営」さらに国有化のプロセスを経て、1953年には私営新聞と私営ラジオ局の国有メディアへの転換がほぼ完成した。メディアが「中国共産党の指導下」にあるという体制が徐々に固まり、そしてソ連モデルからの学習により、政府の情報・政策を読者に流し込むのがメディアの主な仕事とされ、「党の喉舌」という役割が強調された。新聞には大衆を啓蒙し、大衆を指導する使命感があるため、ジャーナリストや編集者は目線が大衆より上にある傾向がある。政治性が強い党の新聞なので、内容が少々硬くても「権威性」だと読み取られ、大衆から信頼されると考えられた。新聞は読者のためではなく政治宣伝ばかりに力を入れ、無味乾燥な内容になりがちであった。文章もいわゆる「党八股」（八股は科挙制度のあった時代の古い紋切り型の文章で、党八股は共産党員が書いた無味乾燥で硬直化した文章の代名詞）で、マンネリ化している。

　一方、1980年代以降、西洋の自由主義的なジャーナリズム思想、特にコミュニケーション論の伝来が中国に大きな影響を及ぼし、「オピニオン・リーダー」「送り手」「受け手」などの概念も新しい価値観をもたらした。新聞界では改めて新聞とは何かを考え、ニュースの定義から着手し、ニュースの価値などを検討した。新聞（ジャーナリズム）は宣伝（プロパガンダ）としての道具だけではなく、商品でもあると認識されるようになり、広告が復活した。報道には政治ニュースばかりではなく、社会動向、教育、娯楽などの内容を含む「軟派ニュース」の量が増え、軟派ニュースがメーンの晩報（夕刊）が大量復刊、創刊された。

　1990年代以降、市場経済が発展する中、中国のマスメディアも市場競争にさらされ、一定の独立性を獲得したが、従来の政治権力からの支配を脱し切れていない。ジャーナリズムにおいて、西洋のジャーナリズム思想などの影響が拡大し、記者のプロフェッショナリズム意識が高まるとともに、商業主義の浸透も進んでいる。

　市場経済が導入され、多くの新聞・テレビなどは相変わらず政府からの指導、規制を受けるが、財務上は独立経営するようになった。メディアは「上」の顔色をうかがうだけではなく、「下」の一般庶民つまり視聴者・読者を重視しな

ければならなくなった。読者・視聴者を獲得し、広告費を稼ぐためにはメディアの間でも激しい競争が繰り広げられ、各メディアは生き残るために、新しい戦術を取らなければならなくなった。

その一つの方策は、従来の宣伝口調の記事の他に、なるべく一般庶民が読みたい社会派ニュースや娯楽記事などの軟派ニュースを多く報道することである。そのために、多く創刊されたのは、「晩報」と「都市新聞」である。晩報と都市新聞の多くは、各レベルの共産党委員会の機関紙を母体とする「子報」（子新聞）という身分である。母体である党報は、国家から直接管轄され、政策宣伝などの任務を相変わらず履行しなければならないため、紙面も硬いままで、なかなか改革に乗り出せない。一方、子報は宣伝任務を背負わないため、比較的自由度が高く、社会ニュースや娯楽ニュースなどのソフトな内容の掲載によって読者を獲得する。子報は、形式と内容が多種多様で、表現方法と言葉遣いも庶民の生活感覚に近いため、「親」である硬い機関紙より好評を得ることが多い。

同じグループに属する党報（母新聞）と子報（子新聞）の役割分担システムが見えてくる。党の機関紙としての母報は政治的な地位が高く、子報は地方政府や地方官僚を批判しても、追及されにくい。つまり、母報が一種の保護傘的な役割を果たしている。同時に、党の機関紙は「宣伝任務」が重く、主に党機関の会議報告や指導者の動向、あるいは新華社から配信された記事（通稿）や人民日報社の社説をそのまま掲載するため、一般市民にはなかなか売れない。子報は「宣伝任務」から解放され、新聞の「趣味性、親近性」などの特徴を取り戻し、社会性のあるニュースを重視し、興味本位の記事を掲載することにより人気を博した。発行部数を伸ばすことにより、収益を上げ、新聞社全体が営利を得る状態になるのである。両者は持ちつ持たれつの関係となり、一心同体である。

一方、激しい競争により、近年、都市新聞の質の低下および内容の同質化も起こった。新聞があふれる中、読者を引き寄せるために、大量の娯楽関連のニュースが報道されるようになった。大きなカラー写真が掲載されたり、センセーショナルな内容が報道されたりして、都市新聞とはいえ、共産党機関紙の系列紙であること自体に驚くことが多い。また広告も大量に印刷されるようになり、新聞は厚くなる一方で、記事の「重み」が逆に低下し、新聞を読む時間が

短縮されたという報告もある。記事の中に「軟性広告」つまり「隠れ広告」も出現し、読者をだますような報道手法も見られた。さらに、多くの新聞社が独自の取材で報道するのではなく、「転載」という容易な手段を選び、全く同じ内容のニュースが複数の新聞に掲載されるようになった。

　中国のマスメディアは行政レベルと対応している（中央・省・市・県はそれぞれ自前の新聞社・テレビ局を持っている）ため、改革以前、各レベルのマスメディアの間には経済的競争関係がなかった。しかし独立採算制になると、広告収入はマスメディア業界の主要財源になり、メディア間の競争が激化し、県レベルのメディア局は規模が小さく資金力も乏しいため、次第に競争の舞台から姿を消した。

　近年各地域のメディアは競争力を高めるために、2000年以降、地域ごとに新聞、雑誌、テレビ局、ラジオ局の吸収合併が行われ、多くのメディアグループ（媒体集団）が設立されるようになり、メディア・コングロマリットが出現している。

　改革開放と市場経済、さらにグローバリゼーションの波の中、西洋の自由主義、民主思想が再び中国のジャーナリズム思想に影響を及ぼすようになった。その結果の一つとして、調査報道（中国語「深度報道」）が1990年代から多く行われるようになった。

　1990年代以降、中国でも政府部門・官僚の不正、偽物の横行などを糾弾し、正義を問う調査報道が増え、高い人気を博し、中国のジャーナリズムに新しい風を吹き込んだ。例えば、2001年7月に広西省南丹県で錫鉱の浸水事故が発生し、81人の鉱山労働者が死亡した。鉱山のオーナーは南丹県の政府幹部と結託し、事故の隠蔽を図った。インターネット上に南丹の錫鉱事故で多数の死亡者が出たとの情報が流れ、この情報を基に当地の『人民日報』の記者が現地を取材し、事実を集め、事故の全容を明るみにした。

　長い間、中国の記者たちは「新聞工作者」であり、党や政府への奉仕を第一要務とし、大衆への宣伝・プロパガンダが重要な仕事内容だった。改革開放以降、西洋のジャーナリズム思想の影響が再び拡大し、多くの記者は「プロフェッショナリズム」を理想とし、客観・独立・公正を職業倫理として認識するようになった（Judy Polumbaum 2008）。同時に、転換期の中国では多くの社会問題と矛盾が蓄積しているため、不正を暴露し、社会の問題を掘り下げる情熱を

持つ記者が多く存在した。また、記者たちはたとえ実際に調査報道の実践に携わらなくても、調査報道を高く評価する傾向があった（Hugo de Burgh 2003：803）。中国の記者にとって、調査報道はプロフェッショナル・アイデンティティーの樹立に重要であるとも指摘されている（de Burgh 2003：801）。このような記者の思想変化は、中国の調査報道の実践と発展を支えたと考えられる。

　そして、市場経済の発展は記者の「両極分化」をもたらし、プロフェッショナリズムが発展する土壌が形成される一方、ジャーナリズム業界で「拝金主義」も台頭した。一部の記者がグレーな収入を増やすために、企業宣伝のためのソフトな広告記事、「有償新聞」と言われるやらせ記事を書くことが多くなった。さらに、調査報道を悪用し、問題点を暴露する記事を掲載しない代わりに、企業から「紅包」（賄賂）をもらう「紅包ジャーナリズム」（envelop journalism）なども出現した（You Shanshan 2004）。

　一方、2003年以降、批判報道の対象となる政府機関などによる下工作と圧力が増え続け、中央政府によって「和諧社会」の建設というスローガンが提起され、メディアなどが所在地以外の地域の政府機関を監督する「異地監督」と、行政システムの中で低いランクのメディアなどが高いランクの政府機関を監督する「越級監督」などが明確に禁じられるようになり、調査報道は衰退の一途をたどった。マスメディアによる調査報道の生存空間がますます圧迫されており、記者が批判記事をえん曲的に表現したり、あるいは公開報道を諦める傾向が見られる。2014年には、中国で調査報道に従事する記者の人数は80人未満とされている（Yang Xiao 2014）。

　激しい市場競争の中、各マスメディアが高い視聴率と広告費用を獲得して生き残るために、読者と視聴者のニーズに合うコンテンツ生産に必死である。調査報道は批判的な視点で民衆の意見をある程度反映し、歓迎されたため、1990年代半ば以降一定の発展を遂げた。しかし、調査報道は官僚からの反発が根強い。中央政府が和諧社会の建設のため、調査報道否定の政策を打ち出した以上、調査報道を継続するリスクが高くなった。従って、方向転換せざるを得なくなったメディアは、脱政治化の道を選ぶようになった。その中で、多くのマスメディアは民衆が気軽に視聴できる芸能ニュース、あるいは日常の市民生活に焦点を当てる「民生ニュース」を報道するようになった。

　民生ニュースでは、婚姻問題、教育問題、住民間のトラブル、公共施設・サ

ービスの不備など市民の日常生活と密接な関係を有する題材が主な報道対象で、都市新聞に起源を持つが、その後、地方テレビのニュース番組などにも応用されるようになった。多くのメディアはニュース報道で一般市民が関心を持ちやすい身近な題材を選び、日常の言葉遣いや娯楽的な要素を取り入れた。こうして、市場経済導入後の1990年代以降において、中国ジャーナリズム思想はアンビバレントな性格を持っていると言えよう。

4.2　市場経済導入後のジャーナリズムの変化

　市場経済の導入に伴い、中国のマスメディアは経営上の大きな改革に乗り出し、晩報と都市新聞の創刊ブーム、メディアグループの創設ラッシュなど、大きな変化が見られた。競争が激化する中、読者・視聴者を獲得するためにメディアの争奪戦の中心は、主に「都市」であった。マスメディアは生き残るための知恵を絞り、さまざまな戦略を打ち出してきた。

　市場競争下で、大手メディアである人民日報社、中央テレビ局（CCTV）なども改革を模索せざるを得なくなった。そんな中、1990年代から注目を浴び始めた代表的な調査報道は、CCTVの番組「焦点訪談」と広東省政府機関紙系列の週刊新聞『南方週末』である。調査報道では、下級官僚の汚職が暴露され、政府と企業などの不正批判が行われ、大きな反響を呼び、人気を集めていた。

　一方、市レベルのローカルメディアは資金や人材が限られ、国際ニュースや全国ニュースの取材力はどうしても中央や省レベルのメディアに及ばない。しかし地元ニュースなら、逆に中央や省レベルのメディアは手を伸ばしにくい。それ故、ローカルテレビ局が「都市」に立脚することで、長所を生かし、一方では市民の関心が高い「身近」なニュースを多く取り上げ、他方では「楽しく見てもらう」という点にも力を注いでいる。この中で、権威主義でなく、目線は常に市民と同じ高さを保ち、ラディカルな批判とまではいかずとも着実に市民レベルの民生ニュースが制作されている。

　本節では、調査報道についてCCTVの「焦点訪談」と新聞『南方週末』を事例に、民生ニュースについてはローカルテレビ局の方言ニュース放送「阿六頭説新聞」を事例にそれぞれの虚実を考察し、市場経済下における中国のジャーナリズムの変化を分析する。

4.2.1　調査報道の実践：CCTV の「焦点訪談」と『南方週末』

　1990年代から中国では計画経済から市場経済への移行が実施され、中国社会は大きな転換期を迎えた。市場経済の導入、経済の急速な発展に伴って、経済活動が活気あふれるようになった一方、官僚の権力乱用と汚職問題、企業の汚染物質垂れ流しや不法投棄による汚染問題、治安の悪化、食品安全などさまざまな問題が深刻化した。これらの問題に対する不満が高まり、解決を望む民衆の切実な願いが増す中、経営戦略上読者・視聴者を獲得する狙いがあり、違法や不正を暴露し、社会の問題を究明するジャーナリズムの理念に共鳴するメディア関係者の存在により、多くのマスメディアは調査報道を行うようになり、高い人気を博し、一大ブームとなった。例えば、CCTV の番組「焦点訪談」は最盛期で30％以上の視聴率を獲得したほどの人気ぶりであった。

　ここでは、「焦点訪談」、そして新聞『南方週末』に焦点を当て、調査報道の実態を考察し、その背後にあるジャーナリズムの変化を検討する。

・中国中央テレビ局（CCTV）の看板番組「焦点訪談」

　CCTV の「焦点訪談」の放送が開始されたのは1994年4月であった。1992年当時中国の実質的な最高指導者である鄧小平氏が「南巡講話」を発表し、中国政府は正式に市場経済を導入することを表明した。この大きな変化に応じて、政府部門、国有企業などもこぞって「改革」に乗り出した。CCTV も従来のニュース番組とは異なる形で、「雑誌式」のニュース番組を企画し、「東方時空」というタイトルで早朝の時間帯に放送した。中で、「生活空間」（「われわれ庶民自身の物語を語ろう」がキャッチフレーズ）などのコラムが人々の生活に近い視点を提供し、人気を博した。同時に、夜7時のゴールデンタイムには CCTV の看板ニュース番組「新聞聯播」の後に、調査報道で論評形式の番組「焦点訪談」が新設された。

　「焦点訪談」が人々の注目を集めたのは、批判的な視点を入れた調査報道をしたことである。多くのマスメディアが依然として「宣伝」やソフトなニュースを報道している中、「焦点訪談」が地方官僚の汚職事件、環境汚染問題、国有企業改革の中に発生した国有資産流失問題などハードな事件を暴露・報道し、批判的な視点で当時人々が関心を寄せる話題を取り上げたことは、人々に斬新さを感じさせ、大衆の願いにある程度応えたため、好評を得られた。番組自身

の位置付けは、「時事問題の追跡報道、ニュースの背景分析、社会ホット問題の透視、大衆話題の評論」で、「事実を用いて報道し、輿論で権力監視機能を発揮する」ことがモットーとされた。

このような番組の位置付けとモットーは、一般大衆から熱く支持され、多くの期待も寄せられた。特に地方の官僚や公権力を相手に、不公平や不正義に遭遇した一般の人々から「焦点訪談」に多くの情報が提供され、取材の依頼が殺到した。番組自身の統計によると、放送開始後の十数年間、番組に対する情報提供と意見のフィードバックは、電話、手紙などを合わせて、平均毎日2300件に上った。この現象から、中国社会に多くの矛盾と問題が蓄積されていることが読み取れる一方、人々が自分たちのニーズと政治政策の間にコミュニケーションの回路を必要としていることもうかがわれる。

また、国家の最高指導者も「焦点訪談」を重要視する姿勢を示した。3人の首相は在任中に「焦点訪談」を訪問し、番組制作者と座談した上で、励ましの言葉を記した。例えば、1997年12月に、当時の国務院総理李鵬が「先進を評価し、後進を批判し、正しい気風を広める」と題辞を記した。また、1998年10月に、当時の国務院総理朱鎔基が視察する際に、「輿論で権力を監視し、群衆の喉舌になり、政府の鏡であり、改革の先兵」と題辞を記した。このような国家指導者からの賞賛と励ましの言葉により、「焦点訪談」の調査報道はお墨付きを得た。

「焦点訪談」は誕生後の数年間で大衆の深い信頼を引き寄せ、高い評価を得た。メーンキャスターの白岩松、敬一丹、方宏進らも全国的な人気キャスターになった。しかし、次第に幾つかの問題点も指摘されるようになった。その一つは、「焦点訪談」は「死んだネズミ」しか捕まえられないという疑問である。多くの通報／情報がCCTVに届いたにもかかわらず、実際に取材、暴露された事件のほとんどは、中央政府がすでに状況を把握し、処理に取り掛かろうとしたものである。逆に言えば、もし中央政府に動きがなければ、たとえ通報や証言がいっぱいあるとしても、「焦点訪談」が取り上げない可能性が高い。これは「焦点訪談」にはメディアとしての「独立性」があるわけではなく、中央政府の顔色をうかがっていることを意味する。もう一つは、「焦点訪談」は地方の下級官僚には手を出すが、中央レベルの高級官僚には一切手を出せない。小者を捕まえても権力の核心に触れないことには、大衆にとっては非常に歯が

ゆいところである。

　「焦点訪談」の関係者自身の話からもその限界がうかがわれる。2003年8月、当時の国務院総理温家宝が「焦点訪談」を視察する際に、キャスターの敬一丹から次のような進言があった。「『焦点訪談』における輿論監督の内容の比率は1998年に47％あったが、2002年には17％に下落した」。世論監督の内容が減少する理由の一つとして挙げられたのは、「かく乱要因」の増加である。つまり、批判内容に対し、各級の政府機関による「説情」（とりなし）が増えている。最初は知人などからのお願いが多かったが、その後、政府機関の「説情」が増え、プロデューサーとテレビ局の局長らは応対せざるを得なくなり、消えた番組も少なくない。『焦点訪談』が特色を失い、「多くの観衆の気持ちが期待から失望に変わった…」（敬一丹2004）。

　このように、「焦点訪談」の黄金時代は1990年代半ばから数年間続いたが、2002年、2003年あたりから下り坂を歩み始めたと言わざるを得ない。先鋭的な批判報道が少なくなり、その代わりに中央の政策や会議などを称揚する内容が増え、「自画自賛」でまた中央の「喉舌」へと戻ってしまう傾向が見られる。2013年1月1日から「焦点訪談」は全面的に構成を変更し、報道内容を「民生類」つまり民衆の日常生活にフォーカスするようになった。2013年1月1日から1月5日の平均視聴率は2.30％にとどまっている。民生ニュースももちろん重要であるが、中央レベルの調査報道としてブランドを確立した「焦点訪談」がとうとうフラッシュ動画の使用や、著名曲芸家を登場させるなどソフト路線で人気を獲得しようとしたことは、民衆がかつて期待を寄せた調査報道への幻想をさらに打ちくだくものだった。

- **広東省共産党機関紙『南方日報』の子新聞である『南方週末』**

　新聞の調査報道で注目を集めたのは『南方週末』である。『南方週末』は広東省共産党機関紙『南方日報』の子新聞で、1984年に創刊され、1989年末までの最初の5年間は、文化娯楽新聞であった。

　1991年以降、『南方週末』は改革を重ね、調査報道という道を選ぶことにより全国的にも有名な新聞にまで成長した。発行部数も堅調に上昇し、例えば1993年5月に90万部に達し、1995年に100万部を突破、1999年には130万部を超え、週末発行の新聞の発行部数トップの座を獲得した。また当時の調査で示されたように、『南方週末』は1世帯当たり5.8人は読んでいるので、実質の読者

数は700万人を超えたと言われる（劉家林2010：183）。

　『南方週末』が調査報道に成功した理由は幾つか挙げられる。一つは、広東省にあるという地理的環境の優位性である。中国大陸の最南端に位置する広東省は北京という政治中心から遠く離れており、香港・マカオなどと隣接し、西洋などの自由主義的思想が中国へ伝来する際の入り口の一つで、思想が比較的オープンな地域である。もう一つは、1980年代に『南方週末』はタブロイド的な新聞であり無名に近かった。調査報道にはリスクがあるが、当時の『南方週末』にとって、成功すれば大きな発展を得るチャンスであり、失敗しても特に失うものがなかった。また、省レベルの『南方日報』というランクの高い親新聞があるため、調査報道の分野を開拓できた。1996年の改版で、調査報道（深度報道）が強化され、弱い立場の人々の代弁者という役割がより前面に出された。

　1990年代は『南方週末』の調査報道の黄金時代であった。中央レベルのCCTVと異なり、『南方週末』は主に「異地監督」という戦略を採用した。「異地監督」とは、広東省以外の地域、例えば山西省や貴州省など他の省で発生した事件や官僚の不正などは暴露するが、所在地の広東省の不祥事はほとんど報道しないことである。地元の政府や官僚を直接批判した場合、しがらみが多く、現地政府の圧力などによって、調査報道自体ができなくなるリスクが高いため、「異地監督」は調査報道を継続させる一種の戦略だと考えられる。しかし、これは『南方週末』の大きな問題点であり、さらに中国新聞界の調査報道の限界をも如実に物語っている。

　しかし、「異地監督」でもときどきお上の逆鱗（げきりん）に触れる。2000年以降、『南方週末』にはトップの人事異動が数回行われ、編集長が北京からの「パラシュート」任命があって、更迭されたこともあった。反骨精神を持つ優秀な記者や編集者が相次いで『南方週末』を離れ、『南方週末』の調査報道が徐々に色あせていった。特に2005年、共産党中央弁公庁、中央宣伝部が明確にメディアの「異地監督」を禁止して以降、『南方週末』が家宝の一つを失い、影響力も人気度も下り坂を歩むようになった。

　「焦点訪談」と『南方週末』の事例から、1990年代に中国で大きな反響を呼び、人々に大きな希望を与えていた調査報道は、近年マスメディアでは実行困

難という状況に陥ったことが読み取れる。

　1990年代には、中国政府は調査報道による批判には一定のガス抜き効果があると認識し、政権の運営には有利だと判断されていた。しかし、2000年以降、マスメディアが代弁している民衆による批判は「地方」にとどまることができなくなり、各種の不満が中央政府に矛先を向ける恐れが出たため、中央政府が「調査報道」を支持しなくなったと考えられる。特に2003年の新型肺炎（SARS）や孫志剛事件を境に、中国でマスメディアによる調査報道は衰退の一途をたどるようになった（Tong Jingrong 2011）。衰退の理由は、主に3つあると考えられる。

　まず、批判報道に関する地方政府機関の「説情」（とりなし）などによって、多くの調査報道は公開される前につぶされてしまった。時間も労力も大変かかる調査報道だが、度重なる番組の「流産」はプロデューサーや記者たちの熱意に影響を及ぼす。特に規模の比較的小さい地方新聞の場合、調査報道よりリスクが小さく、利益にもなりやすい娯楽ニュースや民生ニュースなどの軟派ニュース報道に方向転換することが多い。

　次に、中国社会には各種の矛盾と問題が深刻化し、社会の安定がますます脅かされるなか、2004年9月の中国共産党第16回中央委員会第4次全体会議で、「社会主義和諧社会を構築する」というスローガンが提起された。その後「和諧社会」という言葉が広く宣伝普及されるようになった。社会問題および政府・官僚の不正など「闇」の部分を暴露する調査報道は、和諧社会の建設に不利だと思われた。

　さらに、2005年に、「異地監督」「越級監督」などが明確に禁じられるようになった。CCTVと『南方週末』など主要なマスメディア機関は全部政府組織に所属しているので、この規定を守らなければならない。完全な独立性がなく、トップの人事権や報道内容の最終決定権を所有していないことは中国のマスメディアの大きなネックとなっている。

　マスメディアによる調査報道が衰退し、影響力も以前より落ちてしまったが、調査報道という活動自体が中国で必要がなくなったり、消えたりするわけではない。根源にある社会問題が解決されない限り、公平公正を取り戻したいという民衆の願いが消えることはなく、不正を暴露する調査報道へのニーズは必ず存在する。市場経済の支配が深まるなか、マスメディアは生き残るために必死

で、読者を獲得するために、隙間を探して調査報道を行っている。また、ジャーナリズムの社会的責任を自覚する良心的な記者も多数存在するので、彼らは大手マスメディア機関に所属していなくても、適切な居場所があれば、そこで調査報道をすることが可能である。近年、インターネットの普及に伴って、多くのネット社会事件が発生し、それを手掛かりにして調査報道をするマスメディアも少なくない。さらに、インターネットに追随する形で報道すれば、政府からの圧力も軽減できる。インターネットの発展により、ネットメディアが調査報道の役割をある程度果たせるようになってきた。

中国のマスメディアは基本的に共産党の指導の下にあるため、長く「党のジャーナリズム」と呼ばれ、党の代弁者である「党の喉舌」機能が重要視されてきた。1990年代半ばから発展した調査報道というブームは、一般市民、特に弱い立場の人々の立場を取ることが多く、「人民の代弁者」つまり「人民の喉舌」機能が強調されるようになった。そのロジックとしては、党と人民の根本利益が一致し、マスメディアは「党と人民の喉舌」機能を必然的に所有するからである。

カナダのメディア研究者 Zhao Yuezhi が指摘したように、中国の調査報道は、ランクの高くない官僚および小さい資産家である「中間部の権力層」を攻撃することで、「お上」である中央レベルの官僚と、「下層部」にある一般の人々を喜ばせていた（Zhao 2000:592）。つまり、マスメディアは党と人民の喉舌として、一部の党員と政府部門を監視した。

しかし、調査報道はやがて中央政府にも矛先を向けるようになりかねなくなったため、中央政府の支持を失い、近年では衰退している。調査報道を通して、マスメディアの「人民の喉舌」機能の発揮は難しくなった。しかし、調査報道による権力への監督、批判を経験した一般市民と弱い立場の人々は、自らの正当な権利を守る意識が一層覚醒し、政府権力などに対する批判意識が高まった。このような権利意識の覚醒と批判意識の高まりは現在も続いており、中国社会、中国の言説空間に大きな影響を及ぼしている。

4.2.2　ローカルテレビ局の挑戦——民生ニュース放送

ハードな調査報道による権力への監視とは対照的に、メディアへの大衆のニーズに応えるために、近年中国で流行しているもう一つの報道手法は、「民生

ニュース」である。民生ニュースとは、その名の通り市民の生活にフォーカスするニュースのことである。市民の日常生活の中から話題を掘り起こし、今まで「ニュース」と意識されなかった「小さなこと」をソフトな手法でニュースとして取り上げるのが一般的である。

　市場経済の中で、競争を勝ち抜き、生き残るために必死なマスメディアは、いろいろな戦略を取っている。湖南省ラジオ・テレビ局[注11]のような娯楽路線を歩むものが多いが、一部の地方メディアは地域住民との親近性を強調し、地元の文化を再発見し、市民の身近な出来事を取り上げ、よりよい地域社会をつくろうとする動きもある。このような軟派ニュースを実践しているのは、主に都市新聞、都市テレビ局など「市」レベルのマスメディアである。その中で、市民の生の声をリアルに伝えることができる都市テレビ局の民生ニュース番組は特に影響力が大きく、人気を呼んでいる。

　都市テレビ局の民生ニュースにおいて、2000年頃放送開始した南京市テレビ局の「南京零距離」というニュース番組が一つの先駆けである。「南京零距離」では「番組と市民の間の距離はゼロで、番組は市民の代弁者である」という姿勢が打ち出され、注目が集まった。2000年以降、多くのローカル都市テレビ局が相次いで類似するニュース番組を創設し、「民生ニュース」という概念を定着させた。さらに、多くの民生ニュース番組が標準語を使用する中、より地元住民との密着ぶりを強調するものとして、現地の方言を主要用語とする方言ニュース番組が生まれた。ここでは、浙江省杭州市テレビ局「阿六頭説新聞」を例に、民生ニュースの実態を考察する。

・杭州市テレビ局の方言ニュース：「阿六頭説新聞」[注12]

　「阿六頭説新聞」（「阿六頭」[注13]がニュースを語る）は2004年1月からスタートした杭州語ニュース番組で、杭州市テレビ局西湖明珠チャンネル（第二チャンネルに相当する）で放送されている。

　中国の従来のテレビニュース番組は政権の功績を讃えるのが主流で、市民の「困難」を個人的不幸・個別なケースとして捉え、それを放送することは「社会主義優位性」を損なうので、むしろ避けるべきだとされている。「阿六頭説新聞」では、従来の「宣伝口調」のニュース番組と一線を画し、地元の市民をニュース報道の主役にすることが強く意識され、地元市民の日常生活に焦点を当て、市民の喜怒哀楽を表現し、市民たちが直面している問題を多く報道した。

地元の住民の肉声を伝え、より親しみやすくするために、「阿六頭説新聞」では一般のニュース番組で使われている標準語、文章語表現ではなく、口語である杭州市の方言が使われた。そして、番組には市民の味方である姿勢が貫徹され、ホットライン電話を設置し、一般市民による情報提供と議論参加を積極的に推進し、現場のインタビューなどを通じて、一般市民を頻繁にニュースに登場させた。

　方言を使い、民生に重点を置くニュース番組は高い人気を博した。「阿六頭説新聞」の視聴率は最初3％からの出発だったが、2004年9月までに急激に上昇し、最高記録の17％に達した。その後も10％台を維持し、競合する10個以上のチャンネルの番組を抜き、常に杭州市の視聴率トップであり続けた。また放送開始わずか数カ月後の同年5月には「全国トップ100番組」に仲間入りし、周辺の各都市テレビ局がこれを手本にし、次々と方言ニュース放送を始め、「阿六頭」現象を起こした。

　目線は市民と同じ高さに保ち、市民の困難や不幸を一緒に解決しようという姿勢を貫き、市民に発言する場を積極的に提供することは、番組への市民の広範囲かつ能動的な参加につながり、市民からの信頼と期待が寄せられた。多くの市民は積極的に情報を提供し、自分が遭遇する問題を番組に伝え、助けを求めた。例えば、杭州市上城区光復路に住む11戸の住民は水漏れが原因で、高い水道料を払う事態になった。水道管の修復と水道メーターの検査などを、水道会社と関連管理部門に依頼したが、たらい回しにされ、4年たっても問題が解決できなかった。高い水道料を払わない場合、断水に直面してしまう。大企業と公権力に相手にされない住民たちの声は、従来のメディアにもなかなか取り上げられない。途方に暮れた住民たちは「阿六頭説新聞」に電話をかけ、現場取材に来た記者のカメラに向けて状況を説明した。その後、記者が水道会社と湖浜房屋管理所に電話をかけると、水道会社は速やかに関連する社員を出動させ、点検などを行い、水道メーターの取り替えを承諾し、今後同じ問題が発生したときの手続きも説明した。また管理部門である湖浜房屋管理所の責任者も現場に足を運び、番組で水道管の水漏れであれば全て房屋管理所が責任を持って解決すると約束した（2006年8月3日放送）。

　こうして、「阿六頭説新聞」が提供する言説空間に参加し、テレビ番組という公的な場で発言することによって、弱い立場にある一般市民は、公権力・大

企業を相手にコミュニケーションすることが可能となり、普段はなかなか相手にしてくれない公権力部門も個々人の市民の声に耳を傾ける姿勢を打ち出さざるを得なくなった。

　方言ニュースを含む民生ニュースが創設されたきっかけは、市レベルのメディアが中国のマスメディア・システムの中で非常に不利な位置に置かれている事実があると考えられる。中央・省レベルのメディアに比べると、市レベルメディアは規模が小さく、人材や資金が不足している。さらに、中央・省レベルのテレビ局の場合、衛星電波を使い、全国範囲での放送が可能だが、市レベルのテレビは限られた地元地域にしか放送できず、広告のスポンサーが付きにくいという構造的な弱点を持っている。

　市場競争下で、市レベルのメディアが自分の居場所を模索する中、自身が持っている地元密着という特性が生かされ、中央や省が見落としがちな地域住民の小さな出来事に注目した。「阿六頭説新聞」の誕生の背景にもこのような市場メカニズムの働きがあった。「阿六頭説新聞」の生みの親の一人である元プロデューサーの翁暁華によると、この番組を企画する際に、市民の選好と意識を把握するための調査が行われ、市場のニーズに応じて、方言を使う民生ニュースが考案され、新番組企画競争の中で勝ち抜いた。このことからも中国固有のマスメディアのシステムと市場競争が方言ニュース放送を生み出したと言えよう。

　中国の方言ニュース・民生ニュースのブームはパブリック・ジャーナリズムのような自覚した運動にまで発展しておらず、市場競争の中の地方メディアの自発的な取り組みという性格が強い。ただし、このブームは人々が問題解決・意見表明と意見交換を必要とするニーズがあることを物語っている。中国の実社会では自由な言説空間が非常に限られており、政府の管理、規制下にあるマスメディアは、政府の声以外に「政治的」な事柄を取り上げるのは困難である。CCTVの「新聞聯播」などの正統派ニュースと比べると、日常生活の小さな出来事にフォーカスし、直接に官僚批判や政治批評などをせず、さらに政治宣伝と一線を画すスタンスを取る「阿六頭説新聞」のような民生ニュースの内容は明らかに「脱政治化」している。また、政治性の強いことを表現しにくい「方言」の使用にも「脱政治的」効果があると考えられる。

　しかしながら、民生ニュースで語られる小さな「非政治的」話題の多くは最

初プライベート的だと思われても、パブリックな場で公開され、議論されるようになると、共感が持たれ、パブリックな意味を持つようになることも少なくない。すなわち、民生ニュースによって、市民たちが日常生活で察知した社会問題の解釈が「公共的なもの」に転化し、市民の意見が交わされる「非政治的な空間」が政治性を帯びるようになり、今までの政治ニュース、そして「焦点訪談」などとも異なる「政治的なるもの」が誕生したのである。前述の水道トラブルの例からも、ローカルメディアが提供する民生ニュースというフォーラムは結局、市民と公権力・市場と対話するコミュニケーションの回路を作り出していることが読み取れる。こうして、「脱政治化」のつもりで企画された民生ニュース番組が、「再政治化」する可能性があることも分かる。よって、民生ニュースは、市民と政治の間の断絶を一部解消し、また市民の間の連携もある程度取り戻す役割があると考えられる。そして、民生ニュースは高い視聴率をキープし、ニュースソースの多くは「ホットライン」電話などを通じて市民から情報提供されていることから、市民から信頼と期待を寄せられていることが読み取れる。これは、マスメディアとオーディエンスの断絶がある程度解消されたことを意味する。中国の学界も徐々に民生ニュースの重要性を認識するようになり、「公共圏論」やジャーナリズム論の視点からその意義を検討し始めた。

　一方、中国では腐敗問題、環境問題、食品安全問題などは結局のところ全て管理部門の「政治」が絡んでいる。社会（視聴者）と市場（広告主）・政府機関（権力者）の板挟み状態になっている地方テレビ局・地方新聞は、視聴者を重要視する一方、広告主と権力者の利益にも極力害を与えないように努力する傾向がある。従って、個別の問題はある程度解決できたとしても、社会の根本的な対立の解決にはつながらない。さらに地元限定という問題もあり、放送したネタも、放送のカバー地域も地元限定ということで、視野が狭く、影響力も小さいという欠点がある。この意味で、民生ニュースが一定の「政治的公共圏の萌芽」を作り出しているとしても、まだ大きな限界を有していると言えよう。

　1990年代以降、市場経済化が進展し、モダンなメディア理念が導入され、旧来のソ連型の社会主義モデル、マルクス・レーニン主義などは、次第に人気を失い、陳腐なものと見なされ、人々は欧米のジャーナリズムに傾倒するように

なった。一方、メディア事業が共産党の指導の下にあるという「党のジャーナリズム」は依然として堅固に存在し、大学のジャーナリズム・スクールと新聞社では、授業と会議で繰り返し「中国の特色ある社会主義」理論や、共産党の最新の政策方針などを「学習」しなければならない現実がある。イデオロギー的な理念と現実の間に大きなズレが生じている。

　市場化の中で、マスメディアも激しい競争にさらされるようになった。旧来の宣伝とプロパガンダが市民に敬遠されるため、経済的な自立を迫られたマスメディアは、読者獲得と視聴率アップを目指して、さまざまな戦略を打ち出した。プロパガンダ任務を背負わない晩報と都市新聞などが多く創設され、社会ニュース、娯楽ニュースなどをより多く掲載することが重要な手段とされた。視聴者を重視せざるを得なくなったマスメディアは権威主義をある程度払拭し、従来の「党の喉舌」機能から徐々に「党と人民の喉舌」と称するようになった。権力の不正や不作為などを暴露する調査報道、市民生活に焦点を当てる民生ニュースは代表的な実践であると言えよう。

　しかし、調査報道の批判の標的は下層部、地元外などに限定され、依然政府色が強く、上から目線で報道することが多いので、「政府主導型の民主」としての限界がよく指摘される。そして、各種の社会問題、社会矛盾が深刻化するに伴い、調査報道は国家の統治と社会の調和を脅かす可能性があると見なされ、さまざまな制限が設けられ、調査報道は2003年をピークに衰退の一途をたどるようになった。ローカルメディアの民生ニュースは、コミュニタリアン的でパブリック・ジャーナリズム的な実践という性格も考えられるが、市場競争下で視聴者を獲得する経営戦略という側面も強い。「脱政治化」という道を選んだ民生ニュースは客観的に「再政治化」する可能性もあるが、その影響力が地元に限定されるという欠点もあり、個別の問題はある程度解決できても、社会の根本的な矛盾の解決にはつながらない。

　現在、中国のメディア業界は、党・政府のコントロールと市場原理の支配の二重の影響下に置かれている。ジャーナリズム思想には、権威主義的な部分と自由主義的な部分が併存するようになっている。「党の喉舌」から「党と人民の喉舌」に変わろうとする姿勢が見られるが、実際には「人民の喉舌」だと言えるにはまだ程遠い。

　深刻化する社会問題、社会矛盾が山積する中で、人々は政治とのコミュニケ

ーション回路を切望しているが、国家からの制限が厳しいマスメディアはその役割を果たせていない。第1章で確認された「社会の木鐸」、権力を監視する「番犬」としてのジャーナリズムの役割を、現在のマスメディア・ジャーナリズムに託すのは無理である。

　中国でマスメディア・ジャーナリズムがひどく機能不全に陥っている一方で、近年インターネットの発展が注目されている。ネットメディアの出現は人々のニーズおよび社会現実の要請にある程度応えており、ネットユーザーたちの知恵および努力の結集によって、既存マスメディア・ジャーナリズムの限界がある程度カバーされるようになってきた。

　次章では中国におけるネットメディアの発展と現状を分析し、コレクティヴ・ジャーナリズムが生息する土壌を考察する。

第5章 中国のインターネットの発展とネットメディアの実態

5.1 中国のインターネットの発展と利用状況

5.1.1 中国のネットユーザー

　中国インターネット・ネットワーク情報センター（CNNIC）の統計によると、1997年、中国のネットユーザーの数は62万人で、普及率も低く、高学歴層の大学生や研究者がほとんどだった。その後ネットユーザー数が加速度的に増加し、2000年に1000万人、2005年に1億人を突破した。特に2007年あたりからネットユーザー数がさらに急拡大し、数年間にわたり年間7000万～8000万人のペースで増加した。2008年には中国のネットユーザー数が米国を抜いて世界トップになった。2010年以降、増加率は少し緩やかになっているが、インターネットの普及が続いており、2013年末にはネットユーザー数が6.18億人に達し、普及率は約45％となっている。

　中国のネットユーザーの年齢構成では、比較的若い人が中心となっているのが特徴である（図5-1参照）。40歳未満のネットユーザー数は2002年時点で全体の88％を占め、その後この比率は下落傾向にあるが、それでも2012年に80％以上を占めている。若いネットユーザーはエネルギッシュで、新しいものに興味を持ち、ネットでの議論などに参加する情熱が高く、オンラインで情報の発信、転載に熱中するだけでなく、オフラインで実践、調査などを行う行動力も持っている。一方、ネットユーザーの年齢層は比較的若いが故に、衝動的、理性のコントロールが比較的弱く、情報の真偽などに関する判断力が低いことも指摘されている。

　ネットユーザーの性別について、近年CNNICの調査によると、基本的に男性と女性が55：45の比率を保っている。男性の比率がやや高いが、大きなギャップは存在していない。男女ユーザーの比率が比較的平等に保たれているということは、社会的関心のある話題に対し、生活体験に基づく男性・女性の意見がほぼ均等に集約されることを意味する。

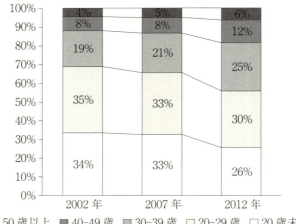

(出所：CNNIC データより筆者が推計、作成)

図5-1　中国のネットユーザーの年齢構成

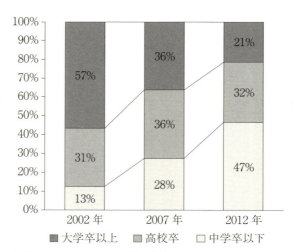

(出所：CNNIC データより筆者が作成)

図5-2　中国のネットユーザーの学歴構成

2002年時点で中国のネットユーザーの57％は大卒以上であった。当時、中国の総人口における大卒者の比率は5％未満であったことを考えると、ネットユーザーが高学歴者に集中していることがうかがえる。一方、インターネットの普及に伴って、ネットユーザーの学歴は徐々に高学歴層から、中卒・高卒などの学歴が多い一般労働者・出稼ぎ労働者層にシフトし、2012年までにネットユーザーにおける高卒以下の学歴者の比率は79％に上昇した（図5-2）。

インターネットの接続料、パソコンの購入費はネットユーザーの増加を制限する要因の一つとなっているが、ネットカフェの出現によって、初期投資が必要なくなるので、低収入のネットユーザーの増加につながった。2007年時点で、ネットユーザーの1/3はネットカフェからインターネットを利用していた。近年ではスマートフォンなどのモバイル・ツールの普及によって、固定回線がなくても簡単にインターネットを利用できるようになり、携帯電話を使うネットユーザーも急速に増えた。特に、これまで固定回線のインフラ整備の遅れで、インターネットの利用が限られていた農村部では、携帯電話によるネットユーザーが増加した。

5.1.2　中国のインターネット利用状況

(1)　利用デバイス

2000年代半ばまで、中国ではインターネットに接続する設備はパソコン（PC）がほとんどであった。一方、近年では携帯電話の性能向上と低廉化が進み、通信会社の携帯電話用インターネット接続サービスも充実したため、携帯電話を使ってインターネットに接続するネットユーザーが急増した。CNNICの報告によると、2014年6月に中国のネットユーザーの中で、インターネットに接続する際に使用するデバイスとして、携帯電話を利用する人の比率は83.4％に達し、人数は5.27億人に増えた。対して、PCを利用する人の比率は80.9％に下落し、携帯電話ネットユーザー数が初めてPCネットユーザー数を超えた[注14]。

PCと比べて、場所の制限があまりなく、随時、気軽に利用できる携帯の利便性は高い。中国では微博（中国版ツイッター）や微信（中国版LINE）のようなスマートフォン向けの通信アプリの普及も進み、情報の閲覧と収集、意見の表明・交換がより身近で便利になっている。

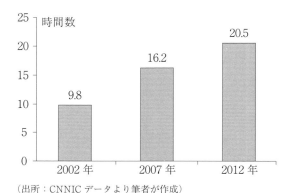

（出所：CNNICデータより筆者が作成）

図5-3　中国ネットユーザーの1週間ネット平均利用時間数

(2) 利用時間

インターネット環境の整備の進展、スマートフォンの普及などにより、インターネットへの接続がより容易になり、日常の中でインターネットを利用する場面が増えつつある。中国のネットユーザーがインターネットを利用する時間も継続的に上昇してきた。CNNICの報告による、ネットユーザーの1週間のインターネット平均利用時間数は2002年の9.8時間から、2007年には16.2時間、2012年には20.5時間へと増加した（図5-3）。

(3) 利用内容

情報技術の進歩、インターネットの普及によって、情報の発表と収集、メッセージの交換、ゲーム・音楽などの娯楽、ネットショッピングなど、インターネット上で多様なサービスが提供され、利用内容が多岐にわたるようになった。

CNNICの報告によると、中国では、2002年頃にはインターネットサービスの中で、電子メールの利用率が最も高く、9割以上のネットユーザーが利用していた。検索エンジン、オンライン・チャットの利用率もそれぞれ7割弱、4割強に達した。ネットニュース、電子掲示板（BBS, Bulletin Board System）の利用率はともに2割前後であった。その後、ネット通信の多様化、日常化によって、2012年に電子メールの利用率が4割に低下する一方、オンライン・チャットの利用率が8割を超えた。検索エンジンの利用率は上昇を続け、8割に達した。ネットニュースの利用率は大幅に上昇し、約8割となった。ブログ、微

第5章　中国のインターネットの発展とネットメディアの実態

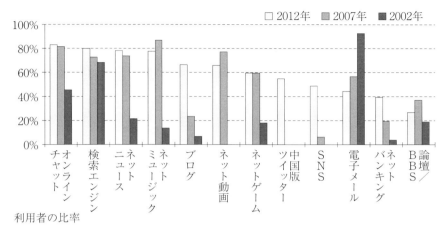

利用者の比率

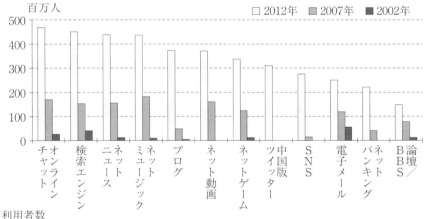

利用者数

（出所：CNNIC データより筆者が作成）
注：各年の統計変更などによって、一部のデータが欠けているため、ネットニュース（2012）は2013年6月時点のデータ、SNS（2007）と論壇/BBS（2007）は2006年12月時点のデータを利用。利用者の比率＝利用者数／ネットユーザー総数

図5-4　中国における各種ネットサービス・ツールの利用者数と比率

博、SNS の普及も進んだ。BBS の利用率は2007年前後にいったん4割近く上昇した後、2012年には3割弱に下落した。ほかに、ネットミュージック、ゲームなどの娯楽目的の利用も大幅に上昇した（図5-4）。

　利用率の変化には違いが見られる一方、全てのネットサービスの利用者数は着実に拡大した。2012年、ジャーナリズムと関連が大きいネットニュースの利

105

用者は４億人以上、ブログ、微博の利用者は３億人以上、利用率が相対的に低いBBSの利用者数も約1.5億人に達した（図5-4）。

5.1.3　中国のニュース関連サイト

CNNICの統計によると、中国のウェブサイト数は1997年以降に増え続け、2009年12月には323万に達した。その後、ポルノやわいせつサイトに対する中国政府の取り締まりの強化などにより一時100万台まで下落したが、2011年からまた徐々に増加し、2013年末までに320万に回復した。2014年に入ってからは、習近平政権によるネット言論規制の強化で、再び下落が見られ、2014年６月時点では273万になっている。

このような数百万のウェブサイトをさまざまな基準で分類することが可能であるが、本書では主に「ニュース」を扱うサイトに焦点を絞り、そして出資者・運営者の違いに着目して、政府系サイト（官製）、商業サイト、草の根サイトに分けることにした。

中国のマスメディアは基本的に共産党と政府に所属するため、各レベルのマスメディアが創設したオンライン版（ウェブサイト）はほぼ官製メディアのジャンルに属する。その代表例は、人民日報社の人民網、新華通信社の新華網、中央テレビ局（CCTV）の央視網（CNTV）が挙げられる。商業サイトの種類はやや複雑であるが、大きく２つに分けられる。１つは大手商業ポータルサイトで、代表例は新浪（Sina）、捜狐（Sohu）、網易（NetEase）、騰訊（TenCent）などが挙げられる。もう１つは総合電子掲示板（BBS）専門サイトで、基本的に民間出資によって創設された商業系サイトであり、BBSをメインとしているのが特徴で、天涯（Tianya）、凱迪（Kdnet）などが代表例として挙げられる。草の根のサイトはNGO・NPOのホームページや特定分野の愛好者サイトなどがメインで、数が多いが、個々の規模が小さい。一般的には「ニュース」を常時提供するほどの力を持っていないが、ニュースサイトとして成長した「Anti-CNN」（四月網）は例外的な存在である。

中国ではインターネット空間におけるニュースの報道、掲載などが規制されている。国務院新聞弁公室と情報産業部が制定した「インターネットニュース情報サービス管理規定」（以下「ニュース管理規定」と略す）によると、「時事ニュース」（具体的には政治・経済・軍事・外交等を含む社会公共事務の報道と論評、

および社会突発事件の報道と論評を指す）を掲載できるサイトは主に次の3種類に限られる。①伝統メディア機構が設立したもので、伝統メディア機構自身が報道したニュース以外のニュースも掲載し、時事類BBSサービスを提供し、大衆に時事類の情報を伝送するウェブサイト、②非メディア機構が設立した「ニュースを転載し、時事類BBSサービスを提供し、大衆に時事類の情報を伝送する」ウェブサイト、③伝統メディア機構が設立したもので、伝統メディア機構自身がすでに報道したニュースのみ掲載するサイト。

　「ニュース管理規定」の中で、伝統メディア機構以外で時事ニュースを掲載するサイトへの規制はかなり厳格である。設立には国務院新聞弁公室の許可が必須で、企業の場合1000万元以上の資本金のほかに、10人以上の専属のニュース編集者（メディア機構での職務経験が3年以上ある者が5人以上）の配備が要求されている。さらに掲載内容に関しても制限がかけられている。「オリジナルで取材した時事ニュースを掲載してはならない」、「時事ニュースを転載、また公衆に時事類の情報を公表する際には、中央レベルのメディア機構、あるいは省・自治区・直轄市の直属メディア機構のニュースを転送すべきで、ニュースのソースを明記し、元のニュースの内容を歪曲してはならない」などが規定されている。すなわち、中国では、マスメディアが母体である官製サイト以外のニュースサイトは時事ニュースに関しては取材権を持たず、記者職がいないため、すべて「転載」に頼ることになる。

　時事ニュースの取材が禁止される中で、商業系のニュースサイトは自らのオリジナリティーを出すために知恵を絞り、さまざまな対策を打ち出している。例えば、ポータルサイトは非時事類の娯楽ニュースやスポーツニュースに力を入れており、また、UGC（ユーザー生成コンテンツ）を活用し、自社のブログ、BBSから注目度が高く、話題性があり、質のいいブログ、文章などを積極的にトップページで紹介している。

　市場競争下、官製、商業を問わず、多くのニュースサイトは「総合サイト」へ発展していく傾向が見られ、ニュースの掲載以外に、メールボックス、BBS、ブログや微博などさまざまなネットサービスがそろうようになっている。官製メディアは国からの出資を得ながら設立し、成長してきたが、現在はほとんど「商業運営」と「市場化」の道を模索しているため、ネットユーザーの獲得も重視しなければならない。

ここでは、各種のニュースサイトについて、官製メディアの人民網、大手ポータルサイトの新浪網、総合BBS専門サイトの天涯網、草の根サイトAnti-CNN（四月網）を例に、それぞれの特徴を考察する。

・官製メディアサイト：人民網

　人民網（People's Daily Online）は1996年に、「人民日報網絡版」（『人民日報』のオンライン版」）として設立された。最初は『人民日報』の紙面の内容をそのままオンラインに転載したが、その後コンテンツを徐々に充実させ、『人民日報』と差別化するようになり、1997年1月1日に正式に人民網と称するようになった。そして、2012年4月に人民網は上海証券取引所に上場した。人民網は中国国内のA株市場に上場した初めてのニュースサイトであり、初めてのメディア機構でもある。

　人民網は自身について次のように紹介している。「人民網は『権威、実力の源は人民にある』という理念を堅持し、『権威性、大衆化、公信力』を旨として、『多言語、全媒体、グローバル化、全覆蓋（全地域を網羅する）』を目標に、『グローバルに報道し、中国を宣伝する』を自らの任務としている」。

　人民網は母体である人民日報社の国内外にある70以上の支社のニュース収集能力に依拠し、24時間で情報を発信し、内容は政治、経済、社会、文化の多領域に及んでいる。人民網は文字・写真・動画などの形式のニュースのほかに、BBS、ブログ、微博などのサービスを提供している。「多言語、グローバル化」という目標下で、メーンの中国語バージョン以外に、中国の主要少数民族の言語、英語、日本語などの外国語、計15の言語バージョンを有している。

　人民網の母体である『人民日報』（People's Daily）は中国共産党中央委員会の機関紙であり、中国で発行部数の最も多い新聞の一つである。『人民日報』は対国内では党の政策を宣伝し、中国の人々を「正しい」道へ導こうとする役割を自負し、中国共産党の機関紙として長年築いてきた権威性が今でも維持されている。一方、1990年代に市場経済が導入されて以降、内容が硬く、無味乾燥な政策文章をメーンとする『人民日報』の発行部数は、最盛期の600万部から大きく下落し、現在はほとんど「官弁官看」[注15]で、政府機関や学校などの公的機構に定期購読させている分に支えられ、200万部台を維持している。

　人民網も基本的には『人民日報』と同様、「政治宣伝」の役割を負わされ、人民網のトップページには、『人民日報』のヘッドラインニュースが掲載され、

社説も掲載しなければならない。一方、伝統の強みである情報の正確さと権威性を維持しながら、オンラインによって従来の堅苦しい印象を払拭しようとしている。

　人民網は豊富な情報と面白さを追加することで、より多くの読者を獲得し、よい「宣伝効果」を得ることが期待された。インターネットの特徴の一つは、掲載できる情報量が無限に近いというところから、人民網の情報量は『人民日報』をはるかに超えている。『人民日報』からハードな政治ニュースをそのまま掲載すると同時に、ほかの伝統メディアから時事ニュースを転載し、さらにポータルサイトからソフトな芸能ニュースやスポーツニュースを転載することも多く、豊富な情報量で多くの読者を引き付けようとしている。また、人民網のブランドである「強国論壇」は中国の代表的なBBSフォーラムの一つである。

　近年、人民網はその権威性を活用し、一般民衆が幹部・指導者にアクセスし、コミュニケートできる架け橋の役割を果たそうとしている。例えば人民代表大会へ提言する「e政広場」、省・市レベルの地方指導者へメッセージを残す「地方指導者留言版」、さらに中央政府・中央指導者にも進言可能な「直通中南海」などのコラムが相次いで設立された。人民網のウェブページを介して、一般のユーザーが地方政府・中央政府に一方的に陳情や直訴を寄せるだけでなく、返事をもらうことも可能になった。これは官製サイトならではの強みであり、一般の商業系のポータルサイトやシビックサイト、草の根サイトでは同じことができるとは考えにくい。

　人民網も「人と人」をつなぎ、「官と民」の架け橋になることを非常に意識している点は、2014年1月から使用し始めた新しいロゴからもうかがえる。新しいロゴには「人」という漢字を変化させた絵柄が追加され、「人」が連結していることを表現している。人民網の解説によると、このロゴの絵は、インターネットが持つ「つながる」「インターラクティヴ」という特徴を表すと同時に、人民網が「官」と「民」の2つの言論の場を連結させ、官と民がインターラクションする重要なプラットフォームになることを象徴している。一方、裏を返せば、中国では国家と社会、官と民の間に断絶が起こっているため、新たなコミュニケーションの回路が必要とされている。人民網はその回路を担おうとする意思を、新ロゴでアピールしていると考えられる。

・**商業ポータルサイト：新浪網**

　新浪網（Sina.com）は1998年末に設立されたもので、中国のインターネットの創設期に誕生し、激しい競争を勝ち抜き、成功した例とも言えよう。新浪網と同じくインターネットの草創期に誕生しながら、競争に失敗し、消失したポータルサイトはたくさんあった。現在、新浪（Sina）は、捜狐（Sohu）、網易（NetEase）、騰訊（TenCent）と並んで、「中国四大ポータルサイト」と呼ばれており、米国のNASDAQ市場にも上場している。2012年11月に新浪網に登録したユーザー数は4億を突破した。

　中国の大手商業ポータルサイトは騰訊（TenCent）を除けば、最初は全部米国のYahooを手本にしたという特徴がある。新浪網も創立初期から、他のポータルサイトと同様に無料の電子メールサービスを提供することで、利用者を呼び込んだ。トップページには、たくさんの情報が詰め込まれ、政治、軍事、社会、IT、娯楽などのジャンルに分けて表示される。新浪網などの商業系ポータルサイトには、時事ニュースに関して独自の取材権が認められていないため、時事類ニュースの掲載はほとんど「転載」に頼っている。その代わりに、独自に収集した芸能・スポーツニュースを多く掲載し、またマスメディアとニュースの転載に関する独占契約を結び、他のサイトと差別化することも試みた。さらに、ニュース以外に、BBSにも力を入れ、サイトのBBSでのオリジナル書き込みやブログ文章を掲載することで、独自性を出している。新浪論壇BBSは文化・生活・社会・時事・スポーツ・娯楽などのジャンルをカバーし、ジャンル別の子論壇を持ち、「世界で最大の華人中国語社区」と自負している。

　新浪網が商業ポータルサイトの中で最も高いシェアを持っているネットサービスはブログと微博である。ブログが正式に中国に登場したのは2002年で、当時使用者数は10万人にも満たなかった。大衆にまで普及し始めたのは2005年で、新浪サイトは初期から率先してブログサービスを提供した。ブログのユーザー数が急激に増えると同時に、新浪はより多くの有名人を招いて、新浪ブログのアカウントを開設させる戦略に注力し、有名人効果でブログのページビューとブログアカウント数は急上昇した。新浪ブログの成功は、新浪網の知名度を高め、その後新浪微博の大人気にもつながった。2012年9月30日の統計によると、新浪微博のユーザー数は4.24億人に達し、毎日発言するユーザー数は4230万人に達した。

ブログや微博は、ニュース取材が認められていない商業ポータルサイトにとって、貴重な情報ソースであり、また読者を呼び寄せる「武器」でもある。トップページに表示され、話題を呼ぶ言論は、有名人や専門家によるものが多いが、伝統のマスメディアと異なる視点で情報を提供し、論説を展開していることが少なくない。また、多くの一般人もブログを開設し、微博アカウントを持ち、影響力は限定されるが、自身の言論を公表することができる。そして、一般人によって構築されている言説空間は拡大傾向にある。

・総合BBS専門サイト：天涯網

　天涯網は1999年3月に、中国最南端の海南省で設立された商業系BBS専門サイトで、その母体は「海南天涯社区網絡科技股份有限公司」という株式会社である。天涯社区とも呼ばれ、「世界中の華人のオンラインのホーム」というキャッチフレーズで、ウェブコミュニティーの建設に力を入れ、BBSサイトとして大きな影響力を発揮してきた。

　天涯論壇は中国最大のBBSとされており、常時多数のユーザーがオンラインし、利用している。天涯網のトップページの上部には登録した会員数とオンラインのユーザー数がリアルタイムで表示される。2014年6月16日午後17時のデータでは、登録者数は9143万7272（9000万人超え）で、オンライン者数は、141万0701（100万人超え）である。天涯は膨大な数のユーザーが登録しており、また登録していなくても閲覧ができるので、常時オンライン者数が多く、情報提供と意見発表が活発に行われている。

　天涯ではBBSがサービスの基本であり、テーマの分野や地域性などに応じて、社会、経済、歴史、文学、ファッション、ゲーム、IT、不動産、人間関係、医療など非常に多岐にわたる子論壇が設置されている。時代の変化に伴い、新しい要素も取り入れられ、ブログなども導入されている。2013年に、主に携帯モバイル端末に対応する、BBSとSNSの機能を備える「微論」というアプリも開発されている。

　天涯の一番の特徴は、大手の商業ポータルサイトとは異なり、マスメディアのニュースの直接転載がほとんどないことである。天涯社区のトップページを開くと、「天涯聚焦」というページに入る。そのポータルサイトのヘッドラインニュース欄に当たる場所には、転載されたニュースではなく、代わりに各子論壇や、天涯ブログで人気の高いポストやブログのタイトルが並べられ、一番

目立つところに「頭条」と呼ばれるトップニュースが配置されている。

「頭条」になれる要件として、クリック数（ページビュー）とコメントが多く、つまり注目度が高いことである。ポストやブログの内容は一般ユーザーの個人的な経験、一般ユーザーによる意見提起であっても、多くの共鳴をもらえれば、「頭条」に上がることができる。駱慧敏の研究によると、天涯網の「頭条」はアジェンダ・セッティング（議題設定）の機能が高く、2009年に天涯トップページに「頭条」からニュース事件になったのが111編あり、この中に天涯ユーザーのポストがそのまま掲載されたのが71編であった（駱2010）。すなわち、ニュース事件におけるユーザーのアジェンダ・セッティング率は60％以上もあった。

また、伝統メディアが good news を報道する傾向が強いのに対し、天涯網のような非主流メディアのサイトの場合、批判的でいわゆる bad news のアジェンダ・セッティング能力が高い。中国伝媒大学ネット世論研究所（中国語：網絡輿情（口碑）研究所、略称 IRI）が発表した『2011年中国網絡輿情指数年度報告』によると、天涯論壇が出処となる社会話題の中で bad news の比率は95.8％に達した。

・草の根サイト：Anti-CNN（四月網）

Anti-CNN（現：四月網）は2008年3月18日に設立された草の根ウェブサイトで、創設者は当時23歳の IT 会社経営者の饒謹である。このサイトは2008年に発生したチベット騒乱をきっかけに誕生した。

チベット騒乱とは、2008年3月14日にチベット自治区の中心都市ラサで、チベット独立を訴える一部のチベット族僧侶や若者が暴徒化し、漢民族の店舗を放火、通りかかった者を殴りつけ、多くの死傷者を出したとされる事件である。

この突発的な事件に、中国のマスメディアは声を失った。このような「敏感」な事件に関して、マスメディアは政治的な理由で、その報道には最上級政府機関の指令を待たなければならなかった。最初の数日間は、あたかも騒乱が発生しなかったかのように、マスメディアは沈黙を守り続けた。しかし数日後に一斉にこの騒乱を報道し始め、発生原因にダライ・ラマの陰謀説を打ち出した。中国マスメディアの記事では、チベットで発生した騒動は「ごく少数の民族独立派の仕業で、ダライ・ラマ集団が計画した卑劣な陰謀だ」と決めつけ、「チベットは中国の一部であり、分裂行為は許されない」という決まり文句ば

かりを強調した。現地の人々の生の声を取り上げず、何の具体的な分析もなく、結論だけが流されていた。マスメディアの報道は紋切り型の取材と論評に終始し、信ぴょう性の高い根拠が提示されず、なぜそのような結論が出せるのか、中国の人々も不満を覚えた。

中国のマスメディアは人々が満足できる報道をしなかったと同時に、中国政府が海外および香港の報道機関の同地域への入境や事件関連の報道を制限した。そのために当時の詳細情報が不足し、海外の大手マスメディアも伝聞情報に基づいて報道することが多かった。特に欧米メディアはチベット独立に同情的で、中国政府の「鎮圧」に批判的な態度を示す報道がほとんどであった。そのような中で、「客観・中立」どころか、事実に反する報道も数々出現した。

こうした「不実報道」にいち早く反応したのは、海外に住む中国人留学生と華僑華人であった。欧米メディアの報道の間違いに対し、中国人留学生たちは訂正動画を制作し、YouTubeにアップロードした。また、個人メールなどを経由して、海外報道の原文、写真、映像なども中国国内に伝えられ始めた。

北京在住で、すでにIT会社を起業していた饒謹は、友人からメールをもらい、チベット騒乱、海外メディアの不実報道の事情を知った。饒謹は事件の重要性を感じ、海外マスメディアの報道、誤報に関する証言や証拠を集めるBBSを立ち上げた。そして、その影響は饒の予想をはるかに超え、短い時間内で多くのアクセスがあり、さらに大量の投稿が寄せられた。これがAnti-CNNの始まりであった。

Anti-CNNで整理された欧米マスメディアの報道の間違いと問題点をここで幾つか簡単に紹介しておこう。

CNNのある報道では、報道写真から、中国軍のトラックが町に侵入し、人々が逃げまわっているように見える。一方、加工される前の元写真から、トラックに石を投げ、攻撃する暴徒化したデモ参加者の姿が見られる。中国人留学生たちは、CNNが意図的に写真を編集したと批判し、このような報道を「一部をもって全体を評価し、人の耳目を惑わす」行為と評した。

BBCのある報道では、軍隊と兵士の写真を使って、中国政府がチベットの人々を鎮圧していると説明した。これに対して、中国人留学生たちは写真に映っている車が救急車で、これは鎮圧ではなく、負傷者を救助している場面だと指摘し、このような報道が基本事実に反しており、「善悪顛倒（善悪を逆さまに

113

する)」行為と評した。

　そして米国のフォックス(FOX)の報道では、兵士が人を強制移動させている場面が写っている写真を使って、中国軍がデモ隊を鎮圧したと報道した。中国人留学生たちは、写真の中の兵士は明らかにインドの兵士であると指摘し、このような報道を「悪意を持って濡れ衣を着せ、張の帽子を李にかぶせる(筆者注:物事を取り違える)」行為と批判した。

　ここではほんの一部しか紹介できないが、米国のCNN、フォックス、英国のBBC、タイムズ、ドイツのRTLテレビなどの著名な大手マスメディアが犯した報道ミス、および故意的な歪曲報道は、Anti-CNNで多く収集され、整理された。「西側のメディアは、やっと祭壇から降りた」というユーザーの書き込みもあった。反響は大きかった。数カ月の間に、Anti-CNNには通算2000万人がアクセスし、ページビューが1億を超えた。CNNやBBCなどの北京支局には抗議の電話やFAXが殺到し、一部のメディアが謝罪をした。

　Anti-CNNは「憤怒の青年」の集まりで、ナショナリズム的であると報道されたこともあるが、Anti-CNNに集まる人々は「理性」を武器に「言論の場」を守ろうとした。マスメディアの報道の中に指摘された問題点について、Anti-CNNは具体的な証拠を提示し、一つひとつ真摯に回答した。草の根のネットメディアであるからこそ、大きなマスメディアを相手にするときには、事実をさらに重要視しなければならない。Anti-CNNが創設された当初、次のような紹介文を掲げ、自らの立場を明らかにした。

　　Anti-CNNはネットユーザーが自発的に創設した非営利的(NPO)・非政府(NGO)のウェブサイトである。目的は事実を歪曲し、客観報道をしないメディアを暴露すること。
　　われわれはメディア自体に反対するのではなく、メディアの非客観報道に反対する。
　　われわれは欧米の人民に反対するのではなく、偏見に反対するのである。

　Anti-CNNでは「客観」「理性」「バランスのとれた報道」が強調された。その理由について、創設者の饒謹は次のように答えた。「私たちはせっかく『戦闘』の場を得ました。ラディカルな行為のせいで、『線香花火』にさせてはい

けません」。つまり、中国のネットユーザーにとって、インターネットが大事な言論の場であることが認識され、理性や客観的な言論活動でこの場を守ろうという意識が芽生えたのである。その後、北京オリンピックの聖火リレー護衛運動、カルフール不買運動においても、Anti-CNN は力を発揮し続けた。

　Anti-CNN が草の根サイトと呼ばれる理由には、世界中に分散している中国人留学生と華人たちが「草の根記者」を担当し、論壇の運営を支える多くのボランティアの存在がある。

　海外にいる留学生たちは一定のリテラシーや情報技術を身に付けており、所在地のマスメディアの報道を随時チェックすることが可能で、また身近な見聞・感想を述べることもできる。特に北京オリンピックの「聖火リレー護衛運動」では、世界各地にいる留学生や華人たちから、現場の状況・雰囲気・周りの人々の態度などの写真や文字報道が Anti-CNN に投稿された。どんなに大手のマスメディアでも、常駐の特派員数に限りがあり、大都市にしか取材拠点を設置できない。しかし、新しく成立した草の根サイトである Anti-CNN は、世界中に「特派員」を持つことが可能であった。

　Anti-CNN のボランティアたちは技術系と翻訳系などに分けられる。ウェブサイトが立ち上がった後、訪問量やアクセス数が急激に増えたため、技術的な維持が必要になった。特に時々ハッカーの攻撃を受けたこともあるので、饒謹の個人の力で維持することは非常に難しかった。多くのコンピューター技術者が知恵を出し合い、ダウンしたサーバーの復活と日常の維持・補修に協力した。同時に、大量の海外メディアの報道を中国国内に伝えるため、翻訳するボランティアも必要であった。技術ボランティアと同様、国内外を問わず、海外の留学生など外国語が堪能な人々が翻訳ボランティアを担当した。さらに、Anti-CNN は基本的に BBS 形式のサイトであるため、BBS の管理者などもボランティアが担当するのが一般的であった。

　ただし、第 2 章で言及したように、市民メディアの問題点は「市民記者」とボランティアには流動性が高く、完全に草の根記者とボランティアに依拠すると、長期的に運営していくことが困難になる。2010年、Anti-CNN は四月網と改名し、BBS だけでなく、ニュース、ブログ、ゲスト専門家のコラムなどの機能を充実させてきた。草の根のジャーナリズム活動も継続されているが、徐々にプロフェッショナルなニュースメディアの道を目指すようになっている。

2013年1月に筆者が饒謹に対して行ったインタビューでは、今後は米国の『ハフィントンポスト』（The Huffington Post）のような、草の根でありながら、ピュリッツァー賞も取れるニュースサイトを目指すことが分かった。中国において、草の根のニュースサイトとして生きていく道は、依然として厳しいものであると言わざるを得ないのだが、四月網は一つの有意義な模索と言えるだろう。

5.2　参加型メディアとしてのネットメディア

　ネットメディアには多くの特性があり、同時性、双（多）方向性、脱中心化などが挙げられる。今までのマスメディアとの決定的な違いの一つは、高い「参加」性である。マスメディアでは「視聴者参加」があるとしても、放送時間や紙面の制限から、一般市民による言論活動への参加は非常に限られる形になる。特に中国のように国家がマスメディアを全面的にコントロールしている国では、党のジャーナリズムがメーンストリームで、マスメディアには政策解説や宣伝などの役割を果たす義務があるため、上から下への一方通行的コミュニケーション方式が採られている。マスメディアへの一般の人々の参加がより難しくなる。これまで長い間、一般庶民がメディアに出ても共産党と政府を称賛する姿が多く、本音を言える状態とは言い難かった。

　1990年代中国が計画経済から市場経済に移行して以降、従来の「単位」（職場）社会が解体され、国家と社会の間に空間が生まれ、この空間を「公共圏」と呼ぶか「第三の空間」と呼ぶか、まだ学者の間に定説はないが、この空間が大きな可能性を秘めていることは広く認識されている。現在、ネット空間が大きなウエートを占めており、多くの研究者からネット公共圏形成の可能性が提起されてきた。まだ形成途中ではあるが、ネットユーザーたちの積極的な言論空間への参入およびニュースの作成過程への関与は、一種のジャーナリズムのトレーニングであり、今後中国の言説空間の変容につながると考えられる。

　ネットにおける言論空間を考える場合、広義には、あらゆるウェブサイトが「言論の場」であるが、社会問題、公的事柄について一般の人々が意思表明し、他人との交流に適する言論の場は、電子掲示板（BBS）、ニュースサイトのコメント欄、ブログ、微博だと言えよう。本節では、これらのプラットフォームについて考察し、それぞれの特徴を明確にしていきたい。

5.2.1　意見表明と議論の場である BBS

　BBS は、コンピューターのネットワーク環境で、閲覧したり、オリジナルな情報を書き込んだり、他者やマスメディアの情報を転載したり、コメントを付けたりして、主に情報交換と話題・課題に関して議論できるようにした仕組みとなっている。日本では主に「電子掲示板」と呼ばれ、比較的素朴なテキスト版が好まれており、Yahoo 掲示板、2 ちゃんねるがその代表的な存在だと考えられる。中国では、文字のほか、写真、映像などを一緒にアップロードすることも少なくない。そして議論の機能に関心が集まり、「網絡論壇」、略して「論壇」と呼ばれているのが多い。そのほか、「社区」（コミュニティー）と呼ぶこともある。中国では、各ネット利用の中で、BBS の歴史が比較的長く、ネットユーザーにとってなじみのあるネットメディアの一つであり、ネット世論の重鎮という地位を築いてきた。CNNIC の『中国インターネット発展状況統計報告』によると、1999年当時 BBS の使用率は16.32％で、ユーザー数は145万人だった。2000年以降、BBS の利用者数は安定して上昇し、2009年には1億人を突破した。近年、微博などの新しいネットメディアの出現により、BBSの利用率は2007年前後の最盛期の40％近くから現在の30％弱に下落したが、利用者数は依然として1.5億人以上を維持している。

　BBS 上の発言は基本的にスレッドで構成されている。スレッドとは、ある話題に対する一連のメッセージ群であり、最初のメッセージ（ポスト）とそれに対するコメント（レスポンス）、さらにそのコメントに対するコメントといった具合にメッセージがつづられ、議論が展開されていく。一般的にコメントは時系列あるいは参照関係を基に並べられ、各コメントがどのように結び付いて話が進んだのかが分かるようになっているため、議論の全貌と流れを把握しやすいのが特徴である。関心度の高いポストであればあるほど、コメントも多い。最初にポストを書いたネットユーザーが不特定多数のネットユーザー向けに、「1 対 N」（1 対多）「点対面」の情報伝播方式にしたようにも見えるが、レスポンスをするユーザーの間でも議論と意見交換することも可能であり、レスポンスは最初のポストと全く関係のない内容になってしまうこともしばしばある。従って、BBS でのコミュニケーション方式は「面」対「面」であると考える方が妥当であろう。また、一般的にコメントの文字数に対する制限もなく、数

文字しかない一言から数万字に上る長文も投稿できるので、深い議論が可能である。

BBSには一般的に管理人が置かれ、問題となる発言の削除、討論のルールに違反したユーザーの発言の一時禁止などのタスクと権限が与えられる。官製サイトなどの一部のBBS以外は、多くの管理人はネットユーザーがボランティアで務めている。

中国のネット空間において、BBSは多くのネット用語の発祥地でもある。例えば、多くのレスポンスが累積することは、「蓋楼」（ビルを建てる）と呼ばれる。「ビル」が高ければ高いほど、スレッドが注目されやすく、ウェブページのトップに置かれる（置頂）可能性が出てくる。レスポンスをすること自体は「灌水」（水を流し込む）と呼ばれ、一方、読むだけで、あまりレスポンスしないことは、「潜水」と呼ばれる。議論には積極的に参加しないが、時々意見表明し、自らの存在をアピールすることは、「冒泡」（泡を噴き出す）と表現される。そのほか、批判することは「拍磚」（煉瓦で叩く）、あるスレッドに対し初めてのレスポンスを出すのを競い合うことは「搶沙発」（ソファーを奪う。中国語でソファーは「首発」と発音が近い）と表現される。

・**BBSの種類**

2010年に発表された『中国互聯網情況白皮書』によると、2010年には中国では100万個以上のBBSがある。一般的には総合類と専門類に分けられる。総合類BBSは一般的にテーマ別の掲示板の集合体であり、歴史時事、政治経済、文学芸術、科学技術、古今内外などさまざまなテーマが議論の対象で、幅広いユーザーを引き付けている。大手ポータルサイトの付属BBSや主要マスメディアのBBSはこのジャンルに属するものが多い。一方、専門類のBBSでは、議論は特定のテーマに絞られ、育児、旅行、軍事、IT、撮影など、専門とする分野が非常に明確であるため、特定のユーザーを引き付けることができる。

BBSはその属性により、商業的と非商業的とに分けることができる。例えば政府系ニュースサイトが開設するBBSは、一般的に非商業的であるが、その代表例は人民網の著名なBBS「強国論壇」で、主に政治・外交・経済などの時事問題について議論が展開されている。一方、商業類の代表である天涯社区のBBSでは、時事問題、歴史問題のほかに、市民の日常的な体験・感銘、社会問題が主なテーマとなっている。営利のために、議論欄の横に広告が表示

されることが多く、時には広告が議論欄を覆い、ユーザーがそれをクリックしないと消えないこともある。

　また、イデオロギー色が強いBBSサイトも存在し、「烏有之郷」（中国語で「ユートピア」を意味する）、「凱迪」「猫撲」などが代表例である。「烏有之郷」は「愛国主義と社会主義を宣伝するプラットフォーム」と称したが、2012年4月に政府の命令によって閉鎖された。「凱迪BBS」はリベラル・自由主義が集まる場として有名である。同じくリベラル派とされる「猫撲」は娯楽化傾向を強めている。

　そして、全国的な論壇と地方論壇に分けることもできる。上述した全国的なBBSでは議論するテーマは地域を限定しないのに対して、よく都市名を名称に含む地方論壇では話題が地域密着で、身近なことを議論のテーマにすることで、地元の住民、故郷を離れた出身者から一定の人気が集まる。よりローカルなものとして、特定の集合住宅の住民たちだけが集まるBBSもある。例えば、北京の大型団地で、住民たちが自らの権益を守るために、BBSで議論や情報の交流を行っている。このようなコミュニティーBBSも中国の不動産開発が急速に発展している中で、大手企業を相手に個人の利益を守るためという現実的なニーズに応じて生まれたと考えられる。

　歴史的には、BBSの発展初期には、大学内で主に学生が利用する「キャンパスBBS」が重要な位置を占めていた。インターネットの発展初期において、ネットユーザーの大半を占めていたのは大学生で、大学生の意見・考えを知るには、BBSは重要な道具であった。1995年8月に名門大、清華大学のBBSサイト「水木清華」が開通した。当時の機能は、非常にシンプルで、Bulletin Board Systemの訳語のように「電子掲示板」の形式となっており、管理者が一方的にテキスト情報を公表する機能しかなかった。その後、徐々に回答、議論などの機能が追加され、写真や動画などを添付することも可能になった。ほかの多くの大学でも類似するBBSが開通した。しかし、2007年に実名制が導入され、大学外部からのアクセスが遮断されるようになり、閉鎖的な言論の場になってしまったため、キャンパスのBBSは徐々に活力と注目度が落ちるようになった。

　ネットの言論空間におけるBBSの影響力から見れば、一般的には伝統マスメディアのウェブサイトと大手ポータルサイト、商業サイトのBBSなどのほ

うが認知度は高い。2009年鳳凰網が「世界中文論壇100強」を発表した。そのトップ10は以下の通りである。①天涯社区、②猫撲社区、③捜狐論壇、④鳳凰論壇、⑤網易論壇、⑥新浪論壇、⑦凱迪社区、⑧強国論壇、⑨百度貼吧、⑩大旗網。このうち、④⑦⑧は伝統メディアと関係が深く、強国論壇は官製サイトの人民網のBBS、凱迪社区は広東省所属の国有メディア企業である南方報業伝媒集団傘下のBBS、鳳凰論壇は香港を本拠地とするフェニックステレビ（鳳凰衛視）系のBBSである。③⑤⑥はその名の通り大手ポータルサイト捜狐、網易、新浪のBBS、⑨は中国の検索エンジン最大手の百度（Baidu）のBBSである。①②⑩は民間企業が設立運営するBBSである。

・BBSの特徴

　BBSの特徴として、肖紅慧は「公共性、迅速性、包容性と原生態性」を挙げている（肖2010）。

　ネット空間（サイバースペース）は非常にオープンな場であり、パソコン1台、携帯1つとネットワークさえあれば、誰でも無限大の情報にアクセスし、自らの意見を表明することができる。特に中国の場合、実社会においてマスメディアや公共の場における言論の自由が限られているため、BBSというネット論壇は言論が比較的自由に交わされる貴重な空間である。肖はBBSを一つの公共領域、つまり公共圏と捉えた。「BBSは一つの言説空間であり、情報提供、論評、協調などの機能を持つ『公共領域』でもある。誰でも意見を表明し、観点を述べることができる。公共領域として、BBSでは議論があり、論争があり、情報の交流と集約があり、意見交換と衝突もある。BBSにおいて無数の民意が集結しており、一定の程度で各階層と各地域の市民の意見と態度を反映し、現実の民意の反射である」（肖2010）。中国の現実では、完全に自由であるとは言い難いが、肖の指摘通りに、BBSは比較的公開性を持ち、民意の集結地の一つであると言えよう。

　次に、BBSでは迅速性を有しており、情報発表と意見交換の格好な「伝送路」であり、世論の醸成期間を短縮させている。肖によると、「BBSの情報伝達は非常に速い。何か突発事件が発生した場合、2時間以内にテキストや動画がアップロードされ、およそ6時間後に多くのウェブサイトに転載される。およそ24時間後には書き込みがクライマックスに達する。例えば、四川大地震が発生した3分後、天涯で最初のポストがアップロードされた。5分後、新華網

の当直版主も地震を感じたという情報を公表した。10分以内に、全国各地のユーザーによる地震関連の情報がBBSに殺到した」。このように、伝統のマスメディアと比べれば、BBSの情報伝送が非常にスピーディーで、情報集約能力も高い。

そして、BBSでは、多様な言論が交わされており、一般的には「包容的」であると考えられる。一部イデオロギー色が強いBBSを除き、多くの論壇では多種多様な意見が提示されている。極端な意見が優勢となる場合や不寛容な声も時々存在するが、多くの場合、提供された情報の中に間違いや、個人の強い思い込み、情緒的なものがあっても、そのまま表示される。BBSは「時間と空間の制限を突破しただけではなく、権力と階級の制限も時々突破できる。インターネットは『脱中心化』という特徴を持っているため、論壇に参加する者に平等的な環境を作った。誰でも一次的な材料に基づき、自ら報道、解釈、論評をすることができる。BBSは言論空間として、公衆に言論の自由とカーニバルの権利を提供し、情報と観点の集散地、民の声の集散地で、言論多元化の舞台である」（肖2010）。

最後に、BBSの特徴として挙げられるのが原生態性である。原生態性とは、ネットユーザーたちが自らの生活体験に基づき、率直な意見表明や、基本的な価値判断をすることである。その中に、独自の見解を述べるネットユーザーがいる一方、巷間の口論のように、罵詈雑言、非理性的・情緒的な発言なども多く見られる。同時に、風刺・揶揄・パロディーなど娯楽的な要素も混じっている。今までこのような、修飾されず、いわゆる「原生態的な」喜怒哀楽が公共的な場で表現される機会はあまりなかったが、インターネットというプラットフォームを通して展示されるようになった。「高手在民間」（才能のある人が民間にいる）という言葉のように、一般大衆の中に知恵と才能が多く蓄積されており、集合的知恵と即興的な創作は普段の生活に根を下ろしているだけに、共感が得られやすい。

一方、BBSは公開的、包容的で、充足性、原生態性があるが故に、流言飛語が伝播されるプラットフォームになる可能性が高いことも否定できない。それはBBSだけでなく、ほかのネットメディアにも共通する問題点ではあるが、BBSの情報は一定の整合性を持っており、ある発言に対する反論もすぐその下に表示できるため、ほかのネットメディアより抑制機能が強いとも考えられ

る。

　肖が指摘した4つの特徴以外にも、BBSの匿名性と平等性も重要であると考えられる。BBSでは、「馬甲」（ハンドルネーム）を使っての匿名の発言がほとんどである。匿名の発言でオピニオンリーダー的な地位を獲得するには、現実社会の肩書や名声に頼ることなく、完全に発言内容によるもので、言論の質の高さ、ネットユーザーからの支持が重要と思われる。例えば、「強国論壇で毎年『十大網友』（筆者注：トップ10のユーザー）が選出される。知名度の高い『数学』『雲淡水暖』などのユーザーは、自ら書いたポストやコメントでオピニオンリーダーの地位を獲得した。現実社会の身分や、資源や権威でもらったのではない」（向芬2011：222）。これはBBSでの相対的な平等性を意味し、匿名性は脱エリート化の傾向をもたらす。ネット外の実社会で地位が高い学者や専門家などでも、ネット上ではその言論が検証の対象で、例えば、主流経済学者の「謬論」はよくネットユーザーに徹底的に分析され、反論される。

　また、BBSでは、誰でも文字・写真・音声・映像をアップロードすることができる。オリジナルな情報（自らの観点を含む文章）を提供することもあるし、他人が書いた情報、あるいはマスメディアの記事を転載することも多い。さらに他人の発言、文章にコメントし、自らの意見や態度を表すという一連の言論活動は、伝統のトップダウン的なマスメディア・コミュニケーション方式を打破し、互いにつながり、フラットで、「蜘蛛の巣」状のコミュニケーション方式を生み出している。伝統メディアを中心とするコミュニケーション構造に対し、BBSの構造は「脱中心化的」だと言えよう。

　こうして、BBSでは情報の交流が行われ、ユーザーはさまざまな知見に触れることができる。また、特定の社会問題に関するユーザーたちの熱い議論は、政府の目にとまり、反応され、効率的に解決されるケースも存在する。ネット世論の形成においてBBSは大きな役割を果たしており、常に中国国内外から注目が集まり、実社会の世論を左右することもしばしばある。

・BBSの事例①――「強国論壇」

　「強国論壇」の最初の名前は「抗議北約轟炸南連盟大使館論壇」（駐ユーゴスラビア中国大使館に対するNATOの爆撃に強く抗議する論壇、略称「抗議論壇」）であった。1999年5月8日に、米国を筆頭とする北大西洋条約機構（NATO）の軍機は駐ユーゴスラビア中国大使館を「誤爆」し、数名の大使館員などが犠

牲者となった。この事件は中国の民衆の怒りを爆発させ、中国民間の反米抗議活動が相次ぎ、ネット上でも抗議する声が集まり始めた。人民網がこのような動きに対応して「抗議論壇」を設置し、この論壇がネット言論の一つの拠点となり、高い人気を集め、後に「強国論壇」と改名した。

　強国論壇は、学生デモをはじめとする情熱的な反米運動が起源で、当初は愛国主義の精神を呼び掛ける宣伝の場所として設立されたが、後にネットメディアとしても重要な地位を築き上げた。「中国において、実名で自由に発言することはまだ不可能であるので、匿名で、かなり自由度のある発言ができる電子フォーラムは、ずっと抑圧された状態に陥っていた民衆にとって魅力的な『言論特区』と言える」(祁景瀅2004:94)。つまり中国ではBBSは「電子掲示板」の情報の掲示・交流機能を超えて、言論の自由をある程度保障されている元祖「言論特区」とも言えよう。これは、長い間BBSが中国で人気を集め、また強国論壇は「民衆の声を取り上げている最も有名な論壇」「中華第一壇」など、人気の高い政治的BBSに成長してきた理由だと考えられる。

　2002年3月時点のデータによると、強国論壇の1日のアクセス数は30万ぐらいで、その利用者は90％が大学卒の学歴を持ち、96～97％は中国本土のユーザーで、残りの3～4％は香港・台湾などを含む海外のユーザーであった（祁2004:94）。2009年、筆者が行った調査では、ユーザーの属性について、男性が90％を占めており、年齢は20歳から50歳の間が80％ということが分かった。またユーザーのIPアドレスから見れば中国本土がメーンであることは変わっていない[注16]。強国論壇は「抗議論壇」から発展しており、「自強自立」「民族復興」が誕生の目的であったため、論壇の主旨もいかに内政を健全化させ、外交を成功させるかにある。だから、強国論壇での議論に参加してくるユーザーの政治意識が比較的高いことは言うまでもない。また議論に参加し見解を発表する際に、熱意だけでなく、政治・経済・歴史・外交の関連知識もある程度必要となる。ユーザーは、成人男性が圧倒的に多く、政府部門の関係者も少なくない。ただし、時事問題を議論する主論壇以外に、強国論壇にも多くの子論壇が存在し、中には健康・女性・趣味などを中心に議論し、必ずしも政治性が強くない子論壇も存在する。論壇の多元化も見受けられる。

　強国論壇でポストを投稿できるのは、アカウントを持つ「会員」になるのが必要条件であるが、会員となる手続きは簡単である。ユーザー名、ハンドルネ

ーム、パスワードを自由に設定し、メールアドレスを入力すれば、誰でも「会員」として登録できる。一方、会員にならなくても、ポストに対するコメントを発表することができる。ただし、この場合はハンドルネームの代わりに、発言するネットユーザーのIPアドレスが表示される。

　強国論壇は中国で時事問題を議論する論壇として非常に有名で、筆頭の官製サイトである人民網のブランドコラムとして多くの注目を集めているため、発言に対する管理が重視されている。強国論壇での発言に対しては、いわゆる三重の扉（ゲートキーピング）が存在する。

　1つ目の扉は「人民網ユーザー管理条例」の存在である。強国論壇で会員を含む全ての発言者は「管理条例」に同意することが求められる。

「管理条例」では、違法、公俗良識に違反する発言、あるいは商業目的の発言などが禁止され、投稿の方式、転載の仕方、文字や符号の使用など技術的なものも詳しく規定されている。論壇の運営に支障を来す言論・行為を禁止している。具体的な禁止事項は次の26項目に及んでいる。①憲法に違反するもの、②国家安全に危害を与えるもの、③国家利益を損なうもの、④民族団結を破壊するもの、⑤非合法的な集会やデモなどをあおるもの、⑥国家の宗教政策に違反するもの、⑦デマを伝播するもの、⑧ポルノや暴力を教唆するもの、⑨他人を侮辱・誹謗するもの、⑩非合法的な民間組織の名義で活動するもの、⑪人種・性別などを差別する言論、⑫法律・法規が禁止するもの、⑬未公開・未検証の情報（ユーザーが経験者の場合、連絡方法を管理人に教える）、⑭PCウイルスなど他人に危害を与えるもの、⑮剽窃や盗用のもの（転載の場合に出所を表記する）、⑯議論する意思と誠意がなく、正常な議論をかく乱し、悪意に満ちた言論、⑰内容が読みづらく空疎で、文字の錯誤が多いもの、⑱他のユーザーの閲覧に影響を与える内容や形式の文章、⑲重複的なポストとプライベート過ぎるもの、⑳他人のプライバシーに関連し、あるいは特定の人物あるいは管理人になりすまして発表したもの、㉑BBSに危害を与えるもの、㉒所在BBSと全く無関係な情報を大量に重複的に書き込むこと、㉓BBSの同意がなく広告を掲載すること、㉔ポストのタイトルと内容に、各種の変な符号を入れること、㉕ASCII（アスキー）コード、漢字全角などの符号シリーズを入れること、㉖短時間内に一つのアカウントで大量のポストを発表し、版面が一つのアカウントになってしまうような悪意ある行為。

2つ目の扉は、技術面におけるフィルタリング・データベースの存在である。基本的にはフィルタリング・データベースによって、投稿される発言に「敏感語彙」が含まれているかどうかが検閲され、引っ掛かる場合はその発言の投稿は自動的に遮断される。「敏感語彙」のリストは非公開で、また時代とともに変化をしている。一方、ユーザーも長年の経験で、一部の国家指導者の名前や政治事件などの固有名詞は「敏感語」であることを知っており、「敏感語」を表現したいときはピン音（pinyin、中国の標準語のローマ字表記）を使ったり、漢字の間に符号などを入れたり、簡単に分かるような言い換えをしたりすることで、フィルタリングによる検閲をくぐり抜けようとしている。代表的な例は、1989年の天安門事件は中国で一般的に「六・四事件」と呼ばれているため、「六・四」「6.4」「6月4日」などは全て「敏感語彙」となっている。天安門事件のことを言いたいとき、ユーザーたちは「5月35日」「8の二乗」などの表現を使うことが多い。

つまり、フィルタリング・データベースも万全ではない。ユーザーの知恵で、さまざまな対策を考え出すことが可能であるため、機械的なフィルタリングのみで全てを検閲することには無理がある。また、データベースに非常に膨大な量の語彙が入っていると推測され、時には全く問題がないと思われるポストもフィルタリングに引っ掛かってしまい、ポストやコメントが投稿できない場合がある。これは機械的なフィルタリング・データベースの欠点でもある。

3つ目の扉は人為的な検閲である。つまりBBS管理人による審査だ。前述のように、人民網のような大手の官製サイトの場合、BBSの管理人は全部人民網の従業員が担当している。管理人の主な役割は、フィルタリングの検閲をくぐり抜け、すでに表示されているポストやコメントなども常に目を通し、内容に違法性や過激な政府批判などの問題があるかどうかをチェックし、問題があると判断する場合、人工的に削除することである。また、フィルタリング・データベースで引っ掛かったポストとコメントを再度審査し、敏感語彙が含まれても内容的に特に「無害」だと判断する場合には、投稿を許可するのも管理人の役割の一つである。

強国論壇では、一般的に一つの子論壇に複数のBBS管理人が輪番制で当直する。審査の厳格さには管理人の間で個人差がある。少しだけ問題があると思われるポストに対し、比較的「厳しい」人はすぐ削除するが、比較的「やさし

い」人が一定の修正を施し、通過させることもある。筆者のインタビューでは、次のような「内部ルール」があることを了解した。①ユーザーの積極性に打撃を与えないように、政治的立場に根本的な問題がなければ、基本的に通過させるスタンスを取る；②非常にホットな話題に関して多くの書き込みが殺到する際に、罵詈雑言などが多い投稿は削除するが、普段書き込みがそれほど多くない場合は、修正にとどめ、削除をなるべく避けることである。つまり、人民網・強国論壇も人気度を重視しているため、場合により、ネットユーザーの発言に対し寛容な一面を示している。

・BBSの事例②──「天涯論壇」

　5.1.3項で説明したように、「天涯網」（天涯論壇）は天涯社区とも呼ばれ、ポータルサイトとは異なり、基本的にはBBSをベースにしており、自らを総合的バーチャルコミュニティーとして位置付けている。強国論壇に比べると、天涯論壇は時事性・政治性の強い論壇ではなく、人々の個人としての交流やつながりに重点を置き、「人文関懐」（人道的配慮）を大切にしている。1999年12月に、天涯論壇が中国コンピューター業界で発行部数最大の『電脳報』に「最も人情のあるコミュニティー」と評価され、2012年4月には「世界中国語BBSトップ100」の第1位に選ばれた。天涯論壇の登録ユーザー数も増え続け、2014年10月時点ではすでに9500万人を超えた。

　天涯論壇は商業サイトであるが故に、比較的自由度が高く、議論するジャンルが広い。一方、中国のあらゆるBBSは程度の違いはあるものの、強国論壇と同じくユーザーの発言に対する管理と制限があると考えられる。天涯論壇も例外ではなく、強国論壇と類似する三重の扉が設けられている。

　第一の扉は「天涯社区公約」である。制限されている言論は、主に国家が制定した「インターネットニュース情報サービス管理規定」（互聯網新聞信息服務管理規定）（詳細はp.168を参照）に準拠している。

　第二の扉は天涯自身のフィルタリング・データベースの存在である。その中身は公開されていないが、強国論壇などと類似していると思われる。

　第三の扉はBBS管理人制度の存在である。天涯論壇にも人為的にネットユーザーの発言に対する審査や管理などの役割を担当する管理人が設けられている。ただし、天涯でのBBS管理人制度の具体的内容は官製サイトの強国論壇と異なっている。天涯論壇の管理人は下から上の順で①版主、②管理員、③議

事員、④元老の4段階に分かれている。これらの「役職」は基本的にはユーザーが申請して、ボランティア的に担当している。ここでは、直接にBBSの管理、ポストとコメントの削除権限を持つ版主（ネット用語：斑竹）にフォーカスして考察する。

天涯社区の会員で、不良記録がなく、以下の条件が満たされれば、誰でも「天涯社区斑竹申請表」を提出し、版主の申請ができる。①天涯社区のユーザー歴が半年以上、②登録回数は100回以上、③「天涯社区公約」を順守する、④実名で天涯社区の認証を受ける。それ以外に、申請者は十分なオンラインの時間を保障し、志願して義務的、長期的に天涯社区と他のユーザーのためにサービスすることが要求される。

申請が通れば、版主には以下の権利が付与される。①管理対象のBBSの操作を管理する権限、②管理者用のBBSに登録し発言する権限、③国家法律および社区、BBSの規則の範囲内で、関連の活動を企画・実施する権利、④社区の版主の手当待遇（天涯ポイントの支給）を受ける権限。

そして、所在BBSにおける版主の操作管理権限は以下の通りである。①ポストとコメントの質を判定し、良質なものを他のユーザーに推薦する権限、②発言にポルノと低俗な内容、「敏感的」内容、スパム的な広告などが含まれる場合、発言を削除する権利、③所在BBSのポストの編集権、④社区の規則に違反するポストに対し、「レスポンス不可」と設定する権限、⑤規則を順守しないユーザーに対し、発言権を制限する権限。

天涯論壇ではさらに版主に対し、一連の考課制度も設けられている。考課に合格した優秀な版主は、一定の条件が満たされれば、より高い権限等を持つ管理員、議事員さらに元老への進級を申請できる。一方、「不合格」と評価される版主は、深刻な問題がある場合、例えばユーザーから賄賂をもらってポストを削除したりすれば、その資格が剥奪されることもある。

このように、天涯論壇ではボランティア的な版主制度の存在により、BBSの日常管理は基本的にユーザーに任せていて、ユーザーの「主人公」意識が高いことにつながっていると考えられる。天涯社区のオンライン者数は常時100万人を超えているため、インターネットの伝播効果によって、その影響力は発行部数100万部以上のマスメディアにも劣らない。今まで天涯論壇で熟議され、有名になった社会事件は数多く存在し、その中身は個人の感情問題（毒物服用

自殺事件）から官僚腐敗問題（フィッシング取り締まり事件、p.129 参照）まで、幅が広く、ここでは天涯サイトの「天涯大事記」というコラムを参照しつつ、以下に幾つかの代表的な事例を挙げてみたい。

①2004年、天涯社区ではハンドルネーム「南湖居士」のユーザーが「2つの農村小学校と1人の教育支援者」というポストをアップロードし、貧しい農村部で小学校の教員を務める徐本禹を紹介した。ポストは大きな反響を呼び、25万以上のクリック数（ページビュー）と3000以上のレスポンスを獲得した。「農村教育支援」という話題が熱く語られ、2004年12月、徐が中国中央テレビ局（CCTV）の「2004感動中国」年度人物に選ばれた。徐は「天涯を感動させてから、中国を感動させた」例として有名である。

②2006年12月中旬、ネットユーザー呉坤強が「一人の民営ガソリンスタンドの経営者が中国ガソリン価格長年の値上げについての感想」という文章を天涯で発表し、大きな反響を呼んだ。そののち文章が多くのウェブサイトに転載され、CCTVも呉にインタビューした。それから、ガソリンが値下げとなり、この事件がガソリン価格の変動に一定の影響をもたらしたと考えられている。

③2007年「華南虎事件」。10月12日、中国陝西省政府の林業庁が記者会見を開き、虎が写っている写真を公開し、絶滅したと思われた野生華南虎が発見されたと発表した。しかし写真を見た人々がその真偽を疑い、インターネットで熱く議論するようになった。ネットユーザー「党指揮槍」が「天涯第一貼」を発表し、真相追及を呼び掛けた。最終的にネットユーザーによる情報収集分析によって、写真が偽物であることが判明し、陝西省政府が謝罪し、関係者が処分を受けた。「ネットユーザーが勝ち取った大きな勝利」として有名な事件である（詳細は6.2節 p.189参照）。

④2009年の「最牛団長夫人」事件。准軍隊組織である新疆生産建設兵団のある団長（軍の肩書の一種、中間層の幹部である）の夫人は敦煌の莫高窟（ばっこうくつ）を観光した際に、手で壁画に触ろうとし、解説員に阻止された。怒った夫人はその場で19歳の女性解説員をののしり、ひっぱたき、その態度が非常に傲慢であった。同行した団長も夫人と同じ態度をとり、自らの権勢を誇示した。その場にいた観光客が携帯電話のカメラでこの一幕を記録し、天涯サイトに投稿した。天涯のユーザーたちは団長夫妻の行為を批判し、団長夫人は「最牛（最も偉い）団

長夫人」と揶揄され、責任を追及する声がほとんどであった。これが他のネットメディアにも転載、熟議され、数十社のマスメディアも報道した。結果的に夫妻は免職処分を受けた。

　⑤2009年、上海「釣魚執法」事件。「釣魚執法」（フィッシング取り締まり）とは、司法機関や政府部門がおとりで不法・不正を摘発することである。上海で無許可営業タクシー（白タク）を取り締まる過程で、助けを求めた「おとり」を市民ドライバーが好意で自家用車に乗せたが、「おとり」から小銭が一方的に渡されたため、白タクの容疑をかけられ、何人も摘発された。無実の罪を着せられた市民ドライバーの中で、身の潔白を示すために、自らの指を切って抗議する人も現れた。インターネット上でこのことが熱く議論され、当局の取り締まりが不当であると批判され、当事者の張暉が天涯で発表したポストが広く転載され、多くのコメントが寄せられた。結局事態を重くみた上海市は再調査を行い、市民ドライバーの無実が証明され、責任者の処分も行われた。

　⑥2010年1月の「烏頭碱」事件。ネットユーザー「也曾走過」が毒物を服用し自殺を図り、毒物を飲んだ後の体の変化を天涯BBSで公表し、自殺の中継を試みた。深夜にもかかわらず、中継を見た多くのネットユーザーが徹夜でやめさせようと説得し、勇気を持って生きようと励ました。時間が経過するにつれて、「也曾走過」の病状がひどくなり、書き込みの更新が中断されたため、ネットユーザーたちは版主の協力を得て、「也曾走過」のIPアドレスからその所在地を特定し、現地の警察などに通報した。最終的に「也曾走過」は家族に発見され、病院に搬送され、治療を受け回復した。ネットユーザーたちの行動は直接救助につながったわけではないが、ネットユーザー間のつながりを示す事例としては有名である。

　このように、天涯論壇は国家や国際問題のような時事的・政治的大事件にフォーカスするのではなく、常に身近で日常的なものを取り上げている。天涯論壇には一つの社区（コミュニティー）という位置付けがあり、また「人文関懐」の伝統があるため、ネットユーザーの間では対面でなくても親近感が芽生え、粘り強く議論する傾向が見られる。版主も一般ユーザーから昇格した者が多く、常連ユーザーにとっても身近な存在である。ユーザーが本当に興味関心を持つ話題をすぐに「推薦」することができ、ユーザーとの対話もよくある。さらに、

天涯社区には常に多人数のユーザーがオンラインしているため、何かあると広範かつ深い伝播が可能で、他のウェブサイトも早速「転載」などを行うため、ネット事件が発生しやすく、ネット世論の形成が早い。また、マスメディアの記者なども天涯論壇、特にトップページの「頭条」などに注目し、事件があると追随的に報道することが多い。このように、天涯論壇はアジェンダ・セッティング（議題設定）の機能を持ち、これまでのネット社会事件の重要な震源地であったと言えよう。

・BBSの問題点

　BBSは長年ネット世論の主導者という地位を維持してきたが、近年、その地位が脅威にさらされ、全体的にネットユーザーが急速に増える中、BBSのユーザー数の上昇が相対的に緩やかで、利用率は2007年前後をピークとした40％前後から2012年は30％弱に下落した。ブログ、微博などの新しいネットメディアの発展によって、BBSはすでに主導的地位を失ったという意見も存在する。「2011年中国互聯網輿情分析報告」ではBBSと微博（ミニブログ）を比較し、以下の見方を示した。

　①微博が繁栄する現在の時代に、ネットユーザーの情報伝達および閲覧の習慣が徐々に零細化していくのに対して、BBSを利用する際には、文章化、論理性などが必要とされている。

　②微博の管理が比較的緩いのに対して、BBSには管理人（ゲートキーパー）が存在し、管理が比較的厳しい。

　③微博がより迅速に情報伝達できるというイメージを獲得した。例えば、2011年10月にメコン川中国船員殺害事件について、最初の情報は天涯BBSで公表されたが、その後大量の情報が微博に流れ込み、当事者も微博に情報を追加した。BBSでニュースのネタを探すマスメディア記者も、陣地を微博に移転させた。

　このような状況の中で、BBSのオピニオンリーダーたちが大勢流失してしまった。多くのリーダーたちが、メーンの言論の場を微博にするか、個人のブログにするか、さらに米国発のツイッターを利用するようになった。結局、BBSでは質の高いオリジナルな思想性に富んだ文章が減り、全面的に質が低下していると考えられる。

　一方、同「分析報告」では、地域BBSの状況はまだ悲観的ではないと指摘

した。地域 BBS の話題には地元の特色があり、同じ都市というソーシャル・キャピタル（原文：社交資源）にも関連しているため、ある程度は微博の影響を避けることができた。また、屋外運動、旅行、撮影などの専門性の強い小さい BBS は、専門性と緊密性のおかげで、ほとんど影響を受けていないという指摘がある（祝華新ほか2012）。

　新メディアがもたらした衝撃によって、ネット言説空間における BBS の影響力は低下しているが、依然として世論の重鎮であることは間違いない。「人々が何か関心のあるネット社会事件についての全面的・深層かつ理性的な理解と分析の際に、BBS は、整合、分類、深く掘り下げるなどの優位性を持ち、複雑な意見や観点を整理する機能を持つ。従って、情報の速報性は、微博には及ばないが、コミュニケーションの有効性が高い」と指摘されている（祝華新ほか2012）。微博などの発展により情報の零細化と断片化が進むなか、より広範な情報を得るために、ユーザーが BBS に回帰するような動きも見られた。2014年7月の統計によると、2013年12月から2014年6月の半年間で、微博の使用率は1.9％下落したのに対し、BBS の使用率は3％上昇した。

5.2.2　ニュースの集散地、ニュースサイト書き込み欄（コメント欄）

　ネットユーザーたちが意見を表明するもう一つの重要なプラットフォームは、ニュースのコメント欄である。中国では、官製サイト、大手ポータルサイトをはじめ、ほとんどのニュースサイトには、ニュースを表示するページの下にコメント欄が設けられている。例えば、官製サイト人民網の「我要留言」（私は言葉を残したい）、大手ポータルサイト新浪網と騰訊網では「我要評論」（私は評論したい）、網易の「発貼区」（投稿区）、捜狐網の「我来説両句」（私に少し言わせて）等のニュースコメント欄が挙げられる。ネットユーザーがニュースを閲覧した後に、コメント欄に自分の感想、意見などを書き込むことができ、ほかのユーザーもそれを読むことができる。

　そして、多くのニュースサイトのコメント欄では、ニュースやコメントに対して「支持」「反対」などを表明する選択肢が提供され、ユーザーが選択した結果の統計数値も表示される。さらに、近年では、ニュースコメント欄には、より簡単に態度表明できる手段「表情絵文字」が並んでいる。多くの場合、たとえ論評機能が閉鎖されても、絵文字の集計結果は表示され続け、そこから読

者の反応を読み取ることができる。

・ニュースコメントの特徴

　伝統的なマスメディアの論評との比較で、唐紅と王懐春（2011）はネット空間におけるニュースコメントの特徴として、大衆性、簡潔性、インターラクティヴ性、趣味性を挙げた。

　伝統的マスメディアの論説はプロフェッショナルな論説委員が書き、政治・社会問題などについて、メディアとしての見解と立場を表現する。論説の内容に対して、マスメディアは「ゲートキーピング」をしてから発表し、組織として責任を負う必要がある。一方、ネットのニュースコメント欄は、一般のネットユーザーが自分の意思で発表した個人の感想と意見なので、匿名であるが故に、一般的に内容に問題があっても責任を追求されることがないから、恣意的ではあるものの、素直な意見が書きやすい。ほとんどのニュースサイトは「コメントはネットユーザーの個人的な観点を代表するもので、本サイトの立場を代表するものではない」という類いの声明を出しており、サイト自身への責任波及を回避しようとしている。ネットユーザーのコメントに対し、ニュースサイトには一定の審査が存在するが、コメントの内容が編集されることはあまりない。つまり、コメント欄に表示されるコメントは、審査などの存在によってコメントの妥当性について議論の余地はあるが、ネットユーザーの生の声であり、多くの一般大衆の意見が反映されていると考えられる。

　また、伝統のマスメディアの論説はまとまった文章であり、観点・論拠・結論などの構造を持ち、一定の字数があるのが一般的である。一方、コメント欄のコメントはニュースに依拠して、即興的に書き下ろした意見と感想であるため、二言三言で言いたいものだけを書くのが普通である。観点だけで、論証過程がないものが多い。また、簡単な比喩と風刺、表情を表す絵文字だけの時もある。つまり簡潔性という特徴がある。

　さらに、伝統のマスメディアの論説は、メディア間の論戦の場合などを除いて、一般的に「送り手から受け手へ」という一方通行で「一対多」のコミュニケーション方式となっている。これに対して、コメント欄は「多対多」「群発的」なコミュニケーションである。ニュースそのものだけでなく、コメントへのコメントもできるため、「個人独白」「局部の議論」「全体の議論」など多様な場面が存在する。議論をずっと続けることも可能である。

最後は、趣味性である。伝統的な論評はオフィシャルな立場に立ち、厳粛な言葉遣いとなることが多い。たとえ文章が面白く、ユーモアがあふれるとしても、論評としての全体の一貫性は保たれている。一方、コメント欄のコメントは、一般のネットユーザーのその場での感想と心得であるため、さまざまな内容がある。極端な観点や、荒い言葉遣い、罵詈（ばり）、またパロディー・野次馬も存在し、まるで巷間（こうかん）のけんかとなる場合もある。低俗で見苦しい言論がある一方、生活に根を下ろした活発で面白く、生き生きとしたコメントも多い。このような議論のプラットフォームの存在は、読む人にニュースに対する理解と認識を深めさせると同時に、リラックスと楽しさももたらす（唐・王2011：72）。

　ほかに、北京大学の大衆文化やメディアを研究する学者の張頤武は、ニュースに対するネットユーザーのコメントに３つの特徴があると分析している。まずは、瞬時性である。コメントはネットユーザーがニュースやポストを読んだ後に瞬時に起こった反応で、その瞬時に好きと嫌い、是と非の判断が付く。次は、直感性である。コメントの中で出された判断は、ユーザーが広範な情報を把握し、理性的で緻密な分析を通して得られたものではなく、直感や経験からの推論である場合が多い。最後は、群体性である。たった一人の匿名ネットユーザーのコメントやレスポンスであれば、誰も注意しないが、類似する多くの意見が合流する際には、「公意」や「民意」になるため、大きな影響力を発揮する（張2013：154）。

・ニュースのコメント欄の機能

　ニュースのコメント欄の機能について、次の３つが挙げられる。

　１つ目は、ニュースを分析、洞察する機能である。例えば、「わが国の法定定年年齢は65歳まで引き上げられるかも」というニュースに対し、「いい職の人はずっと仕事をし、無職の人はずっと仕事がないことを意味するんじゃない？」というコメントがあった。このコメントは簡単ではあるが、ニュースが伝えた政策に隠された矛盾を鋭く指摘したため、多くのユーザーが「いいね」を送った。「複雑なニュースに関して、一人の個人、一つの立場、一つの視点では、本質をつかむことは難しい。しかし、集合的な議論と知恵のぶつかりは、思想の火花を放ち得る。それによって、認識を少しずつ明晰（めいせき）化させ、正確にさせることができる。ネットニュースのコメントもこのような集合的な議論の場の一つである」（唐・王2011：73）。

2つ目は、世論の傾向を示す機能である。各種のニュースに対するネットユーザーの反応では、映画スターやアイドルの服装、動向、人間関係などに対してページビュー数が多いかもしれないが、コメント数が少ない。一方、重要な社会・時事問題に関しては、ページビュー数が多いだけでなく、コメント数も多いのが一般的である。大量のコメントに、一般のネットユーザーの意見が表明され、世論の傾向がある程度読み取れる。

3つ目は、情緒のはけ口となることである。論評と呼ばれるものは、理性的な思考や緻密な分析が必要である。一方、コメント欄では必ずしも理性的ではなく、情緒的なものが多い。重大なネット事件について、ユーザーの気持ちをよく表すコメントは、何回も引用されている。コメントの繰り返し自体は、ネットユーザーの情緒の反映である。実社会に意見表明する場所が少ない中で、これは一つの情緒のはけ口となる。

ニュースコメントのこれらの機能に対する積極的な評価がある一方、ニュースコメントに対する危惧も存在する。例えば、張頤武の意見では、ニュースコメント欄における多くのコメントには、明らかに「非理性的」な要素がある。事実が歪曲(わいきょく)され、観点が誘導される恐れがある。非理性的意見は、理性的な議論の空間を縮小させ、異なる意見との本当の交流を減らすこととなる。いわゆる議論を通して「意見の選好」が見られず、結局「集団極化」をなす効果があり得る。また、少数派の違った意見を持つ人が沈黙させられ、結局その場を離れてしまうという「沈黙の螺旋(らせん)」効果も見られる。「ネット暴民」という言葉のように、コメント欄の欠点も明らかである（張2013：157）。

以上の考察は主にニュースのコメント欄を中心としたものであるが、BBSのコメントと通じる部分も少なくない。コメント欄は、ユーザーたちの即興的な意見の集散地で、ユーザーたちの知恵とユーモアも凝縮されており、現実への洞察、および世論形成の重要な場である。一方、張の指摘のように、事実関係などについて明確な判断が付く事件に対し、コメントの意義は大きいが、道徳・イデオロギー・外交問題など、より複雑でより緻密な議論が必要な問題に関して、コメント欄の意義は限定的であると考えられる。

5.2.3　ブログと微博

現在、中国ではブログ、微博も利用者が多く、高い利用率を獲得している。

2012年時点ではブログ、微博の利用者はともに3億人を超え、利用率が50％を上回った。BBSが長い時間をかけて人気を獲得し、維持してきたのとは異なり、ブログもミニブログも爆発的に普及が進んだ。

(1) ブログ

中国でブログの萌芽的な存在は1998年にさかのぼることができるが、メディア研究者 Zhou Xiang によると、中国におけるブログの発展の初期には次の3つの重要なステップがあった。①2002年8月に「Blog China」（博客中国）という中国最初の正式なブログサイトの設立、②2002年12月にブログ現象に関するシンポジウムの開催、③2003年の木子美の性愛ブログの公表（Zhou 2009：1006-1007）。特に、「木子美」現象が予期せぬ効果でブログの認知度を大幅に向上させた。その後、2005年に新浪網が「中国第1回ブログコンテスト」を主催して、ブログサービスを提供するようになり、ブログが中国で急速に普及し始めた。

中国におけるブログは欧米諸国や日本などと大差がなく、その大半は一般人の日常的な記録で、「公開される日記」という感覚で使われることが多い。また、ユーザー自身の操作で、文字・写真などが掲載でき、トップページの色彩やデザインなども変えられるので、個人のウェブページとしての機能も充実している。一方、ブログは公開日記や個人ウェブページと異なり、主に一つの言論空間である。ブロガーが日常生活の記録をするほかに、時事類のニュースを転載したり、社会問題について自らの見解を書いたりすることができる。またこれらの話題に関して、他人からのコメントとフィードバックを受けることもできる。

「Blog China」（博客中国）の創設者である方興東によると、一般人によるブログへの参入に障壁はゼロで、つまり「ゼロ編集、ゼロ技術、ゼロコストとゼロ形式」（方2003）が指摘された。ゼロ編集とは、ブロガーが随時に文章を作成・公表・編集・修正できること。ゼロ技術とは、ブログの使用が非常に簡単で、技術への要求が低いこと。ゼロコストとは、誰でも無料でアカウントを申請できること。ゼロ形式とは、ブログのページと内容の表現方法が多種多様で、固定の表現形式がないことである。これらの4つのゼロは、ある意味でインターネット共通のものであり、BBSなどにも当てはまると考えられる。

一方、メディア研究者魏武揮と魏永征によると、ブログとBBSには一つ大

きな違いが存在する。それは、BBSが言論の広場であるのに対し、ブログはサロンに近いことである（魏・魏2008）。言論の広場において、誰でもそれぞれの関心事について発言できると同時に、BBSの管理人が言論に対し一定の管理を行う。ブログはサロンに近いため、主な発言者は持ち主であるブロガーで、ほかの参加者（閲覧者）は、基本的にブロガーが設定したテーマに対してしか発言できない。また、サロンの言論の管理権も、基本的にブロガー自身にある。こうしたブロガー自身がブログを管理することを、「ゼロ機制」（ゼロ制度）とも呼ぶ（張萍2007：22）。

　匿名性と非匿名性に関しても、ブログとBBSには大きな違いがある。BBSは基本的に匿名であるのに対し、ブログは場合によっては実名だけでなく、顔写真まで掲載されることが多い。非匿名性のおかげで、ブログへの信頼度が高いという指摘がある（魏・魏2008）。

　有名人はブログを開設することにより、伝統メディアを介さずに直接に読者に情報提供ができ、さらにフィードバックももらえるため、メリットも大きい。新浪網が「新浪ブログ」のサービスを提供した後、政治言論人、人気の俳優・女優、有名学者、そして金融・ITなど特定分野の専門家の多くが相次いで新浪網でブログのアカウントを開設した。新浪ブログの総合ランキングでは、韓寒（作家・カーレーサー）、柴静（記者）、徐静蕾（女優・監督）、易中天（学者）などがトップ10入りを果たした[注17]。7位の徐静蕾は中国では代表的な女優の一人であり、新浪では「老徐」と自称しており、一般人感覚で淡々と日常生活をつづり、時々社会問題に意見を述べ、2006年「中国博客第一人」というタイトルを獲得した。

　また、一般人もブログを持つことで、身近な情報を提供し、社会の出来事に対して自らの意見が述べることができる。一定の独創性や思想性があれば、人気度が高くなり、多くのコメントを呼び寄せることも可能である。

　例えば上海の1人の女性である于娟のブログ「活着就是王道」（生きることが王道である）は一躍有名になった。于は留学の経験を持ち、大学の講師を務めたが、有名人ではなかった。しかし、がんで倒れた後、于は闘病生活について継続的にブログにつづり、病気になっても楽観的な人生態度を示し、病気の原因について客観的かつユーモラスな分析を行い、読者が徐々に増えた。于は2011年に亡くなったが、ブログに書かれていた文章が一冊の本『此生未完成』

にまとめられ、出版された。そのほか、「中国公民記者第一人者」と呼ばれる周曙光が、IT技術を駆使することで、政府による遮断を突破し、中国社会での見聞をブログに記録・公開することにより、無名から有名人になった。

　このように、ブログのテーマと内容にブロガー個人の特徴が強く表れ、多くの共鳴を引き起こす場合、ブロガーを有名にさせる可能性が高い。有名人でも無名人でも、ブログを使用することにより、マスメディアを介さずに情報を公表することが可能になり、重要な「情報伝送路」を手に入れたと考えられる。そして、単一のブログのコミュニケーション構造は、一般的にブロガーを中心とする「1対N」（1対多）だと考えられるが、同じテーマのブログが多数存在することにより、ブログもコレクティヴ・ジャーナリズムの実践の場になり得る。

　2006年に起きた当時の上海市トップ陳良宇の失脚事件に対するブログの論評などを対象に、Zhou Xiangは言説分析を行い、中国における「blogosphere」の形成を提起した。Zhouによると、政治的な事件に関しても、中国のネットユーザーが迅速に反応し、ブログを利用してメーンストリームの見解と異なる意見と議論を発表することが可能であり、さらに政府への批判的な声を上げることができた。陳良宇事件において、情報ソースをある程度外部に依存しながら、ネットユーザーたちが積極的な書き手であることは実証された（Zhou 2009: 1015）。ブログはBBSほどフラット性はないが、何か事件があるときに、ユーザーの意見が集中的に表明され、一つの世論の場になっている。

(2)　微博（ミニブログ）

　近年ブログよりも人気が爆発的に高まったのは、中国版ツイッターとも言える微博である。中国では米国生まれのツイッターへのアクセスが遮断されており、その代わり微博が誕生した。

　微博はユーザー数の増加速度が一番速いネットメディアである。高速無線通信のインフラ整備の進展、スマートフォンの普及と重なり、中国における微博のユーザー数が右肩上がりで急上昇した。2010年末に微博のユーザー数が6311万人であったが、半年後の2011年6月に1.95億人に達し、さらに2013年6月には3.3億人に達した。新浪、騰訊、搜狐、網易の4つのポータルサイト以外に、人民網、新華社、CCTVなどのニュースメディア、天涯、TomなどのSNSメ

ディアも微博を開設した。さらに「百度 i 吧」「google+」なども微博の性質を持っている。現在、新浪、騰訊 2 社のユーザー規模が一番大きく、両方とも登録者数が 2 億を突破した。

・微博の機能と特徴

　微博はツイッターを模倣して開発されたものであるため、テキスト文書を発表する基本機能はほとんど変わらず、140 文字の制限も設けられている。一方、初期のツイッターと異なり、微博には写真・ビデオを添付する機能が追加されている。ツイッターの場合、写真やビデオを添付する際に、表示されるのが変換された後のリンクであるため、写真を見るためにリンクを開かなければならない。一方、微博では写真がそのまま表示され、情報伝達のインパクトがより強いと考えられる。

　情報伝達量という点において、ツイッターより微博の方が優れていると思われる。まず、アルファベットと漢字の情報量が違う。漢字は 2 次元的な象形文字であるため、一つの文字により多くの情報が載せられており、140 文字でも十分にニュースや情報を伝達することができる。さらに、写真添付機能によって、140 文字の制限を突破する「長微博」が可能となる。文字・図表・写真などが PDF（Portable Document Format）化され、写真として添付されるので、実質的に字数の制限をなくし、より詳細に問題を説明することができる。

　微博の使用は非常に便利で、個人が気軽に「誰が、どこで、何をやっている」という情報発信が可能である。意見表明する際には、今までの BBS やニュースのコメント欄で何か言葉を書かなければならないが、微博では「いいね」とクリックするだけで支持などを表明できる。ボタン一つを押すだけで、読んでいる他人の微博の転載もできる。微博の文字数が少ないため、携帯端末などでも十分に対応可能で、インターネットに接続する携帯ユーザー数の増加は、微博の使用者数の増加にもつながっている。スマートフォンを使って、場所にほとんど制限されず、少しの時間で受信と送信ができる。

　そして、微博にはフォローの機能がある。他人の微博に興味を持てば、その微博をフォローし、つまりフォロワーになると、その内容が更新されるとほぼ同時に読むことができる。さらに、一般的にフォローする人とフォローされた人とも、相手が誰をフォローしているのか、誰が相手をフォローしているのかを確認し、気になる微博を新たにフォローする対象に加えることができる。こ

のようなフォローの関係が連鎖反応的につながり、人と人のネットワークが無限に広がる。

　利用者が多く、文字と写真を迅速に発信できる微博は、ニュースの速報に非常に適している。例えば、2011年に発生した「7.23」中国高速鉄道事故において、最初に情報を発表したのは車両内に閉じ込められた乗客の微博であった。

　公的機関、メディア機構、企業なども微博の影響力を重視し、公式アカウントを開設し、情報発信を行っている。

　また、微博では有名人が実名で利用する傾向がブログよりも一層強くなり、普段テレビや新聞でしか名前が見られない「高根の花」である有名人や学者を常時、気安くフォローすることができる。

・「大V」の功罪

　微博の利便性、コンテンツの豊富さに伴い、ユーザー数が急速に増加するにつれて、微博で特殊な人たち、つまり大量のフォロワーを持つ「大V」（オピニオンリーダー）が出現した。大Vとは、微博での言論活動が活発で、かつ10万人以上のフォロワーを持つユーザーのことである。Vは「Verification」（証明、立証）に由来したもので、有名人や団体などの微博が実名認証を経て使用される。アカウントの前には、Vという符号が付く。新浪微博の例では、個人の場合のVはオレンジ色で、メディアや政府部門、企業などの公式アカウントの場合、Vは藍色である。

　個人である大Vは現実社会でも知名度の高い、芸能人、有名学者がほとんどである。関連統計によると、新浪と騰訊微博では、フォロワー数が10万人以上の大Vは1.9万人で、100万以上の大Vは3300人以上、1000万人以上の大Vは200人以上いるという。大Vらは膨大なフォロワー数を有し、その発言や転載がすぐ注目されるため、マスメディアほどの伝播効果を持つ。大Vはオピニオンリーダー的存在であると言っても過言ではない。

　大Vの存在は、微博という言説空間において一定の積極的な意味を持っている。微博では、人々の間のコミュニケーションは基本的に「点」対「点」的な伝播方式となっており、BBSのような一覧性がなく、微博から得られる情報は、ユーザー自らが選択・フォローした対象に左右される。一人ひとりのユーザーは大海に泳ぐ魚のような存在で、全く知らない他のユーザーとの出会いは困難で、情報の交流や議論などはさらに難しい。その中で、大Vの微博は

餌場のような役割があり、同じ大Vをフォローすることにより、ユーザーたちがつながる。さらに、大Vの微博にコメントすることで、ユーザーたちが集まって、意見交換や議論することもできるようになる。すなわち、大Vは微博というプラットフォームでは、「点」と「点」をつなぐ役割を果たす。

この延長線上で、現実社会で何か問題に遭遇する人々は、微博のコメントを通じて大Vに助けを求めることがしばしばある。大Vが発言してくれれば、その影響力で問題の解決が迅速に得られることもある。この意味では、大Vは一般ユーザーと、公権力などとの間のコミュニケーション通路的な役割も果たしている。もちろん、大Vが大Vでいられるのは、大量のフォロワーの存在のおかげである。

一方、大Vはその影響力を乱用することもある。例えば、PR会社と結託して、企業のソフトな広告宣伝や、競争ライバルを誹謗中傷するような内容を微博で発表する見返りに多額の収入を得ることがある。また、大Vが人気度を維持するために、過激な言論やデマなどの偽情報を意図的に発表することもある。

大Vの商業的な価値などに関連して、ネット上で微博のアカウントの売買も存在する。「流量先鋒」と呼ばれる微博フォロワー交易プラットフォームでは、以下のような宣伝フレーズが存在する。「フォロワーは100を超えれば、自己娯楽；1000人を超えれば、布告欄；1万人を超えれば、雑誌；10万人を超えれば、都市新聞；100万人を超えれば、全国新聞；1000万を超えれば、テレビ局。1億を超えれば、CCTV；10億を超えれば、あなたは春晩＝紅白歌合戦（p.149参照）」。ここでも大Vのメディアの効果が生き生きと表現されている。大Vレベルに届かなくても、数万人のフォロワー数を持つアカウントにも一定の影響力があり、商業広告の価値があるため、売買されている。

・微博の問題点

2010年以降、微博は勢いよく順調に拡大してきたが、問題も幾つか抱えている。「脱微博化」や「微博熱が下がる傾向にある」とも言われるようになっている。

2013年7月に公表されたCNNICの調査結果では、微博の利用者数は依然として増加しているが、その勢いは落ちており、脱微博化の兆候がすでに表れている。CNNICのアナリスト、劉鋒によると、微博ブームが後退する原因には、

PC利用のネットユーザーの伸びの減速、携帯電話利用のネットユーザーにおける微信（WeChat）[注18]、ニュースAPPなどの利用拡大の脅威のほかに、微博の商業化がラディカルに進むことがユーザー離れを招いている。例えば、新浪微博はプライベートメッセージの推進、強制的な広告の流布、同質的なマーケティングなどをユーザーに押し付け、ユーザーたちの反感を買った。そして、最も重要な理由と考えられるのが、微博には良質な内容が減少し、魅力が減退していることである。初期段階では、「微博と新聞聯播[注19]とは全く別世界だ」、「微博の情報量がとてつもなく多い」「微博から見た世界は残酷だ」などの評価が付いていた。「残酷」というマイナスな意味の言葉も、ここではプラスな意味で解読することができる。つまり、真実であるがゆえに、残酷である。言い換えれば、初期段階では、微博が有している情報の真実性、快速性、大量性などの特徴が、ほかのポータルサイトなどと差別化されるため、人気が高かった。しかし、現在微博にも敏感語彙（ごい）のフィルタリング・データベースが設立され、書き込みの削除やユーザーアカウント閉鎖などの現象が増えている。同時に、草の根ユーザーの書き込みのオリジナリティーが減少し、同質化・重複の内容が増えている。

　上述の分析は2013年上半期までの状況に基づいたものであるが、2013年後半以降、この「微博離れ」はさらに加速した。2013年8月19日に、習近平国家主席が「全国宣伝思想工作座談会」で「イデオロギーの仕事は党にとって非常に重要な仕事である」と演説した。その後、中国でネット言論に対する規制が一層強化され、最も影響力のある微博である新浪微博では、「七つのボトムライン」に違反したとされるアカウントに対して、短期間の言論禁止、永久的なアカウント封鎖などの処罰が行われ、その数は10万個以上に上った。同時に、微博はデマの散布の温床ともみなされ、複数の「大V」がデマを広く散布した罪で逮捕された。その中に、1200万人以上のフォロワーを持つ「大V」薛蛮子は買春の罪で逮捕された後、情報を確認せずに軽率に情報を転送し、デマの波及を助長したことを認めた。民間人の「大V」が逮捕された一方、多くの政府部門はアカウントを開設し、微博空間における「ナショナル・チーム」（国家隊）の影響力を拡大しようとしている。

　微博空間でも言論の自由度が低下し、微博人気に陰りが見え始め、2013年中期をピークに微博の利用者数が減少に転じた。

5.2.4 各種ネットメディア（プラットフォーム）の比較

5.2.1～3項では、ネット空間におけるネットユーザーの言論活動の主なプラットフォームとしてBBS、ニュースサイトのコメント欄、ブログ、微博を考察した。

BBSとニュースサイトのコメント欄は比較的類似性が高く、意思表明と意見交換の場として、長い間中国のネットユーザーに親しまれている。

特にBBSは、「ポスト」に投稿する（スレッドを立てる）ことで、オリジナルなアジェンダ・セッティング（議題設定）ができ、特定の話題に対し意思表明と意見交換が行われるため、「議論の場」として認識されている。従って、BBSの中国語は「論壇」で、「世論の発祥地」として重要視されている。BBSで議論された話題、特に多くの関心を引き付ける話題は、一般のネットユーザーから比較的共感の得られやすいパブリックな事柄が多い。個人的な遭遇であっても、一定の社会的共通性があれば、注目されやすいことも確認できた。

張頤武は、ニュースのコメントとBBSのコメントを一つの文化、つまり「跟貼[注20]文化」として捉え、高く評価した。特にコメント欄は、インターネットの特徴をよく表しており、現実社会にもともと「発言権」を持たない、つまり声なき人々に声を発するチャンスを提供した。「草の根」の意思がコメント欄を通して浮かび上がり、誰も無視できないパワーを発揮してきたことが指摘されている（張2013:154）。一方、ニュースのコメントには瞬時性、直感性などの特徴が見られる。日常生活の体験などに基づく直感などを頼りに、その場の感想・考えを述べるため、社会の普遍的な状況が表れると同時に、コメントに非理性的内容、罵詈雑言が含まれるものも存在する。

BBSとブログおよび微博はそれぞれ置く重点は異なるが、情報提供と論評発表のソースをネットユーザーに大きく依存し、プラットフォームとして存続するためにはネットユーザーの積極的な参加が不可欠である。

BBSでは、一般的には誰でも発言でき、そしてユーザーたちの発言はBBSを訪れる全ての人に公開されるので、「N対N」（多点対多点＝面対面）的なコミュニケーション方式となっており、議論に参加する全ての人は理論的に平等であり、発言はその質によって評価される。一方、ブログと微博では、基本的には言論の主導権はその所有者にあり、「1対N」（点対多点）的なコミュニケ

ーション方式となる。そのため、現実社会の有名人が「大V」になり、一般人より強い「話語権」を持ち、彼らの言論がより高い話題性を獲得することができる。「大V」は一般人をつなぐ架け橋や接点的な役割を果たしているが、その影響力が意図的に乱用、悪用されるリスクもある。

　影響力が拡大しつつあるネット言論に対して、中国では各種の規制も強化されてきた。主要BBS、ニュースコメント欄、ブログ、微博には共に、フィルタリング・データベースによる機械的な審査や管理者による人為的な審査が実施されている。審査をくぐり抜けるために、ネットユーザーたちも知恵を絞り、さまざまな対策を生み出してきた。そして、文章化された意見表明がなくても、ニュースコメント欄におけるユーザーの態度の統計結果の開示や、各種のプラットフォームでの発言に対するユーザーの支持・反対数の表示を通じて、ネットユーザーの態度を読み取ることができる。

　多数のユーザーの発言と参加に依存しているBBSなどでは、ユーザーを引き付けるために、一定の言論の自由がなくてはならないと同時に、必然的にユーザーたちが一定のアジェンダ・セッティングの権限を獲得することとなる。そして、匿名で多数のユーザーの発言を完全にチェックするのは不可能に近くなる。この点はブログ、微博でも同様であると言えよう。一方、微博の言説空間において、アジェンダ・セッティングなどがある程度「大V」などに主導される傾向があり、少人数で実名認証されている「大V」が相対的にマークされやすいため、規制による影響がより大きくなる可能性が高い。

　BBSが長い歳月を通して世論の場としての地位と人気を博したのに対し、ブログと微博は短時日で大きな発展を遂げた。近年、スマートフォンなどの普及により、人々の閲読がより縮小化・断片化していると言われている。BBSでよく見られる詳細な分析などを含む長い文章が携帯端末に向いていないとされるため、近年BBS使用率が低下し、微博などの人気が急上昇した。

　しかし、2013年以降のごく最近の動向では、より全面的な情報を得るために、ユーザーがBBSに回帰する動きが見られた。そして、逆に微博の利用者が減少に転じている。プライベート生活の記録と、社会問題・時事問題などパブリックな話題に関する議論という2つの機能を持っている微博から、友人間のつながりをベースとする「微信（WeChat）」の出現によって、プライベートなコミュニケーションの部分が急速に奪われ、「微博で情報を広め、微信で個人と

つながる」と言われるような役割の分化が見られた。

　今後もさらなる新しい情報伝達のプラットフォームの出現が予想される。しかし、新しいものが古いものに完全に取って代わるのではなく、人々は各種のプラットフォームの特徴を生かしながら、それぞれのニーズと使う場面に応じて一番合うものを選ぶことになると考えられる。

5.3　ネットメディアの光と影

　近年、中国ではインターネットが飛躍的な発展を遂げ、ネットユーザーが積極的にネットメディアを利用している。実社会における言論の空間が限られている中で、ネットメディアは一般市民がマスメディアを介さなくても「声を出す」言論の場であり、重要な「情報の伝送路」となっている。

　ネットメディアでは、一般市民はユーモアとパロディーで深刻化している各種の社会問題を風刺し、世相を表すことによって、多くの流行語が生まれ、実社会でも広く使われるようになっている。そして、「人肉捜索」[注21]が盛んに行われ、ネットでの腐敗反対運動の重要な手段の一つとして多くの不正官僚の摘発などにつながる一方、一般人のプライバシーへの侵害も起きている。ネットユーザーたちがインターネットという場で、意見表明・意見交換を通して多くのネット社会事件を形成し、ネットメディアが、世論形成の中心の一つとなりつつある。

　一方、インターネットという言論の場は、あらゆる勢力が遍在し、ネット空間という「アリーナ」（舞台）で競争している。

　中国では、一般大衆と政府部門の間のコミュニケーション回路が断絶し、オフラインでは最高裁や国家信訪局に陳情直訴しても問題が解決されにくい場合が多いため、民衆は陳情直訴の重要な手段としてインターネットを利用するようになった。そして、政府と商業主義もインターネットという場を奪い合っている。中国政府にとって、インターネットは経済発展をけん引する重要な道具であると同時に、今まで形成された言論統制制度を脅かすものでもあるため、ネット言論への法律的・技術的な規制を強化している。同時に、「五毛党」（ネット評論員）を通じて、ネット言論を自分に有利な方向へ誘導しようとしている。また、ネット言論に対して、民間企業などの意図的介入も存在し、「ネット水軍」（ネットゴーストライター）の影響力も増大している。

こうして、インターネット(電子掲示板〈BBS〉、ブログ、微博など)の特徴、およびこの「場」にまつわる民衆、政府、商業主義のそれぞれの思いと活用は、コレクティヴ・ジャーナリズムの形成・展開、意義と問題点に影響を与え、これを考察する上では不可欠だと考えられる。

ネット社会事件に関しては第6章で詳しく考察するが、本節では、多くの流行語を生み出しているネットユーザーの言論活動の特徴を分析し、「人肉捜索」にフォーカスし、ユーザーにとってのインターネットという場の特性を検討する。その上で、影響力が拡大しているネットメディアに対して、民衆、国家、そして商業主義がどのような見方を持ち、どのように利用し、関与しているかを考察する。

5.3.1　ネットユーザーの活躍とネットメディアの影響力拡大

中国では実社会における言論の空間が非常に限られている。一方、インターネット空間では情報量が多いだけでなく、情報ソースも国内マスメディアのほか、海外マスメディア、一般ユーザーが提供したものなど多種多様である。さらに、ユーザーが匿名で意見や感想を表明することもできるため、ネット空間は「言論の特区」として比較的自由度が高い。これらは中国のネットユーザーがインターネットを積極的に利用する最も重要な理由の一つだと考えられる。

数億人のネットユーザーがネットのプラットフォームで、時間と空間を超えて言論を交わすことは、これまで考えられなかった。玉石混淆の状態にある膨大な量の情報は、混沌のまま流れ去るのではなく、文化現象・社会現象として結晶することもある。「ネット流行語」はその一つと言えよう。流行語にはネットユーザーたちのユーモアと頓知が包含されており、ホットな社会事件やマスメディアの報道の中から、その本質を凝縮するキーワードが抽出され、人々の共感が得られたものが流行語となる。また、「華製英語」のように、最初から決まった造語があったわけではなく、流通の過程で徐々に改善され洗練されていく過程も見られる。

一方、「人肉捜索」活動にも似たようなメカニズムが存在する。多彩なバックグラウンドを持つネットユーザーたちは、それぞれの知見を生かし、ささいな情報も見逃さずに掘り出し、寄せられた雑多な情報を相互チェックし、比較し、最終的に比較的真実性の高い情報が残され、人物の特定や真相の究明など

に役立つ。

　インターネットは多くの人・情報・アイデアの集散地である。玉石混淆とはいえ、知識の宝庫であることは間違いない。インターネット自身は一つのプラットフォームにすぎないが、そこで人と情報とアイデアが集約し、社会の現実を反映することになる。また、中国において、インターネットが不正官僚の暴露や社会事件の解決などに大きなパワーを発揮した実績も数多く存在する。一部の研究者が、「ネットメディアの意見とマスメディアの報道が食い違う場合、ネットメディアの方を信ずるとするネットユーザーが少なくない」（匡文波 2007：35）と指摘したように、ネットユーザーもインターネットに対し高い信頼感と期待感を抱いている。

　本項では主に「ネット流行語」と「人肉捜索」現象を通して、ネット空間における言論の特徴を考察し、そこから見える「コレクティヴ」のメカニズム、そしてそのポジティヴとネガティヴな効果について検討する。

(1)　流行語の主産地

　中国では、「高手在民間」（有能な人間は民間にある）という言葉があるように、ネットでは主流マスメディアでは見られないユーモアと頓知があふれている。そのおかげで、ネット上の言論活動が生き生きしており、「敏感」な話題も笑いながら議論することが可能になった。言葉遊び、誇張した文体、および風刺的な隠喩が多数使われている中で、多くのネット流行語が形成され、それらが社会全体の流行語となり、マスメディアや国家指導者の発言にも登場するようになった。「流行語」を通して、中国のネットユーザーたちの気持ちおよび社会の現実が見えてくるだけでなく、インターネットにおける「コレクティヴ」のメカニズムもうかがえる。

　まずは、ネット流行語として広く使われている「華製英語」を見てみよう。「華製英語」とは中国語本来の意味を最大限に取り入れ、英訳を組み立てた英語風の言葉やフレーズである[注22]。例えば、著名なネット社会事件「隠れん坊事件」（中国語「躲猫猫事件」）は、中国人であればほとんど誰もが知る事件の一つであるが、ネットユーザーは英語の直訳である hide-and-seek では事件性を伝えないと主張し、「suihide」という英単語を創作した。「suihide」は sui-cide+hide という造語で、名前から事件をある程度推察できる。そのほかにも、

社会現実を反映し、かつユーモラスに風刺する「華製英語」が多数あり、表5-1に幾つかの代表例を示した。

　これらの中国式英語は誰か一人の創作ではなく、主体なきネットユーザーの知恵の結晶だと評価されている。最初に幾つかの「試訳」が出現し、ネットユーザーの間で好評を得、その後も不断の修正や補充が行われ、最終的に洗練されたこれらの訳語が定着するようになり、流行語として認められたのである。「華製英語」は遊び心から始まったものだが、中国の現代社会を如実に表現するものとして、一定の影響力を持ち、その一部が米国の俗語英語辞書『Urban Dictionary』にも収録されている。

　英語訳だけでなく、時事問題、社会問題を批判する際には、中国語の語呂合わせで検閲を逃れ、風刺を表現するものが少なくない。例えば中国政府は近年「和諧」（発音：he xie）を強調し、「調和のとれた社会の建設」を目指している。現状では多くの社会矛盾が深刻化しているにもかかわらず、「和諧」でないと思われる事件に関する報道が制限されている。従って、ネットユーザーたちは「河蟹」（発音：he xie）を「和諧」の代替語として使うことが多い。理由の一つは、蟹が横歩きするので、「和諧」という言葉もかなり横行している。もう一つは、蟹がどんなに横行しても、結局は人間に食べられてしまう弱いものなので、権威を軽視するという意味も読み取れる。また、2013年、中国上層部の指導者だった周永康が調査を受けているといううわさが立ったが、マスメディアでは全然報道されないため、ネットではインスタントラーメンの商品名の「康師傅」という隠語を使いながら彼のことを議論していた。

　言論に関する統制が客観的に存在するが、ネットユーザーたちは知恵を絞り、言論統制をユーモアで乗り越えようとしている。笑いの中に、ときどき深い悲しみを味わうこともできる。インターネットの言説空間で流行語が作り出されることは、マスメディアと対抗する意味もあるし、草の根の「結束感」が生まれることも考えられる。

　一方、流行語の使用範囲の拡大につれ、ネット流行語が主流メディアに逆襲するケースも少なくない。例えば「囧」（jiong）という言葉は、本来の意味は「光る、明るい、窓の明かり」であるが、その文字は人間が眉毛を下げ、困った顔をしているように見えるため、ネットでは「困った」「がっかりしている」「恥ずかしい」などの意味で使われている。「囧」という文字を取り入れたシリ

表5-1 「華製英語」の代表例

華製英語	対応する中国語	説明
ネット現象		
smilence=smile+silence	笑而不語	話さず笑うけど、内心は見通している（官製メディアの報道や政府の発表に対して、不信感を込めて使われることが多い）
emotionormal=emotion+normal	情緒穏定	重大災害・事故が発生した時に、マスメディアや政府のオフィシャルな意見ではいつも被災者や家族が情緒安定と報道している。ネットでは「情緒安定」という言葉を否定的に捉え、この現象を風刺している
circusee=circus+see	囲観	ネット事件発生時に、多くのユーザーが注目していることを指す
vegeteal=vegetable+steal	偸菜	友人のファームから野菜を盗むというSNSの人気ゲーム
時事類		
chinsumer=Chinese+consumer	在国外瘋狂購物的中国人	海外で大量買いする中国人観光客のこと
suihide=suicide+hide	躱猫猫	看守所で拘置中の若者が死亡し、その死因は隠れん坊をしているときの不意の事故だと報道された事件
don'train=don't+train	動車	中国では一部の高速鉄道は公式的に「動車」と呼ばれている。この華製英語は、その発音を活かして、事件に遭い動かなくなった中国の高速鉄道を揶揄している。
shitizen=shit+citizen	屁民	微塵のような一般の人々
社会類		
sexretary=sex+secretary	女秘書	ボスと不適切な肉体関係を持つ女性秘書
togayther=together+gay	終成眷属	やっと結婚できた同性愛カップル
jokarlist=joke+journalist	記者	（専門性の低く、間違った記事を書いた）ジャーナリスト
antizen=ant+citizen	蟻族	大学を卒業しても満足な職に就けず、集団で住む若者たち

（出所：記事「網絡流伝"中国式英語"」[注23]、表は筆者作成）

ーズ喜劇映画「人在囧途」と「泰囧」が、ユーモラスな笑いの中に現実社会の「仕方なさ」と「温かさ」を反映させ、高い人気を博した。そして、「囧」はマスメディアにも多く登場するようになり、本来の意味よりネット上で使われている意味の方がむしろ主流になっている。また、2010年11月10日にネット流行語「給力」（素晴らしい、すごい）が『人民日報』の一面のトップに登場し、人々を驚かせた。2010年11月18日の『New York Times』にも「給力」（Geili）に関する解説文が掲載された。

　元首相の朱鎔基が2014年に公の場で発言したときに、「hold 住」（自信を持ち、一切に対応できる）などのネット流行語を使い、ネット文化への関心が示された。そのほか、中国の「春晩」（春節聯歓晩会、旧正月を祝うための中央テレビ局の看板番組、日本の「紅白歌合戦」に相当する）では、近年相声（漫才）・小品（コント）などのしゃべり系番組にネット流行語が大いに取り入れられている。つまり、漫才師や舞台俳優のような「言葉のプロフェッショナル」たちも、ネットからネタや知恵を借り、ネット流行語を取り入れることにより、大衆の親近感を得ようとしている。

　以上の現象から、政府や主流メディアが積極的にインターネットの潮流に乗ろうとし、民衆に親近感を持たせようとする意図がある一方、インターネットがすでに人々の仕事と生活の中に浸透し、ネット文化、ネット民意の影響力の大きさを示していると考えられる。

　一般的に、ネット流行語には大衆性と娯楽性の特徴があり、時事性を表現するものが多い一方、「無意味なものの意味性」といった特徴も指摘されている。2009年に、「賈君鵬你媽媽喊你回家喫飯」というフレーズが中国のネット空間ではやった[注24]。このフレーズは「賈君鵬くん、家に帰りなさい。ご飯だよとお母さんが呼んでいるよ」という文字通りの意味で、「賈君鵬くん」は架空の人物で、特に意味深なものも含まれていない。しかし、瞬く間にネット上で人気を呼び、オフラインでもよく使われるようになった。「賈君鵬現象」はまだ正式に学術的に解説されていないが、復旦大学の准教授厳鋒が「集団的なパフォーマンスアート」（performance art）ではないかと指摘した[注25]。最初はタイトルだけの中身が空っぽのポストだったが、ネットユーザーたちが相次いで賈君鵬のお母さん、担任の先生、親戚、友人などの身分でレスポンスをし、その共同参加で徐々に内容が豊富になっていった。つまり、ユーザーたちが集合の

力で一つの作品を作り上げ、中の一員になった。また、賈君鵬家族の写真の作成や、司馬遷の『史記』をまねて古文の「賈君鵬列伝」の流通など、ユーザーの才能と想像力もまた開花した。さらに、「われわれはポストではなく、寂しさにレスポンスしている」というコメントを多くのユーザーが貼ったことから、ユーザーたちの気持ちもある程度表れていた。従って、「賈君鵬」は集合の力で作られたものであり、集合的な気持ちが込められていた、と厳鋒は指摘した。一見無意味なものではあるが、集合的な作業で無数の意味が付与されるようになり、無限の解読ができることも、ネット流行語の特徴の一つである。

流行語のほか、ネットは新しい文化・文章スタイルの発祥地でもある。近年有名な文章スタイルの「淘宝体」「撑腰体」「甄嬛体」は、ニュース、社会現象、映画、娯楽番組などから由来するものである。娯楽性が強いほか、論評と風刺にも活用されている。ここでは、「淘宝体」（淘宝スタイル）を例に考察してみる。

「淘宝網」は中国の代表的な電子商取引サイトで、2003年5月に杭州で設立され、中国国内最大級のネットショッピングサイトである。「淘宝体」は最初この「淘宝網」で売主が商品を紹介する際に使う文体であった。その言葉表現は非常に親密的で、顧客のことを「親」（ダーリン＝darling）と呼ぶことが多い。この文章スタイルがネットユーザーに支持され、ネット上で広く使われるようになっている。

そして、個人にとどまらず、大学や警察局など公的な部門も「淘宝体」を利用し、学生や市民との距離を縮めようとした。例えば、2011年夏、南京理工大学が入学試験に合格した学生に「ダーリン、おめでとう。あなたが合格したよ。ダーリン、9月2日に入学手続きしてよ。合格通知書は明日『発送』するよ。ダーリン、ほめてくださいね」という風の「淘宝体」のショートメッセージを送った。また、2011年7月に、上海市徐匯警察局が「淘宝体」で指名手配を出し、容疑者の自首を呼び掛けた。これらがネットメディアで伝えられると、多くのネットユーザーから好評を得た。

一般的にネットの文章スタイルは流行と同じで、その衰退も早いが、「淘宝体」は比較的長期にわたって使われている。この現象について、『2011年中国互聯網輿情分析報告』では、「人間関係が脆弱になり、社会全体の信頼度（誠信度）が低下している現代、人々がこうした『近過ぎる』言葉を選び、内心の

焦燥を釈放し、温情を期待する」と分析した（祝華新ほか2012）。すなわち、ネット流行語と流行の文体の形成と流通には、インターネットというメディアの特性に依拠するものがある一方、ネットユーザーたちが共通のものを作り、共有することにより、互いにつながりたい、互いに信頼を取り戻したいという欲求も読み取れる。

　パロディー、風刺、華製英語、語呂合わせなどのネット流行語には、ユーザーたちの知恵と頓知が詰まっている。これらは誰か一人が発明し、はやらせたというより、無数のユーザーの共同作業、そして共感を得た後の広がりと使用により、流行できたと考えられる。流行語にはユーザーの気持ち、この時代特有の空気も刻まれているため、その多くはネットにとどまらずに、マスメディアや日常生活に浸透するケースが多い。流行語を使うことで、現在を「共有」し、相互につながっているというユーザーたちの気持ちも推察できる。

(2) 「人肉捜索」の大本営

　ネットでユーザーたちの集合活動をよく表すもう一つの重要な現象として、「人肉捜索」（Human fresh search engine）がある。「人肉」は「人力で」、「捜索」は「検索」の意味である。すなわち、「人肉捜索」とはグーグル、百度などの大手検索エンジンだけに頼らず、不特定多数のユーザーが自分たちの手で、事件の真相究明、個人の身元の特定などをするために、関連情報を徹底的に掘り出すことである。

　人肉捜索の典型的なプロセスは以下のようなものである。

　まず、人肉捜索の対象の選定がなされる。何らかの事件やニュースなどがネットで伝えられ、その中心人物の行為が人々の反感と不満を買った場合、その人物に対する人肉捜索がネットユーザーたちの呼び掛けで始まるのが一般的なスタイルである。人肉捜索の対象になりやすいのは政府官僚や悪事をした人物などである。

　次に、検索対象に関連する情報の収集と提供が行われる。検索の呼び掛けに応じて、共感するネットユーザーたちは、検索のきっかけとなったネット情報を手掛かりに、さまざまな角度から関連情報の収集に動き出し、得られた情報をBBSや微博などで公開する。

　そして、情報の整理と結果のまとめがある。数多く提供された関連情報に対

して、ネットユーザーたちがチェックし、整理し、確かであると思われる情報が集まり、検索対象となる人物の身元や素行などが明らかになる。

　最初の手掛かりが一枚の写真、短いビデオであっても、ネットユーザーたちはそれぞれ持っている専門知識・生活環境・実際の経験に依拠し、そこに含まれている情報を徹底的に検証する。人物の特定などにつながる「価値のある」情報がすぐに共有される。真相究明と人物特定の成功率が高く、さらに非常にスピーディーであることが、人肉捜索の威力である。

・人肉捜索の活躍と威力発揮

　中国で、「人肉捜索」の最も重要な役割の一つは腐敗官僚の摘発だと見なされている。その代表的な事例として、2008年に起きた「林嘉祥事件」と「周久耕事件」が挙げられる。

　林嘉祥事件は、2008年10月に、広東省深圳市のレストランで、ある男性客が11歳の少女をトイレに連れ込み、わいせつ行為をしようとしたことが発端となった。少女が逃げ出し、その両親が男性を探し出し問い詰めたところ、男性は「俺は北京の交通部（交通省）から派遣された高官で、市長レベルの地位だ」「お金がほしいだろう。くれてやるぞ」「屁民たち」などと暴言を吐いた。この場面がほかの客に録画され、ネット上に投稿された。この映像を見たネットユーザーたちは憤慨して、この男性に対する「人肉捜索」が発動された。ネットユーザーによる情報で、男性の名前は林嘉祥で、深圳市海事局の副局長であることが判明した。そのほかに、林の任命通知書、表彰式や視察する際の写真、さらに年齢、戸籍、車ナンバー、携帯電話などの情報もネットユーザーによって公開された。林は最終的に停職処分を受けた。

　周久耕事件は、2008年12月に、当時江蘇省南京市不動産管理局の局長である周久耕の不適切発言が端緒となった。周は「不動産価格は今後も上昇し続ける」「不動産開発者が低価格で不動産を販売すれば処罰する」などと発言し、ネットユーザーたちの不満を買い、ネットでは彼に関する「人肉捜索」が始まった。ネットユーザーはネット上に公開された周が出席した各種の会議写真を見つけ、周が高級ブランド腕時計をはめ、吸っているタバコも最高級品であることが判明した。その後、ネットユーザーの情報提供で周が高級車、複数のマンションを所有していることも相次いで発覚した。周は政府幹部とはいえ、公務員としての収入だけでは、これらの高級品は到底買えないものであったため、

周の汚職疑惑が浮上した。結局、南京市政府も調査に乗り出し、周の収賄事実が摘発され、裁判で財産120万元が没収され、11年間の実刑判決が下された。

このほかにも、近年では役人摘発のための人肉捜索がたくさん発動された。例えば、2011年「昆明官僚のわいせつ写真流出事件」、2012年に交通事故現場で不謹慎な笑みを見せたことでネットユーザーに捜索された「表哥楊達才事件」など、多くのケースでネットユーザーによる人肉捜索で不正を行った役人の身分が特定され、不正の事実が突き止められ、最終的に処罰を受けた。

こうして、中国では人肉捜索は権力の監視、汚職官僚・不正官僚を摘発するための手段となっている。「林嘉祥事件」「周久耕事件」や「表哥楊達才事件」などで見られるように、人肉捜索で得られた情報はそもそもウェブ上で公開された情報が多く、特別なルートで得られた「特ダネ」ではないケースが多い。多くのネットユーザーが積極的に人肉捜索に参加することによって、あらゆる角度から情報は収集され、さらに細心の情報仕分けが加わり、なんの変哲もない情報が、最終的に汚職の証拠となった。

また、悪事をした人物の身元特定にも人肉捜索が活用されている。例えば、2006年「子猫虐殺事件」では、ある女性が可愛い子猫を虐殺する一部始終を記録した映像がある、BBSにアップロードされ、多くのサイトに転送された。悲惨な映像を見たネットユーザーたちは「宇宙指名手配令」を出し、子猫を虐殺した女性を探し出そうとした。映像に映った風景とその女性の容姿を手掛かりに、ネットユーザーたちの集合的な力で、事件現場として北部の黒竜江省のある都市が浮上し、さらにその女性と面識のある人の証言も得られた。結局、その女性の名前、年齢、勤務先などの個人情報、映像を撮影した男性の名前なども全部突き止められ、ネット上に公開された。最終的に女性は職を失い、公開謝罪を余儀なくされた。映像の投稿から加害者の身元確定まで、前後合わせてわずか6日間しかかからず、警察よりも効率が高いと評されている。

人肉捜索は不正の摘発以外でも力を発揮している。例えば、2008年の四川大震災後に、音信不通になった家族を探すために、人肉捜索が発動された。また、失踪者や、長年離散した家族、友人、知り合いを探すための「找人網」「万事通公益尋人網」と、誘拐された子どもを探す専門サイト「宝貝回家」など、人探し専門の人肉捜索サイトも立ち上げられた。特に後者に関して、誘拐された子どもの場合、誘拐当時はまだ幼く、故郷や実の親に対する記憶が少なく、多

少記憶があっても曖昧模糊である場合が多いため、成年後に実の親を探したくても手掛かりが少ない。熱心なボランティアと全国各地に分散しているネットユーザーの支援と協力などによって、非常に限られた手掛かりから、最終的に実の親が見つかり、家族団らんを取り戻したケースも少なくない[注26]。

　人探し以外に、疑問解決にも人肉捜索が応用されている。特に絶対的な正解がない場合、人肉捜索の役割は大きい。ネット上で発せられた質問や疑問を見たネットユーザーの中から、関連の知識や経験を持っている人が、回答を書き、分析を行う。価値のある回答、期待された回答がその中に含まれていることが多い。中国では専門ウェブページ「百度知道」「新浪愛問知識人」「雅虎知識堂」などがその類いのプラットフォームである。「百度知道」のトップページには、「必ず誰かがあなたの質問の答えを知っている」と書かれており、「新浪愛問知識人」のモットーは「億万のユーザーの知恵・経験・知識を借りて、あなたの困難を解決する」である。日本でも「みんなの知恵共有サービス」と称する「Yahooの知恵袋」などが似た役割を果たしていると考えられる。

・人肉捜索の影：プライバシー侵害の恐れ

　一方、人肉捜索は組織なき組織行為で、規則が存在しないため、あらゆる個人情報が際限なく公開されるため、プライバシー侵害になる恐れもある。その中には「網絡暴民」と呼ばれるケースも見られる。中国の人肉捜索に関する論文の中で、高広強らは、「2006年から2008年までに起こった暴力的傾向の強い人肉捜索事件は10件で、全体の45％を占める。その暴力は当事者に精神的に耐え難いストレスを与えるばかりではなく、日常生活にまで深刻な被害を及ぼした。会社から解雇された当事者もいるし、休学せざるを得なかった人もいるし、ネット上で暴かれた個人情報によって殺された当事者さえいた」（高・中尾 2013: 40）と指摘した。また、人肉捜索によりプライバシーが完全に暴露されたことによる屈辱感に耐えられずに、自殺した女子高校生もいた。人肉捜索が重大な倫理問題と絡んでいることを指摘せざるを得ない。ここでは、深刻な結果がもたらされた2つの事例を紹介しておきたい。

　1つは2008年10月の「周春梅殺害事件」である。2004年に、インターネット・チャットを通じて周春梅と林明が交際を始めた。2008年に、周は大学入学を理由に、林と別れたいと打ち明けた。その後、周は携帯電話番号やチャットのアカウントなどを変更し、林との連絡を絶った。林は周を探し出すために、

BBSに「付き合っていた彼女がいる。彼女の家庭は貧しく、仕事を掛け持ちして学校に通わせてあげたが、大学に入ると裏切った。私は白血病で、死ぬ前にもう一度彼女に会いたい」とウソの書き込みを投稿し、周に対する人肉捜索を呼び掛けた。林に同情したネットユーザーたちは、その呼び掛けに応じ、周の情報を探し出し、周の携帯電話・寮の部屋番号などを公開した。林はこれらの情報を手掛かりに周を見つけ出した。林の復縁の要求を周が断った後、林が怒り心頭に発し用意したナイフで周を刺殺した。人肉捜索に関与したネットユーザーたちは林のウソを信じ込み、「不義な女子大生」を探し出し、かわいそうな人を助けようとした。そこには正義を果たそうとする動機があったが、結局報復に悪用された。

　もう1つは2013年の「女子高校生自殺事件」である。2013年12月3日、広東省深圳市の女子高校生徐安琪は川に飛び込み自殺した。自殺の原因は人肉捜索にあるとされている。12月1日に、徐はある服装店を訪れていた。試着をしたものの、服は買わなかった。徐が店を離れた後、店主蔡暁青が1着の服が無くなったことに気づき、徐が盗んだと判断した。その後、蔡は徐が映った監視カメラの画像の1コマを微博にアップロードし、服の泥棒を探したいということで、人肉捜索を呼び掛けた。その後、徐の名前、学校、住所等の個人情報が寄せられ、蔡はこれらの情報をネットに全部公開した。この件が徐の同級生などにも知られたため、徐は非常に大きなプレッシャーを背負うことになり、最後は自殺の道を選んだ。

　この2つの事例は、人肉捜索が含んでいる「危険性」と「暴力性」を端的に表している。人肉捜索の標的にされると、個人情報などのプライバシーが徹底的にあぶり出されるため、たとえその人に明らかに不正行為があったとしても、人肉捜索がもたらす「罰」はある意味で法律の審判よりも重い。前述の子猫虐殺事件の例においても、ネット上で個人情報が公開された加害者の女性は職を失い、精神的に重圧を受け、地元で生活しづらくなった。

・**人肉捜索への規制とユーザーたちの反応**

　以上の考察から、人肉捜索には権力監視、人員救助、問題解決に役立つという積極的要素と、プライバシー侵害など消極的な要素が併存していることが明確になった。権力の監視とプライバシー侵害防止のバランスを取り、人肉捜索のメリットを最大限に発揮させるために、人肉捜索の倫理問題が重視されるよ

うになった。2009年1月1日に、中国国内各大手BBSにはほぼ同時に「人肉捜索公約 1.0Beta 版」という声明文が出された。その内容は以下の通りである。

　この公約は、ネチズン（ネット人民）のインターネット道徳意識を強め人肉捜索の本質を正しく理解させ、人肉捜索を正しい道に発展させて大衆に用いられることを目的とするものである。
　第一に、祖国を愛し、党を愛し、規律と法律を守り、助け合い、インターネットの調和を維持すること。
　第二に、誠信、安全、公開、公平、公正、助け合いの原則で人肉捜索を利用し、利他的・知的な人肉捜索を多用すること。
　第三に、インターネット道徳を規準に、他人のプライバシーに関する人肉捜索に関与しないこと。
　第四に、他人のプライバシーを保護し、公共の場で他人のプライバシーを公開してはならない。
　第五に、第三と第四項目は、「汚職、腐敗」と「勧善懲悪」に関わる事件に適用しない。
　第六に、人肉捜索の内容（情報）を提供する人は、真実の内容を提供し、責任も負うべきであること。
　第七に、用語に注意し、悪意の人肉捜索に騒いだり散布したりしないこと。可能ならば当事者や関連ウェブサイトの管理者に知らせる。
　第八に、人肉捜索を正しく認識するように努力し続ける。
　本公約は2008年末に、各ウェブサイトのネットユーザーの議論を経て修正したものである。このサイトで活動しているユーザーたちも順守すべきである。

人肉捜索非組織連盟
2009年1月1日

「人肉捜索公約」では自らの合法性を示し、政府の規制にかからないために、わざと第1条項に愛国・愛党を入れたと考えられる。公約の核心部分はプライバシーの保護に「官僚」と「一般人」を分けて考えるべきだという点である。

一般人のプライバシーは保護すべきで、人肉捜索を安易に発動してはならない。一方、官僚は「公人」で公権力を有するため、プライバシーの保護という名目で不正行為が暴かれないというのは許されない。

　一部のネットユーザーは自発的な自律「公約」の有効性に疑問を持っていたが、より多くのネットユーザーが支持表明した[注27]。

　一方、政府部門では人肉捜索を規制しようとする動きが絶えない。2009年1月に、江蘇省徐州市は「徐州市コンピューター情報システム安全保護条例」を発表した。その第18条の7では、「個人の資料（情報）を勝手にインターネット上に公開してはならない」と規定した。これは中国で初めて「人肉捜索」を狙った法規だと思われる。その後、浙江省、広東省深圳市など、各地で相次いで人肉捜索を制限する条項を含む条例が作られた。そして、地方にとどまらず、国家レベルの法律も多く作られた。2010年7月1日に、「侵権責任法」が正式に実施され、中には「他人の人身権を侵害し、他人に厳重な精神的損害を与えた場合、被侵害者が精神損失賠償を求めることができる」という条項があり、つまり人肉捜索で他人のプライバシーを侵害した場合に、責任を負わなければならないことを意味する。2014年10月9日に、中国最高法院（最高裁判所）が「最高人民法院関于審理利用信息網絡侵害人身権益民事糾紛案件適用法律若干問題的規定」を公表した。その中に個人のプライバシーが人肉捜索で公開されることを禁ずるという条項が明確に書かれており、実質的に人肉捜索そのものを制限する目的があると考えられる。

　人肉捜索に対する政府の一連の規制に対して、ネットユーザーたちは反論している。2009年に、江蘇省徐州市が最初に人肉捜索を制限する条例を公表した際、人民網での調査では、90％を超えるネットユーザーたちがこの規定に反対する意見を表明し、「草の根による権力の監視に不利だ」と答え、「人肉捜索は利点より弊害が多い」と答えたのはわずか4％だった。同じ時期に、網易（NetEase）サイトでのアンケート調査「人肉捜索されるのを心配するのか」において、80％は「悪いことをしていないから、心配しない」、15％は「心配だけど、立法で禁止することは反対だ」と答えた[注28]。

　2010年の「侵権責任法」に対し、人民網強国論壇の「一語驚壇」ではネットユーザーたちから次のような意見が表明された。

- ハンドルネーム［自我吹噓］：官僚を「人肉」することは、公衆がよりよい「武器」を持っていないため。強大な公権力を目の前にして、「人肉」は仕方ない選択肢だ。
- ハンドルネーム［大失落者］：人肉捜索をしたユーザーが責任を負う。陳情直訴の庶民は精神病院に入れられた。告発した市民の結末は悲惨である。一方、暴力で立ち退かせた官僚は平穏無事。環境破壊は官僚たちの業績になる。
- ハンドルネーム［趙資料］：「侵権責任法」が効力を発した。人肉捜索も責任を負わなければならなくなった。今後は、誰が「周久耕」らを告発する？
- ハンドルネーム［中岳嵩山人］：人肉捜索は違法だ。実名で告発すると、攻撃される。一方、高い給料をもらい、金儲け。汚職しなければボーナスもある、賃上げも。なぜ公務員に有利なことばかりだろう。

　2014年の最高裁判所の「規定」に対し、プライバシーの保護に関しては、ネット空間では基本的に賛成する意見が目立つが、不正官僚に対しては別だという意見も多く見られた。例えば、新浪サイトのニュースコメント欄で次のコメントが多くの支持を得た。「２種類に分けて規制すべきだ。①非合法的な事件において、個人目的の一般市民に対する人肉捜索の行為は厳しく禁止すべきである。②国家公務員に対し、汚職などの監視、あるいは合法的な事件に必要な人肉捜索は支持すべきである！」（携帯ユーザー【湖北武漢】2014年10月10日 08:33　1474個の支持）[注29]。また、騰訊サイトのニュースコメント欄では、ハンドルネーム[水色風信子]のコメント「個人のプライバシーは保護すべきである。ただし、プライバシーは違法者、犯罪者、汚職者、浪費者の保護傘と後ろ盾（言い逃れ）になってはいけない！」が最も多くの「いいね」を獲得した[注30]。そして、新浪微博で多数転載されたメッセージは次の通りである。「フェイスブックが使えず、ツイッターも使えず、いま水軍（p.175参照）も連帯責任を負ってしまう。香港人がデモをするのも無理はない！　われわれにはデモの資格もない。監視の力を失ったら、汚職官僚は賄賂をもらい続ける。公知[注31]は好きなように話ができる。不当な言論も思うままに使える。ぎりぎりの道徳心もなく、やりたい放題だ。地下鉄の痴漢も太ももを触っても大丈夫だ」。これも

風刺を込めて、時事的な内容を取り入れながら、人肉捜索を実質的に禁止することへの不満が表されている。すなわち、中国のネットユーザーにとって、人肉捜索は倫理問題を超えて、すでに政治的な範囲に入っており、それを制限することは、「市民」の言論の自由、権力監視の手段の喪失を意味する。

「人肉捜索」現象は中国特有ではないが、「汚職役人の摘発」に多く使われるのが中国の特色と考えられる。英語圏では人肉捜索が「Chinese style internet man hunt」、つまり「ネット上の中国式人間狩り」とも呼ばれており、グーグル会長のシュミットが「人肉捜索」に対し次のように評価した。「この活動（筆者注：人肉検索）を主導するようなプラットフォームは中国には存在しないし、中国だけに限った傾向でもないが、この国で人目を引く事件が立て続けに起こったことから、この現象は中国で最も広く知られ、認知されている」（エリック・シュミット、ジャレット・コーエン2013＝2014：309）。法制度が健全ではなく、不正官僚に対して有効な規制がない中国では、人肉捜索は不正官僚の不安材料になっている。「上の管理を恐れていないが、下の監督が怖い」という言葉が官僚の間にはやっているほどである[注32]。人肉捜索が存在するからこそ、官僚たちに有効な監視機能が働いたと考えられる。政府主導で、人肉捜索を立法で禁止するようなやり方は、ネットユーザーの反感を買うことは必至である。現段階の中国の民衆にとって、腐敗官僚・不正官僚の摘発と是正は、より大きな「正義」だと言えよう。

人肉捜索が機能するのは、ピエール・レヴィ（Pierre Levy）が提起した「誰もが全てを知ることはできない。しかし誰でも何かを知っている」というコレクティヴ・インテリジェンス（Collective Intelligence）の存在があるからだと考えられる。サイバー監視（Cyber Vigilantism）、コレクティヴ・インテリジェンスと市民参加の視点から「人肉捜索」を考察した研究者もいる（Cheong and Gong 2010）。人肉捜索にも「集合知」が含まれているため、そのメリットとデメリットを検討することは、コレクティヴ・ジャーナリズムの考察にも大きな参考になると考えられる。

5.3.2　民衆のネットメディアへの期待

中国の人々はネット上の議論に積極的に参加し、「集合」の力で流行語を生みだし、人肉捜索を実行してきた。たとえ政府によって実質的に人肉捜索を制

限する法律・法規が幾度制定されても、「腐敗官僚の摘発」と「法律が裁けない悪事の暴露」などには、多くのネットユーザーが支持の態度を表明し続けてきた。

このような状況から民衆によるネットメディアへの期待が推察できる。公権力の前に弱い立場に立たされる一般市民が、ネットメディアの影響力を利用して、問題解決を追求しようとする。ネットユーザーがネットメディアを通して、ボトムアップ式の陳情直訴と不正告発を行うことが多い。そして、実社会で課題や困難に直面する人々は、ネット上で発信し、理解と助けを求めるケースも多数見られる。

・陳情直訴の重要な手段

近年、中国では、党や政府、司法機関の職員や幹部などが、私腹を肥やすために企業などと結託して、一般住民の権利を軽視、無視するケースが多く見られる。例えば、農村部では企業誘致のために工業用地を確保する過程で、農民の土地が二束三文で買いたたかれ、都市部では、不動産開発のために住民の立ち退きが強要されるケースが頻発している。各種の社会矛盾が深刻化し、その表れの一つとして民衆暴動が増えている。例えば2004年に7万4000件だったと言われる民衆暴動が、2005年に8万7000件（公安当局発表）、2006年に11万件以上（香港メディアの報道）に上り、増加の一途をたどっている（天児慧2007）。

民衆の不平、不満をくみ取るために、中国では1950年代から「信訪」または「上訪」と呼ばれる陳情直訴の制度が存在し、各級の政府には「信訪」を受け付ける専門部署として、信訪局などが設置されている。権利を侵害された人々は、地方政府の処理結果や地方裁判所の裁判結果などに不服がある場合、異議申し立てのために上級政府機関、ないし中央政府へ直訴する手段として「上訪」が利用されてきた。報道によれば、「上訪」の規模は2003年に約1000万件[注33]で、その件数はなお増加傾向にある。

上級政府機関の信訪局に「上訪」しても、なかなか受け付けてくれなかったり、望ましい解決がいつになっても得られなかったりする場合、仕方なく、さらにより上級の政府へ「上訪」するケースも多く見られる。最終的に、北京市にある国家信訪局（陳情直訴を受理する中央政府の直属機関）と中国最高人民法院（最高裁判所）に、全国各地から陳情者があふれ、北京に「上訪村」と呼ばれる陳情者が集中する居住区が形成されている。

しかし、「上訪」に期待をかける陳情者が増加する一方、上訪を通して問題が解決された比率はわずか0.2％にすぎないという調査結果もある（天児2007）。
　そして、陳情者に対する地方当局などによる妨害、強制送還、拘束、暴力と迫害も深刻化している。例えば、党大会やオリンピックなどイベントの開催に合わせて、上訪村の閉鎖や陳情者の拘束が行われている。中には、陳情者を長期監禁するケースも見られる。
　2007年4月に、中国社会科学院が、中央政府機関に官僚腐敗などを直訴するため全国から北京を訪れた陳情者560人を対象に実施したアンケート調査の結果を発表した。それによると、中央政府機関に訴えたい内容として、「地方政府の横暴」が60％、「地裁判決への不満」が66％であった。また、陳情者の71％は「地方当局者による暴行など迫害が深刻化した」、44％は「迫害によって中央政府に対する信頼が低下した」と回答した。そして、85％の陳情者は「問題が解決するまで陳情をやめない」と答え、問題が最後まで解決されない場合の対応として、60％の人は「汚職官僚と刺し違える」と回答した（天児2007）。
　中国の現実社会において問題が山積しており、法整備の遅れ、地方政府の不作為・腐敗などが根深く存在する一方、民衆と政府の間のコミュニケーション回路が断絶しており、問題解決は困難を極める。そのため、「上訪」にどんな危険と困難があっても、問題解決のわずかな可能性に希望を託し、「上訪」するために北京へ赴く各地の民衆が後を絶たない。
　地方政府からの妨害などが原因で「上訪」へ行けない、あるいは直接行っても問題が解決されない陳情者が多くいるが、一部の人は、ネットメディアの影響力に希望を託し、ネットメディアを新たな陳情直訴の場として使うようになった。
　ネット上の陳情の主要な場の一つはBBSである。例えば、天涯BBSサイトの子論壇に当たる「伝媒江湖」や百度貼吧の「網絡挙報中心吧」に、陳情関連のポストが比較的集中している。陳情の内容には、村の幹部など下級官僚による利益侵犯、「一人っ子政策」の執行過程での財産の強奪、暴力を伴う土地の強制的徴収、冤罪や不当判決など、公権力に向けるものが多い。悪徳商法による被害、出稼ぎ労働者への悪質な給料未払い、劣悪な労働環境などの問題をめぐって、企業を相手とする陳情直訴も少なくない。

天涯、百度などの主要BBSへのポスト投稿のほかに、人気の高いポストあるいはニュースのコメント欄で、「跟貼」（レスポンス）という形での陳情直訴の内容が書かれるケースもよく見られる。例えば、全国的に有名なネット社会事件である「闇レンガ工場事件」は、BBSのレスポンスによる陳情がきっかけであった（6.3節 p.211参照）。そして、近年、微博の使用者数が増加するに伴い、微博も陳情直訴の場の一つになっている。

　陳情者にとって、ネットでの陳情は、交通費や宿泊費などの諸費用を節約でき、また実際に外出する必要もないので、地元当局などからの妨害、報復を受ける可能性も低くなる。そして、陳情者はできるだけ利用者数の多いネットメディアを利用し、ネット世論を喚起し、ネット世論という圧力が当局を動かし、問題が解決されるのを期待していることが推察できる。

・**不正告発の重要な場**

　陳情直訴は、権利を侵害された当事者による正当な権益を守るための「異議申し立て」という色合いが強いが、不正告発は当事者と直接的な利害関係がなくても行われる。ネットメディアが陳情直訴の重要な場になると同時に、不正告発の重要な手段にもなっている。

　長い間、BBSが不正告発の重要な場であった。前述した天涯の「伝媒江湖」と百度の「網絡挙報中心吧」では、陳情直訴だけでなく、不正告発のポストも集中している。その多くは地方官僚の汚職・不正行為、企業などの悪徳商法などが焦点になっている。例えば、地方官僚が「考察」という名義で米国や欧州を公費旅行し、さらにカジノにも出入りしたことを、証拠を入手したユーザーがネットで告発した。そのほか、毒が混入された粉ミルク問題や、レストランでの下水油の使用などの食品安全問題なども、BBSで初めて暴露され、注目を集めた。

　近年では、微博の影響力拡大に伴って、不正告発のためにこれも活用されるようになった。微博での告発によって、中央政府の高級官僚が失脚した事例は記憶に新しい。2012年12月に、当時雑誌『財経』の副編集者であった羅昌平が自分の微博上で、実名で当時の国家発展と改革委員会副主任・国家エネルギー局長のポストにある劉鉄男を告発した。告発の内容は学歴詐称問題、家族名義の海外投資で中国国内の銀行から巨額の資金をだまし取った経済問題、不倫問題の3項目であった。この告発は微博上にとどまらず、BBSなどにも広く転

載される中、劉は権力を利用して、国家エネルギー局の公式意見表明という形で反論した。最終的に、2013年5月に劉に重要な経済問題があるとし、中央紀律委員会による調査が始まり、1.5億元の非合法収入があることが判明した。

　この告発について、羅は後に次のように話した。「私は一つのメッセージを送りたい。権力はそれほど怖くない。権力は密室操業を好み、太陽の光を恐れているが、庶民はそれを恐れない」[注34]。この事件により、ネットの不正告発の機能がさらに注目されるようになり、「ほかの実名告発者に希望と自信を与える」[注35]とされている。羅がマスメディアの業界にいながらも、マスメディアの限界を痛感し、ニューメディアである微博を利用する告発を実験した。事件は、公開の言論の場が少ない中国におけるネットメディアの役割の大きさを如実に物語っている。

・助けを求める場

　中国では、経済発展に伴って人々の生活水準が向上していると同時に、貧富の格差も広がり、急速に進行する市場経済化の中で、取り残された人がまだたくさんいる。また、社会保障制度の形は一部できているが、まだ不充分な点も多い。事故、重病などによって、予想外の大きな出費が発生すると、中間層でも経済的に困難に陥るケースが少なくない。中国では、市場化進行によって、都市では従来の職場社会が解体し、農村部では古来の宗族制度が消滅し、それに取って代わるものとしての集団経済も形骸化し、さらに、数億人に上る農村部から都市部への出稼ぎ労働者が故郷を離れ、都市にも安住できておらず、多くの人々はコミュニティーを失い、「原子化」している。

　実社会で孤立化が進む中で、ネットのプラットフォームは人々にとって重要な出会いの場の一つとなっている。オンラインの交流、議論を通じて、人々は横のつながりを求める傾向が見られる。さらに、困難に陥ったり、課題に直面したりするような場合、周りの狭くなりつつある輪からの支援では対応しきれないと、ネットメディアが人々の救いのための場となっている。人々がネットメディアに助けを求めるケースは主に以下の3つのパターンがある。

　1つ目は、経済的な援助の呼び掛け。例えば、重病、難病などにかかった場合、中国では医療保険制度がまだ完備しているとはいえないので、多くの家庭にとってその膨大な費用を自力で負担するのは無理である。治療のために、患者の家族などがBBSや微博などのネットプラットフォームで、患者の経歴、

病歴、身分証明書などの情報を公開し、ネットユーザーに向けて経済支援を呼び掛けるケースが少なくない。今まで、このような呼び掛けの成功事例が複数見られる。例えば、リンパがんの患者「鄭祺寧」、白血病の患者「王思培」、肝臓がんの母親を救うためにネット募金した「陳易」などの事例が挙げられる。しかし、13億人の中国では、重病の患者が非常に多く、同様な困難に遭遇する家庭は何十万もあると考えられるので、ネット上で救助を受けられるのも一定の偶然性があり、成功例があっても続けるのは難しいと言われている。

2つ目は、前述の人肉捜索でもすでに言及したように、家族が離散、特に子どもが誘拐されたような場合、ネットユーザーの力を借りて家族を探すことが多く見られる。その中に、完全に公益的で無料のウェブサイトがある一方、一定の報酬をもらうサイトもある。

3つ目は、各種の相談である。実社会で周りに相談できる人が減るなか、ネット上で相談を持ち掛けるネットユーザーが増えている。その内容は、一般的に就活、仕事、恋愛、婚姻、育児、教育、住宅などに関する悩み相談で、ときには、非常にプライベートな話も含まれる。家族や親友にさえ相談しにくい話や、相談しても解決策が見つからない場合、ネットで全く知らない人たちの意見を聞き、より多くの知恵を借りたいというケースが多数見られる。このような相談ができるのは、ネットに匿名性があるからだとも考えられる。

5.3.3　国家のネットメディアへの期待と規制

「経済建設を中心にする」中国政府は、経済発展において「情報革命」が非常に重要な役割を担っていると認識し、IT技術の開発、産業の育成とともに、インターネットのインフラ整備と利用拡大を推し進めている。そして、影響力が拡大しつつあるネット言論に対して、社会の安定に一定のプラス効果があると認め、ある程度の自由を容認しながら、法律的・技術的な規制を強化している。さらに、中央政府から地方政府まで専門職員を多く配置し、いわゆる「五毛党」（ネット評論員）を通じて、ネット言論を自分に有利な方向へ誘導しようとしている。

(1)　経済発展けん引と政府信頼樹立への期待

2010年6月8日に中国国務院新聞弁公室が『中国互聯網情況白皮書』（以下、

『白書』と略称する）を発表した。その中に、インターネットが経済の発展、科学技術の進歩、社会情報化の推進において非常に重要な役割を果たしているという認識が示され、中国政府はインターネットの持続的かつ健全な発展を推進していると表明した。

『白書』によると、インターネットに関する中国の政策には次のようなものがある。1997年に「国家情報化『九五』規劃と2010年遠景目標」を制定し、インターネットの発展を国家の情報基礎施設建設の一部に取り入れ、ネット産業を発展させることで、国民経済情報化の過程を推進するとした。そして、2002年に「国民経済と社会発展第十個五年計画情報化専項規劃」が公表され、電子政務（e政府）、ソフトウエア産業の振興、情報資源の開発と利用、電子商務（eビジネス）の加速化は中国情報化発展の重点であることが明確にされた。また、2005年に、「国家情報化発展戦略（2006-2020年）」が制定され、インターネット発展の重点を明確化した。国民経済の情報化を推進することにより経済構造と経済発展の方式を調整する、電子政務を推進することにより治国の効率を高める、社会の情報化を推進することで和諧社会を建設する、といった内容が含まれている。さらに、2010年1月に、国務院は情報と文化産業の発展を推進するために、電信網、ラジオ・テレビ網と互聯網（インターネット）の「三網融合」を加速させる決定を下した。

こうして、中国のインターネットの急速な発展の背後には、中国政府の積極的な推進の意向と明確な政策があった。結果として、1997年から2009年の間に、インターネット関連のインフラ建設のために、累計4.3兆人民元が投入され、通信光ケーブルの全国ネットワークが構築され、総延長は826.7万キロメートルに及んだ。中国99.3％の町（郷鎮）と91.5％の村にインターネットが接続するようになった。2009年1月に第3世代の移動通信（3G）が普及し始め、2010年には3Gが全国をカバーするようになった。

インターネットの発展を利用して、経済発展を推進することが中国政府の主な思惑であった。『白書』によると、インターネットを含む情報技術と情報産業が中国経済の急速な発展に重要な貢献をしてきた1994-2010年の16年間、中国情報産業の年平均成長率は26.6％を超え、経済規模は国内総生産（GDP）の1％未満から10％まで成長した。eビジネスの発展も順調で、eビジネスのシステムを持つ大企業は50％を超え、中小企業の中でもネットを通して貿易相手

を探す企業が30％を超えた。2010年時点で、ネットショッピングするネットユーザーが１億人を超え、2009年のオンライン貿易額は3.6兆元を超えた。そのほか、ネットゲーム、ネットアニメーション、ネット音楽、ネット映像コンテンツ製造などの産業も急速に成長した。2005-2010年の間、中国のネット広告市場は毎年30％以上成長し続け、2009年には市場規模が200億元に達した。2010年３月までに、中国では30社以上のインターネット企業が米国、香港と中国大陸の株式市場で上場した。インターネットの発展がもたらした経済効果は巨大である。

　インターネットの急速な普及とネットユーザーの急増により、経済発展が促進される一方、ネット上の言論空間の影響も大きく増加した。『白書』では、「ネット上の活発な交流は中国インターネットの一大特色である」、「BBSのスレッド・コメント数、およびブログ数の巨大さは、世界的にも想像を超えるほどである」と評した。『白書』では次のような統計データも公表された。2010年には中国では100万個以上のBBSと2.2億個のブログがある。そしてサンプリング調査による推計では、毎日、BBS、ニュースのコメント欄、ブログなどのメディアを通して公表された言論は300万件以上ある。66％を超える中国のネットユーザーが頻繁にネットで言論を発表し、多種多様な話題について議論し、思想の観点と利益への訴求を表現している（『白書』2010）。

　インターネットの発展に伴い、「メディア」としてのインターネットという認識が高まり、多くの伝統マスメディアがオンライン版を創設した。中国政府も、ネットメディアを通じて、政策・法規などをよりよく宣伝できるという期待感があった。

　さらに、2006年以降、中国のネットユーザー数が急速に増え続け、ネット事件が多発するようになり、影響力が拡大しつつある「ネット世論」に対して、国家の最高指導者も重視する姿勢を示すようになり、ネットメディアを利用して民意をすくい上げようという動きがあった。2008年６月20日に胡錦濤国家主席（当時）が人民網を視察し、ネットユーザーたちと20分間のオンライン・チャットをした上で、インターネットを「思想文化情報の集散地と社会世論の拡大器」、「民意を理解し、民智を集める重要なチャンネル」と評価した。そして2009年２月28日に温家宝首相（当時）が中国政府網と新華網を視察し、ネットユーザーとオンライン・チャットをして、ユーザーからの質問に答えた。さら

に、「毎日インターネットを使い、長い時は30分から１時間に及ぶ」と、首相自身もネットユーザーであることをアピールした。

国および行政府など各級政府は共にインターネットを活用して、民情を知り、民衆の問題を解決しようとする姿勢を見せ、「人民の味方」「人民と同じ立場」であることを表明することにより、政権・統治の正当性を維持しようとした。中央レベルでは、人民網で「地方指導者伝言板」「直通中南海」、新華網で「中国網事」などのコラムが創設され、地方レベルでは、地方政府のホームページで専門のコラムやBBSなどが開設され、インターネットを通して、民衆からの陳情や意見を受けようとする動きが多く見られた。そして、2010年以降は、微博の急速な普及により、一部の政府部門が微博アカウントを開設し、微博上で情報の発信などをするようになっている。これらのプラットフォームを通じて、ネットユーザーが提起した問題が速やかに解決されたケースも増えている。

これらを背景に、「網絡問政」「微博問政」などの流行語が生まれた。「問政」はもともと「為政の道を諮問する」という意味で、政府による「問政」を指し、つまり政府がインターネットを通して、民意をすくい上げ、民智を収集した上で、政策を策定する。一方、現在では、「政府、政策を問う」という意味で、一般市民による「問政」というボトムアップの場合にも使われ、すなわち、一般市民はインターネットを通して政策を了解し、自ら問題を考え、さらに提案をする。

インターネットを通して民意を聞くという政府の姿勢と行動は評価できるが、一方、これによって、政府と民衆の間に新しいコミュニケーション回路が確立されたか否かを断定することは、まだ「時期尚早」だと考えられる。政府がネット民意を重視する姿勢を見せる背景には、実社会におけるコミュニケーション回路の長年の断絶があり、政府が影響力の拡大するネット世論を無視できなくなってきたという事情がある。多くの政府関係者にとって、ネット民意を重視する姿勢はやむを得ないもので、自ら進んでやりたいわけではない。現実に、一部のコラムを除き、多くの「問政」プラットフォームはただの飾り物で、市民がメッセージを残しても、必ずしも返答をもらえるわけではない。「回路」の開設は実験的で、制度的に決まったわけではないため、積極的に返答する官僚と、沈黙を続ける官僚の間に「温度差」が見られる。

ネットメディアでの陳情直訴・不正告発などが多発することにより、政府も

ネットでの陳情と告発ルートを公的に設置するようになった。例えば、2013年4月19日から、官製メディアの新華網、人民網と商業ポータルサイトの新浪網、捜狐、網易、騰訊、総合BBSサイトの天涯などの主要ウェブサイトが一斉に不正告発専用の「ネット通報監督専門区域」を設け、「歓迎監督、如実挙報」という標識を統一させ、中国共産党の中央紀律検査委員会、最高人民検察院、最高人民法院など不正を処理する専門機構のウェブサイトをリンクさせた。これまで政府の「ネット腐敗反対運動」は「守備の姿勢」、つまりネットユーザーがBBSや微博などを通じて告発し、政府がそれを受け取ってから処理するというパターンがメーンだった。現在は「攻める姿勢」になり、ネット上で「陳情と不正告発」と「相互交流」の機能を強化し、不正告発と世論の権力監視を透明化させ、世論の主導権を握ろうとする意図の存在が指摘されている。

(2) ネット言論規制の強化

ネット言論の発展は、政府にとってもろ刃の剣である。ネット言論がかなり自由になり、不正官僚、個別政策に対する批判が多く見られるようになった。批判の矛先が政府と党の統治そのものに向けられることを避けるために、中国政府はインターネット上の言論に対する規制を強化してきた。

・法律・法規と行政機関による直接規制と管理

1994年以降、中国ではインターネットの運営管理と関連する法律・法規が多数制定された。その中にインターネット上の情報発信・言論発表に対する規制としては、主に「互聯網信息服務管理弁法」(「インターネット情報サービス管理方法」、以下「情報管理方法」と略する)と「互聯網電子公告服務管理規定」(インターネットBBSサービス管理規定、以下「BBS管理規定」と略する)がある。

「情報管理方法」は、中国政府の国務院令として公表され、2000年9月25日から実行されてきた。「情報管理方法」では、ネット上における情報提供を目的とするサービス者に対して、まず、その設立において、情報提供の有償または無償に応じて、許認可制と届出登録制が取られている。さらに、提供する情報に関して、下記のような内容が禁じられている。

①憲法が定めた基本原則に違反するもの
②国家安全に危害を与え、国家機密を漏えいし、国家政権を転覆し、国家統

一を破壊するもの
③国家の栄誉と国益に損害を与えるもの
④民族の憎悪と差別を扇動し、民族の団結を破壊するもの
⑤国家の宗教政策に違反し、邪教や封建的迷信を宣伝するもの
⑥デマを散布し、社会秩序をかく乱し、社会の安定を破壊するもの
⑦わいせつ、色情、賭博、暴力、恐怖を散布し、または犯罪を教唆するもの
⑧他人を侮辱または誹謗し、他人の合法的な権益を侵害するもの
⑨法律、行政法規が禁止するその他の内容を含むもの

　そして、上記の規定に違反した者に対して、業務改善命令や業務停止、罰金などの罰則も規定されている。
　この「情報管理方法」の規制対象には全ての情報提供サービスが含まれているが、重要な言論の場 BBS に対して、さらに「情報管理方法」に基づき、2000年10月8日に情報産業部（現・工業と情報産業部）により「BBS 管理規定」が制定された。よって、BBS を設立する場合、さらに個別の申請を行わなければならない。「BBS 管理規定」の中で、「情報管理方法」と同様に、上記の9つの項目の内容を含む情報の発表が禁止されており、BBS のポストにこれらの内容が含まれる場合、即時削除のほか、関連記録の保存、所管国家機関への報告義務が課されている。そして、BBS のポストの内容と公表時間、さらにユーザーの利用時間、IP アドレス、ユーザーのアカウントなどの記録情報を60日間保存しなければならないと規定されている。
　さらに、ネットにおけるニュース提供に対して、2005年9月に、国務院新聞弁公室と情報産業部が共同で「互聯網新聞信息服務管理規定」（「インターネットニュース情報サービス管理規定」、以下「ニュース管理規定」と略する）を制定、発表した。「ニュース管理規定」では、伝統メディア機構以外で時事ニュースを掲載するサイトに対して、厳しい規制が設けられており、時事ニュースの取材が禁止されるほか、時事ニュースの転載においても、政府の指導・管理下にある伝統マスメディアが発表したものに制限されている（5.1.3項 p.106を参照）。また、「ニュース管理規定」では、掲載内容に対する規制には上記の9項目以外に、⑩非合法的な集会、結社、行進、デモ、群集を扇動し、社会秩序を騒乱するもの、と⑪非合法的な民間組織の名義で活動を行うもの、という2項目が

追加されている。これは中国で頻発している「民衆による騒動」などが正式に報道されない理由だと考えられる。

　正式な法律・法規のほかに、業界団体などによる自主規範も見られる。例えば、インターネット業界の全国的な組織である「中国インターネット協会」（2001年5月設立）は、業界の行動規範として、「中国インターネット業界自律公約」「ポルノなどのわいせつな内容を禁止する自律規範」「悪意ソフトウエアをボイコットする自律公約」などを掲げている。

　インターネットに関連する法律・法規などの具体的執行において、中央レベルから地方レベルまで、工商行政管理、新聞、出版、教育、衛生、薬品監督、警察、国家安全局など、多くの政府機関が関与、分担している。例えば、工商行政管理部門はネット上における商業活動の管理、新聞出版部門はネット上における著作権の管理などを担当している。ニュースなどの情報サービス、ネット上の言論に関しては、上述の情報産業部、国務院新聞弁公室・国家インターネット情報弁公室が主な担当機関となっている。

　また、民衆によるネット犯罪、違法サイト、違法言論などの検挙も呼び掛けられ、警察の「インターネット違法犯罪検挙サイト」をはじめ、掃黄打非弁公室と国家出版局の「12390掃黄打非新聞出版版権聯合検挙センター」、中国インターネット協会の「インターネット違法と不良情報検挙センター」、「12321インターネット不良とスパム情報検挙受理センター」などの検挙センターも設立された。

　そして、政治情勢の需要に応じて、大規模の取り締まりキャンペーンもたびたび行われてきた。例えば、2013年に全国範囲で展開された「インターネットニュース情報伝播秩序を規範するプロジェクト」によって、5月9日以降の1カ月余りで、「人民内参網」「大衆社」「記者新聞網」「中国百姓網」「民主法制監督網」など107のウェブサイトが非合法とされ、閉鎖された。

・技術手段による情報遮断

　中国国内のサーバーで運営されるウェブサイトは中国政府の監督管理下にあるが、中国政府の管理が及ばない海外のサイトへのアクセスに対して、「防火長城」（Great Fire Wall of China）と呼ばれるシステムが構築されている。このシステムでは、中国と海外をつなぐネットワーク機器（サーバーやルーターなど）に対する監視や操作が行われ、中国国内にいるインターネット利用者が、

中国共産党と政府にとって都合の悪い情報が含まれるサイトにアクセスできないように、インターネットのゲートウェイプロキシ（proxy、中継）サーバーとファイアウォールを通じて、IPアドレスをブロックしている。

「ニュース管理規定」の第19条とも関連しているが、中国でアクセスが遮断されている海外のサイトは主に次のようなものがある。

　①中国国内で取り締まりの対象となる団体、例えば「法輪功」のウェブサイト。
　②天安門事件、自由主義民主化運動と関連するウェブサイト
　③チベット独立勢力、台湾独立団体のメディア・組織のウェブサイト
　④わいせつ、ポルノ、反道徳的なウェブサイト
　⑤BBCなどの著名海外マスメディアのニュースサイト
　⑥SNSのフェイスブック、ツイッター、動画共有サイトYouTube、ニコニコ動画、検索サイトのグーグル

しかし、中国国内から遮断されている海外サイトにアクセスすることは完全に不可能ではない。プロキシなどの代理サーバーを使い、「防火長城」の防御を突破し、制限されているサイトに接続することが、ある程度は可能である。このことを、中国語では「翻墙」（壁越え）、あるいは「破網」（ネットを破る）と呼んでいる。

海外サイトの遮断のほかに、政府の規定により、大手検索エンジンや主要BBSなどには語彙のフィルタリング・データベースも存在する。検索キーワードや投稿メッセージにフィルタリングの対象となる言葉が含まれると、検索や投稿が失敗し、自動的「敏感的な語彙が入っているため、表示できません」などの回復メッセージが表示される。フィルタリング・データベースの対象となる語彙には、「ニュース管理規定」第19条に沿って、反政府・反共産党、民族分裂などに関係する恐れのある語彙が含まれている。具体的には、①一部の中国共産党中央レベル指導者の名前、②民主化運動指導者の名前、③天安門事件に関連するもの、④台湾独立とチベット独立に関連するもの、⑤海外の中国語時事論壇の名前、⑥ポルノ、アダルトサイト、⑦法輪功と関連する言葉――などが対象となる。

一方、中国のネットユーザーも知恵を絞って、フィルタリングをくぐり抜ける方法をいろいろ生み出した。例えば、漢字をローマ字表示のピンイン（pinyin）にしたり、語呂合わせを作ったり、あるいは言葉の中に「#」や「*」などの符号を入れることにより、千変万化の組み合わせで、表現したい言葉がフィルタリングに引っ掛からないように工夫している。もちろんフィルタリングのデータベースも常に拡大、更新され、技術的にもグレードアップが図られているので、検閲側とネットユーザー側の攻防戦は今後も続いていくと考えられる。

(3) 水面下の世論操作──ネット評論員

　情報遮断・削除、サイトの取り締まりなどによる規制だけではなく、政府にとって有利な方向へネット世論を誘導する「ソフトな管理」も行われ、水面下にある「ネット評論員」はその実施部隊である。

　「ネット評論員」は一般的に、中国の行政機関が雇用あるいは指導し、フルタイムまたはパートタイムで働き、ウェブサイトやBBSなどに政府に有利な論評を書き込むスタッフのことである。「世論誘導」という水面下の作業をするため、「ネット評論員」は公開されている正式な職務ではない。従って、関連情報が少なく、その実態は闇に包まれている。

　「ネット評論員」の存在が公衆に知られるようになったきっかけは、2006年安徽省合肥市共産党委員会宣伝部のウェブページに掲載された「関于南昌、長沙、鄭州宣伝文化工作的考察報告」（南昌市、長沙市、鄭州市の宣伝文化業務に関する考察報告）とされている。この報告の中で、次のような一節があった。

　　2004年10月から、長沙市党委員会対外宣伝弁公室は、毎日市の党と政府の主要トップに「長沙輿情速報」を送呈している。そのために、彼らは市党委員会弁公室、市党校、市党員会政策研究室などからネット評論員を選抜登用し、ネット評論員のチームを設立し、ネット評論検査、考課、総結、表彰制度を構築整備した。ネット評論員の月基本給は600元である。ネット評論員の主な責務はネット世論の状況を監視し、ネット世論関連情報を提供し、対象を絞ってネット宣伝企画、ネット世論誘導などを実施する。ネット評論員は毎週一つのテーマをめぐって、中国精神文明網、人民網、新華網などの二十数個の国内の著名BBS上で、長沙市の3つの文明建設における新しいやり方、新しい成果、新しい経験について文章と写真を投稿する。

この報告によって、当局によるネット評論員の設置、世論の誘導が明るみになった。そして、ネット評論員が一つのポストにコメントを書き込むことにより、「五毛＝0.5元≒6～7円」の報酬がもらえるという情報もネット上で流れたため、中国のBBSなどでは、ネット評論員は「五毛党」と揶揄されている。

　ほかにも、各地の地方政府によるネット評論員の募集や訓練などの情報が散見されるが、中国におけるネット評論員の数など具体情報はよく分からないままであった。2010年、新華網の甘粛チャンネルでは、「甘粛省では650人のネット評論員チームを建設する」というニュースを報道したことにより、その氷山の一角が現れた。報道によると、インターネットは各種の社会思想、多種多様な利益訴求の集散地である（胡錦濤語）ため、正しい世論を誘導できる「ネット評論員」の発見と培養は急務の一つになる。甘粛省の宣伝思想工作会議で、ネット言論に関して50人の「高手」（達人）、100人の「好手」（名人）、さらに500人の「写手」（書き手）という650人のチームを育成することが明確になり、ネット評論員は「引導輿論」という役目を負い、「ネット世論」を誘導し、「正しい」世論形成を目指しているとされる。

　長い間、中国マスメディアの役割は、世論を反映（reflect）するというより、トップダウンで党と政府の政策を宣伝し、世論を導く（direct）ことがメーンであった（Tang and Sampson 2012）。インターネットの時代においても、中国共産党や政府の指導部は「世論」を誘導することを要務の一つとしている。ただし、ネット時代では、限られたマスメディアで一方的に情報と観点を伝えるという従来の方式では、選択の自由が格段に増えたネットユーザーに敬遠されるので、ネット評論員が身分を隠して、普通のネットユーザーとして「フラット」（平等）な立場で影響を与えようとしている。

　甘粛省のケースでは、ネット評論員への具体的な要求は、①社会的なホットな話題や世論の動向を積極的にチェックし注目する、②知識の蓄積も豊富で、作文の能力も比較的高い、③理性・公正的に現今の社会現象を分析し、独自の視点を持ち、一定の説得力と影響力を持つ、④ネット評論員はウェブサイト、BBS、ブログなどに常時登録し、ネット上の情報を了解し、ネットユーザーが注目しているホットな事件に対して、タイムリーにコメントやレスポンスを書き込み、世論を正しい方向へ誘導する、という条件が含まれている。この計画の内容を見る限り、ネット評論員が時事的な問題に関心を持ち、人々の関心事

を積極的にチェックし、また理性的・公正に分析し、論評することは、一定程度ポジティヴな面を持っているとも言える。

しかしネットユーザーの間では、政府が意図的に送り込んできたネット評論員に「五毛党」という蔑称を与え、ひそかに自分たちに影響を与えようとするネット評論員の存在を敵視している。中国では、人々の間に権利意識が芽生え、「市民」という自覚を持つ人も少なくない。「個人」「権利」「自由」などの概念・観念はすでにある程度浸透している。ネット上でも、自らの意見を積極的に述べ、他人の意見もチェックし、また賛成か反対かのコメントを出すのは、あくまでも個人の意志で判断するという意識がネットユーザーの間で広く共有されている。ネットユーザーたちは「個」というアイデンティティーが強く、誰かに代表され、誰かに誘導されることには反発していると考えられる。

そして、甘粛省のこの「ネット評論員」に関するニュースも、注目されたとたんに、新華網から速やかに削除された。中国政府はネット評論員の存在を公表していないが、多くのネット評論員が配備され、ネット上で暗躍していることは紛れもない事実だと言えよう。

5.3.4 民間企業のネットメディアの商業利用

ネットユーザー数が急速に増加し、さらにネット利用が活発であることは、ネットメディアが「メディア」としての価値が高いということを意味する。民間企業もネットメディアを重要な宣伝媒体として認識するようになり、重要視するようになっている。

企業によるネットの利用には、会社と商品を宣伝するためのネット広告が最も一般的である。2009年に、日本ではインターネットが新聞を超え、テレビに次ぎ2番目に大きい広告媒体に成長した。中国でも、ネット広告の市場が右肩上がりで急成長し、2013年には1000億元を超えたと言われる。

伝統的な広告業では、マスメディアという媒体を経由して企業や製品の宣伝などが初めてオーディエンス（消費者）に伝わることになる。一方、インターネット上での宣伝手段はより多種多様である。すなわち、正式の広告業者を通じて、主要サイトのウェブページにバナー広告、フラッシュ、動画などの形式で、製品、サービスなどをアピールする一般の意味の広告のほか、企業が自らウェブサイトやブログ、微博のアカウントを開設し、直接消費者にアピールす

ることができる。さらに、フォロワー数の多いブログや微博の持ち主に依頼し、ブログや微博などで「ソフト」な広告文章を掲載させることもある。

　上記のほか、より隠れた形式での商業的なネット利用として、ネットのPR会社を通して大量の書き手を雇い、インターネット上でその書き込みを通じてネット言論を操縦し、自社製品を称賛し、ライバル社製品を誹謗中傷するなどの行為も見られる。BBSでレスポンスをすることを「灌水」（水を流し込む）と呼ぶ中国では、これらの雇われた書き手たちは、「ネット水軍」（網絡水軍）と呼ばれている。

　「ネット水軍」とは、報酬を得る目的で、特定の会社、製品、人物、事件などについて、BBSや微博などのネットプラットフォームで、大量に書き込みをすることで話題を作り、特定の方向へ世論を誘導しようとする人々のことである。日本語の「サクラ」などに相当する。

　ネット水軍は専門職と兼職の2種類に分けられるが、兼職の方が圧倒的に多く、「イベント」のときなど数万人が動員されることもある。報酬の相場は、書き込み一つで0.6元〜1.0元で、レスポンス一つで0.4元〜0.8元とも言われ、比較的少額である。そして、ネット水軍になるための条件は低く、ネットに接続し、各種のBBS、ニュースサイトコメント欄などで、要求された方向で書き込みとレスポンスをすればいい。専門技術や高い能力、固定時間の通勤や固定場所での勤務も必要ないので、水軍の中には、学生、一般会社員のほか無職の人が多い。

　ネット水軍の仕事内容は大まかに3つに分けられる。①クライアントの商品を宣伝・賛美すること。業界では「白水」という。②クライアントの不祥事やスキャンダルがあるときには、大量の他の書き込みで皆の視線をそらすこと。③クライアントの商売敵の製品を誹謗中傷する。業界では「黒水」という。

　中国では、ネット水軍の影響力が拡大していると言われるが、水軍の存在は「水面下」にあるため、その実態は長い間ベールに包まれてきた。2009年12月にCCTVの「新聞聯播」の報道によりネット水軍の存在が一般大衆にも知られるようになった。また2013年にネットで「水軍オリエンテーション内部資料」というファイルが流出し、大いに注目を集めた。断片的な情報の中で、ネット水軍による言論操作の著明な事例として、以下のものが挙げられる。

　①映画の宣伝。2012年11月に、映画監督陸川の作品『王の盛宴』が上映され

て以降、映画に対する評価が二極分化した。監督自身が、集中的に悪い評価をする相手水軍の存在を暴露し、自分が良い評価をする水軍を雇ったことを認めた。

②誹謗中傷。中国の大手乳製品メーカー「蒙牛」社がPR会社を通して、水軍を雇い、競争相手の「伊利」と「聖元」を誹謗した。

ネット水軍を率いる企業、つまりネットのPR会社はどのようにネット水軍を操縦しているのか。ここでは主にネット水軍業界で比較的著名な「水軍網」[注36]を事例に、その実態を考察する。

ネット水軍は「ネット評論員」と同様、水面下の作業が多いため、大きく宣伝することができない。一方、ネット水軍を率いる企業は、経営上クライアントと水軍を募集しなければならないため、一定の情報を開示せざるを得ない。

「水軍網」の自己紹介によると、この会社は2010年11月に創設されたもので、ネットユーザーの力を利用し、ネット・マーケティングをすることが主な業務である。そのPR文には次のような内容が含まれている。「3年来、415万個の任務を遂行させた。われわれの優位性、①幅広い任務を引き受け、経験が豊富である。②手作業で任務を遂行する。独立した審査制度があり、質と量を確保し、精確で高効率。時間も節約し、安心できる」[注37]。さらに、その業務内容は大きく4つに分けられている。

1つ目は論壇BBSでの書き込みとレスポンス。会員（ネット水軍）の作業手順は①任務を引き受ける→②要求通りに完成する→③結果を報告する→④審査照合（チェック）を待つ→⑤チェックが通る→⑥自動的に決算する→⑦現金の引き出しを申請する。また、クライアント（依頼会社）の依頼遂行のプロセスは、①要求やニーズを提出する→②管理人が審査する→③現金を振り込む→④任務の正式な発表→⑤会員が引き受け、完成する→⑥照合人がチェックする→⑦自動決算→⑧報告書の取りまとめ→⑨任務完了。サービス範囲は各BBSである。

2つ目は、微博の転載・論評・フォローである。この分野では、機械やソフトによる自動作業ではなく、実在するフォロワーが手作業で特定の微博アカウントをフォローし、コメントをしたり、書き込みを転載したりすることが主なスタイルである。全面的な微博マーケティングを展開することで、特定のアカウントの知名度をアップさせ、クライアントのウェブサイト訪問者数と商品の

売り上げが増加する効果が期待できる。サービス範囲は新浪微博、騰訊微博、捜狐微博、網易微博などである。

　3つ目は知識・情報の紹介・問答類のウェブサイトで商品の紹介やガイドを行うことである。一般ネットユーザーの質問の中から、キーワードで特定の商品に関するものを探し出し、依頼企業などに有利な回答を提供し、さらに、検索エンジンにキャッチさせる。これを通じて、消費者を引き付け、商品のイメージアップにつなげる。サービス範囲は、百度知道、SOSO問答、雅虎問答、360問答などが含まれる。

　4つ目は検索エンジンの最適化（SEO）、つまり「検索サイトで検索結果の上位に表示されるための対策」である。主要検索サイトで、特定のキーワードに関する検索結果に対して、依頼されたサイトのリンクを人工的に頻繁にクリックすることにより、検索結果におけるそのリンクの位置を上昇させ、より目に入りやすいようにして、知名度をアップさせる。サービス範囲は百度、捜狗、騰訊捜捜、360捜索などの主要検索サイトである。

　ネット水軍はPR会社の指図に沿って偏った言論を放つため、正常な言説空間をかく乱してしまう。報酬はポストやコメントの数と関係しているため、より多くの報酬を得るために重複した、スパム（大量配信されるメール）的なコメントが増えてしまう。特にネット水軍のリテラシーにもばらつきが大きいため、「雑音」と呼ばれる質の低いコメントが大量に出現している。これにより、一般ネットユーザーの正常な閲覧と議論が影響を受けるだけでなく、ネットメディアとしてのBBSやブログなどの信頼度も損なわれると考えられる。ネット水軍の存在が企業の不当競争をエスカレートさせたとも指摘された。

　責任を負うべきなのは誰であろうか。ネット水軍たちももともと普通のネットユーザーであり、「言論の自由」を持っている。しかし、彼らは金銭を手に入れる代わりに、「言論の自由」を企業や資本に低廉な価格で売ってしまったと考えられる（馬円円2009）。ネット水軍を利用して、商業主義と企業は金銭で世論・民意を操作することがある程度可能になった。一般のネット水軍の少ない報酬に比べて、PR会社の経営者などは高収入を得ることができる。

　しかし、現状ではネット水軍とその背後にあるネットPR会社の活動を抑制することは難しい。ネットPR会社がクライアントのため人を雇い宣伝をすること自体は、一つのマーケティングの手段であり、明らかな違法性はない。誹

誹中傷などの違法行為がなければ、取り締まることはできない。また、ネット水軍たち自身も一般のネットユーザーという身分で発言しているため、ネット水軍を区別することが困難である。さらにネット水軍は通常多くのアカウントを持っており、一つのアカウントによる発言でその身分が発覚し、閉鎖されても、またほかのアカウントを使って発言することが可能である。

　一方、ネット水軍を抑制するために、実名制を強制するなど、一律にネット上の発言を厳しく制限した場合、ほかのネットユーザーの言論の自由が侵害され、ネット言論空間が萎縮してしまう恐れがある。

　マスメディアの場合と同様に、ネットメディアにおいても商業主義の介入が大きな課題となっている。

第6章 ネット事件と「集合的知性」が生み出すジャーナリズム——コレクティヴ・ジャーナリズム

　中国ではインターネットの普及が進み、ネットユーザーが急速に増加してきた。ネットユーザーによって、ネット空間で活発な言論活動が行われ、言論のプラットフォームとして電子掲示板（BBS）、ニュースサイトのコメント欄、ブログ（Blog）、微博（Weibo, ツイッター）などが活用されている。これらのプラットフォームは、それぞれ独自の特徴と役割を持ちながら、相互に影響し合い、中国ネット言説空間の生態系を構築している。その中で、多くのネット社会事件が発生した。例えば、2003年の「孫志剛事件」、2007年の「華南虎事件」「闇レンガ工場事件」、2008年の「甕安（俯臥撐＝腕立て伏せ）事件」、2009年の「隠れん坊事件」「鄧玉嬌事件」が特に有名で、現在も社会的影響を及ぼし続けている。

　本章では、このような中国のネット言説空間から発生するネット社会事件に焦点を当て、事例の「発生・発展・収束」というプロセスにおけるネットユーザーたちの言論活動を分析し、そこから観測できるコレクティヴ・ジャーナリズムの基本要素、つまりアジェンダ・セッティング（議題設定）、情報の収集・公開（報道）、議論（論評活動）の過程を考察し、「コレクティヴ」のメカニズムを解明する。

6.1　ネット社会事件について

　前述のように、コレクティヴ・ジャーナリズムは中国の「ネット社会事件」から抽出した概念である。本節では、ネット社会事件とは何かを検討し、近年中国で発生した影響力のあった事例を概観する。

　ネット社会事件は、中国では「網絡事件」と呼ばれている。メディア研究者李彪によると、ネット事件とは「一定の社会背景と社会環境において、全国範囲のネットユーザーが一定の目標訴求（例えば利益や感情）に基づき、サイバ

ースペースを主な議論の場として、大量の転載、書き込み、議論などの参加方式を通し、一定の意見表明の効果をもたらし、さらに全国範囲のネット空間で大規模かつ重大な影響を及ぼす事件のこと」と定義されている。また、ネット事件は必ずネット空間で発生するとは限らないが、「事件の起爆は必ずネット環境にあることを強調する。すなわち、事件の発生・収束は別な所にあっても、真ん中のクライマックスはネット空間でなければならない」(李2011:90)。

中国でネット社会事件として認識されるもののほとんどは、そもそも実社会に発生した事件、実在する事柄がベースとなっているが、既存のマスメディアによるコミュニケーション空間ではこれらの事件や事柄が看過されるか、一瞬浮上してもすぐ消え去ることが多く、これまでは世論の中心となり、社会に大きな影響力を及ぼすことは困難であった。しかし、インターネットが存在することで、ネットメディアで事件のことが取り上げられ、ネットユーザーたちが関心を示し、積極的に議論に参加することにより、事件として広く認知されるようになる。ネット事件として発展の際に、ネット上では大量の転載・書き込み・議論があふれ、全国的な話題となり、それによって形成される世論にマスメディアや政府が対応せざるを得ないようになる。

そして、ネット社会事件の中には、元となる事件や事柄に「敏感」な内容が含まれているため、マスメディアでは報道できない、あるいは報道されても真相と程遠いものになってしまうケースが少なくない。これに対して、ネットユーザーがネットの言説空間を通して、事件をネットで初めて「暴露・告発」し、オリジナルなアジェンダ・セッティングをすることがある一方、マスメディアの報道に懐疑的な態度を持ち、既存の報道情報に基づき異なる方向の「議題設定」をすることもある。このような言論活動は、真相究明を求める「世論」として捉えられると同時に、ユーザーが独自の方法で情報収集・交換しながら、真相を突き止める「報道活動」と考えられるものも数多く見られる。

李の指摘の通り、ネット社会事件においてネットユーザーの積極的な参加があり得たのは、事件の内容が人々の利害に関係し、感情に訴えるものであり、一定の社会背景と環境下での目標訴求力があるからである。以下、中国のネット社会事件の全貌を概観し、ネットユーザーの関心はどこにあるのか、どのような訴求力をもっているのかを検討してみる。

まず、筆者が検索エンジン(グーグル、百度)の検索結果と人民網輿情観測

室[注38]が公表した『中国互聯網輿情分析報告』(2010-2013)にまとめられた「20のホットなネット事件」[注39]を参考に、近年注目度の高かったネット発の社会事件を表6-1にまとめてみた。

表6-1 近年注目度の高かったネット発端の社会事件（2007-2013年、筆者まとめ）

	事件名	事件概要
2007	華南虎事件	虎写真の真偽をめぐってネットで議論が起こり、利益集団の存在と政府の責任が問われた事件（具体的な内容は事例研究を参照）。
	重慶釘子戸	不動産開発に応じずに立ち退き拒否世帯の抗議活動が、ネットで話題になった事件。
	闇レンガ工場事件	多くの未成年者が失踪し、山西省の闇レンガ工場で奴隷労働させられていることがネットで告発され、大きな反響を呼んだ事件（具体的な内容は事例研究を参照）。
	厦門PX工場事件	厦門におけるパキシレン（PX）化学工場建設に反対する住民たちの運動が、ネット上の告発と連動して発展した事件。
	南京彭宇案	彭宇という男がバスを降りた際に、人助けをしたのに人にぶつかり怪我をさせたと濡れ衣を着せられた事件。倫理道徳問題に関し、ネットで話題になった。
	丁香小慧	「最悪の継母」事件とも呼ばれた。少女が虐待を受けたと疑ったユーザーたちが継母を批判し続けた。結局、少女は病気ということが判明。
	北京紙包子事件	北京テレビ局の記者が「紙餡の饅頭」というやらせのニュースを報道したという事件。
	超女唐笑事件	アイドルが武装警察官を蹴ったという事件。
2008	甕安事件	甕安で女子学生が水死した事件で、警察は付近にいた男性が腕立て伏せをしていたと発表した。地元では官僚の息子が強姦殺人に絡んでいるとして抗議活動に発展していた。「腕立て伏せ」（俯臥撐）が「流行語」になった。
	温州海外考察団事件	上海の地下鉄で温州市の官僚が紛失した「海外考察」に関するファイルを、ユーザーが偶然に拾い、明細から公費旅行としか見えないため、ネット上で公開した事件。
	艶照門事件	香港の著名スターのプライベート写真が流出し、ネット上で話題になった事件。

181

		汶川大地震系列事件	四川大地震に関係する救助、人探しなどの事件。
		三鹿粉ミルク事件	中国の国産粉ミルクメーカーがタンパク質の含有数値を高めるため、故意に毒物のメラミンを混入し、多くの乳幼児が腎臓結石を患った事件。
		楊佳事件	警察に不満を抱いた青年が報復のため、上海で警察官数人を刺殺した事件。
		周久耕「超高価タバコ」事件	官僚の周久耕がネットユーザーに人肉捜索され、汚職の事実が相次いで発覚した事件。
2009		鄧玉嬌事件	官僚に性的サービスを強要されたホテル勤務の女性が、官僚を刺殺した事件。ユーザーの声援で女性は正当防衛と認定された。
		隠れん坊事件	雲南省のある青年が拘留所で死亡し、警察は「隠れん坊」というゲームをしたときに頭が壁にぶつかったと発表。発表内容を不審に思ったユーザーたちが大議論を行い、政府が主催したオフラインの「真相調査委員会」に初めてユーザーが参加した(詳細は事例研究を参照)。
		グリーンダムソフトウエア	中国工業情報化部は、ネット上で青少年が有害な情報にアクセスするのを防ぐため、フィルタリングソフト「緑壩」(グリーンダム)を開発し、09年7月1日から中国国内で生産・販売されるすべてのパソコンにインストールを義務付けると発表した。これに対しネットユーザーが抗議し、最後に計画は中止された。
		賈君鵬流行語	「賈君鵬、お母さんが呼んでるよ。ご飯だよ。」というフレーズがネットで大量転載、レビューされた(レビュー1000万回、コメント30万件以上)。流行したメカニズムは現在でも不明。
		最牛団長夫人	新疆生産兵団の団長夫人が敦煌で壁画を観賞する際に、手で壁画を触ったところをガイドに注意され、夫人がガイドをひっぱたき、罵った。このことがネットで公開され、団長と夫人が批判され、免職処分になった。
		逯軍「你替誰説話」事件	官僚が記者の質問に対して、「あなたの立場は党のためか、人民のためか」と言った発言が招いた事件。
		杭州「欺実馬」事件	70マイル事件。金持ちの息子が杭州市中心部の道路で車のハイスピードレースをし、ある大学生を死亡させた事件。警察が最初に発表した時速「70マイル」は金持ちに有利だとされ、ネット上で本当の時速が検証された。最終的に、当時の時速は100キロ以上あったと警察の調査結果が出された。

		上海「釣魚執法」事件	闇のタクシーを摘発する「おとり捜査」で、善良な一般市民が警察に摘発され、捜査の在り方に批判が集まった事件。
2010		広西局長日記門	広西壮族自治区のある局長が複数の女性と不正な関係を持ったことを日記に記し、ネット上で公開された事件。
		QQ大戦360事件	中国の最大級ネットサービス提供者QQとセキュリティーソフトウエアの提供者360人の間の攻防戦。
		「我爸是李剛」	河北大学の大学生がキャンパスで車を運転し、ある女子学生を死なせた事件。大学生が逮捕される間際に、「私のお父さんは李剛だ」と叫んだ。李剛は地元の警察副局長。
		上海高層ビル火災	上海高層マンションの改装工事で、操作ミスから火事が発生し、死者・負傷者が多数出た事件。工事の工程に適切な手続きがなく、施工材料は粗悪で、管理がずさんであることが分かった。ネットで熱く議論された。多くの幹部・責任者が処分された。
		ネット有名人「鳳姐」	羅玉鳳は、ネットで自分の写真・趣味などを公表した。公表された人物と本人との間にギャップが大きかったことから、ネット上の有名人になった。
		富士康職員飛降り自殺	台湾企業の中国工場で、労働者が相次いで飛降り自殺をしたことをめぐり、労働環境の閉鎖性や労働時間が長い割に給料が低い問題、管理者の態度が横暴であることなどが議論された。
		宜黄強制立ち退き焼身自殺	江西省宜黄県の住民が、迫られた立ち退きに反対するため、焼身自殺を図った。結局、1人が死亡、2人が重傷を負った。ネットの声援で、強制立ち退きは止まった。生存者の1人が「インターネットを前から使用できたら、焼身自殺なんかしなかった」と話した。
		部分地域のストライキ	台湾資本の深圳電子工場と、江蘇省昆山機械工場、日本資本の天津電機、ホンダとトヨタの自動車工場、および韓国資本の広東電子工場でストライキが多発した事件。マスメディアでは報道されなかったが、ネットで情報が集まり、議論された。
2011		微博打拐	中国では多くの乞食児童が存在し、その多くは誘拐された子どもである。市民が携帯で彼らを撮影し、微博に公開することにより、親たちに子探しの手掛かりを与え、子どもの救助につなげた。

	77元廉租房	国家主席胡錦濤がある北京の貧しい家庭を訪問したが、家賃は77元だと家主は答えた。一方、家主とその娘さんが各地を旅行していたと見られる写真がネット上で流れ、貧しいどころか、ぜいたくしており、やらせではないかと疑惑が持ち上がった事件である。
	7.23動車追突事件	中国東部の浙江省温州市で起きた高速鉄道の追突事故。死者40人、200人以上の負傷者を出した。負傷した乗客による微博への書き込みが、最初の報道になった。
	仏山小悦悦事件	広東省仏山市の路上で少女が車にはねられ倒れたが、誰も救助しなかった。最後に道路の清掃員により救助されたが、（結局）死亡した事件。
	「双匯」痩肉精クレンブテノール事件	養豚過程でクレンブテノールを添加することで、赤身肉の比率は上がるが、食べる人間には害をもたらす。一方、ハムメーカー大手の「双匯」はまさにこのような豚を飼育し、ハムを製造していた。この件について、ネットで大きな話題となった。
	郭美々事件	「郭美々Baby」というハンドルネームの女性が、新浪微博を通して自らのぜいたく三昧の豪遊生活を披露。彼女の肩書が、中国赤十字商業会社の社長だったので、国民から集めた義援金の多くが彼女に貢がれているのではないかと、中国赤十字への不信が深まった。
	故宮窃盗事件	北京故宮博物館で展示品が盗まれた事件。窃盗事件と関連して、博物館の文物毀損・管理不全などの問題がネットで暴露された事件。
	銭雲会案	土地徴収と賠償の問題で、村民のために何回も上級政府へ陳情直訴した浙江省温州市寨橋村の村長銭雲会が、車にはねられ死亡した事件。交通事故か、故意殺人か、ネット上で大きな議論を巻き起こした事件。
2012	釣魚島と反日デモ	中日の領土問題および南シナ海の領土問題に関して、多くの若者がデモに参加し、非理性的な行動も多く見られた。
	周克華案	指名手配犯周克華が警察に銃撃され、死亡。ネット上では、死んだのは湖南省の私服警察官で、周はまだ逃走中という話が盛んであった。政府声明への不信が見られる。
	方韓論戦	「打仮闘士」方舟子が小説家韓寒にゴーストライターがいることを疑い、双方が論争しただけでなく、微博でそれぞれのフォロワーも論戦に加わった。

	王立軍、薄熙来案	重慶市公安局長王立軍が米国大使館に逃げ込み、共産党委員会書記の薄熙来が、収賄罪と妻の殺人容疑で逮捕された事件。
	北京特大暴雨	特大暴雨に襲われた北京市のユーザーが、市の対応などに対し不満を覚え、当日立ち往生した車の罰金や死者数の不報道に関して、ネットで議論を起こした。
	毒カプセルと「皮靴が忙しい」	廃棄された革靴の皮が、薬のカプセルの原料になったり、ヨーグルトになったりして、食品安全問題が再び注目された。
	微笑局長「表哥」	36人が死亡した延安市の重大な交通事故現場にいながら、微笑んでいた幹部の写真がネットで話題になった。幹部の名前は楊達才で、数々のブランド腕時計をしているため、「表哥」と揶揄された。その後、ブランドのメガネ、ブランドのベルトをしていることもユーザーの捜索で発見された。「表哥」は収賄罪で14年の実刑判決を受けた。
	広東烏坎村事件	2011年9月に広東省烏坎村では、地元政府役人が農民らの耕作している土地の権利を無断で開発業者へ売却した問題が露呈した。開発業者は地元民と衝突、死者も出た。その状況の第一報を送ったのは15歳の少年であった。村民は役人の横暴を阻止するため、自治を目指して活動を続けた。12月には大規模な住民運動が発生し、村の幹部が更迭に追い込まれる事態となった。
2013	薛蛮子が買春容疑で拘留された事件	微博で1200万のフォロワーを持つ「大V」である薛蛮子が、買春事件で拘留された。また、彼が微博で大量の虚偽情報を広めた責任も追及された。
	李天一案	李天一は著名歌手の親を持つ「富二代」だが、18歳未満の未成年者でありながら、飲酒運転などの違法行為を繰り返した。やがて仲間と一緒に強姦の罪を犯し、ネットで大きな話題になった。
	薄熙来審判事件	重慶市のトップである共産党委員会書記薄熙来が失脚し、その裁判過程が微博で数日にわたり公開され、議論を呼んだ事件である。
	厦門バス爆発事件	厦門市のBRT線のあるバスが突然爆発し、90人の乗客のうち47人が死亡した。社会に不満を持つ男、陳水総が社会に報復するために、焼身自殺を図ったものである。陳の不満を解決する道は本当になかったのか、ネットで議論が起こった。
	上海裁判官集団買春事件	上海最高裁判所の裁判官5人が、KTV（カラオケクラブ）で買春したことが暴露され、議論を起こした事件。

『新快報』記者陳永洲が逮捕された事件	『新快報』記者陳永洲が虚偽の記事を書き、ある企業を誹謗中傷したとされ、逮捕された。記者が倫理道徳を失ったのか、あるいは権力側が報道記者を弾圧しているのか、議論が巻き起こった。
上海黄浦江の豚の死骸事件	上海市の主要河川である黄浦江に大量の豚の死骸が浮かび、環境汚染だけでなく、疫病をもたらす恐れがあった。この事件から、飲用水の安全問題、大気汚染問題、食品安全問題などが議論された。
陝西省神木県「房姐」事件	陝西省神木県銀行幹部の龔愛愛が、北京で十数億元以上の不動産を持ち、かつ偽名も使っていた。彼女は自分の権力を乱用して、不法な手続きでローンを組み、大量に利益を得た。

　これらの事件は数多いネット社会事件の氷山の一角にすぎないが、社会的影響力が大きく、現在でも流行語として語られることが多い。その中には「娯楽事件」「社会道徳・倫理事件」「環境・食品安全関連事件」「反官僚腐敗事件」などさまざまなジャンルが見られる。

　まず、娯楽消費・芸能界に関わる事件を見てみたい。例えば、ネット有名人「鳳姐」は娯楽性が強いため有名になった。「鳳姐」の本名は羅玉鳳で、容姿と学歴が普通であるにもかかわらず、ネットでは「仙女美人」「才色兼備」を自称して、彼氏を公開募集し、応募者の条件に「3K」(高学歴、高身長、高収入)を要求した。「鳳姐」のネット言論と彼女本人の容姿などのギャップが大きく、彼女の言動がネットで話題になり、ナルシスト的なシンボルになり、娯楽消費の対象になった。そのほかアイドル唐笑が警察官を蹴った事件や香港スターのプライベート写真が流出した「艶照門事件」が芸能界のスキャンダルニュースに属する。このような事件において、ネットユーザーたちは主に「見物人」という立場で、事件を深く掘り下げることもあまりなく、一笑に付して、事件を消費の対象とすることが多い。

　次は社会倫理、道徳に関する事件を見てみよう。例えば、「丁香小慧(別名：最も悪い継母)事件」は、ネットでアップロードされた血だらけの小さな少女の画像と継母に虐待される様子の報道内容が、多くの注目を集め、さらに転載が重なるうちに「事件」として認識されるようになった。報道内容によると、6歳の少女である「小慧」(慧ちゃん)の体は常にあざだらけで、また病

院に搬送されたときには吐血が止まらなかった。DV（ドメスティック・バイオレンス＝家庭内暴力）を受けた疑いが持たれた。最初の「容疑者」は小慧の継母だった。継母はネットユーザーからの非難を浴びて大きなプレッシャーを受けた。「死にたくなったときもあった」とインタビューに答えた。最終的に、小慧は血友病を患っていて、体のあざはDVによるものではないことが判明した。無実の継母を「虐待者」に仕立てたのも、その疑惑を解いたのもネットユーザーであった。これは第5章で言及した「人肉捜索」と似た倫理問題が内在し、「ネットの言論暴力」が課題となる事件の一つであった。

　また、倫理・道徳の影響が深刻なものとしては「南京彭宇案」がある。彭宇という青年は、バスを降りたとき、倒れた老女を助けたとされる。当時老女が感謝の意を表したが、その後、彭宇にぶつけられたと主張し、医療費の賠償などを要求し始めた。当事者の主張が食い違っていたが、裁判所では彭宇を有罪であると判定、罰金の支払いを命じた。裁判所の判決理由は、もし彭宇が加害者でなければ、その女性をそこまで助けることは「常識」に逸すると述べた。人助けを「常識に逸する」と結論したことについて、今後誰も人助けができなくなり、この判決自体が最低限の道徳観に挑んでいるのではないかと、ネットで話題になり、批判と危惧の声が多い。

　「南京彭宇案」を受けて、自分自身を守るために人助けをやめた人が増えたとされている。その極端な事例が2011年の仏山「小悦悦事件」である。当時4歳の少女小悦悦（悦ちゃん）が車にひかれ、道に倒れた。しかし、多くの人が通りかかったにもかかわらず、誰も彼女を助けようとしなかった。30分後、ある清掃員が悦ちゃんを介抱し救急車を呼んだが、救助は間に合わず悦ちゃんは亡くなった。「彭宇案」から「小悦悦事件」まで、中国の現実社会の道徳問題・倫理問題を反映していると同時に、ネット言論の拡大効果で実社会に負の影響を与えてしまうことも事実であろう。一方、その負の影響を減少させるため、人助けをする前に携帯で写真や録画をして証拠を残す方法もネット上で広がった。

　次に、環境問題、食品安全問題に関わる事件を概観したい。例えば、厦門のPX工場事件、三鹿粉ミルク事件、痩肉精クレンブテノール事件などは、人々の日常生活に密接な関係があり、誰でもその被害者になり得るため、多くの共感を得やすい。特に中国では大手企業は国有であり、経営トップは政府と緊密

な関係にあるため、金銭と権力の結託は懸念されており、批判の矛先を向けられる。また食品安全問題は、「偽物づくり」が常に絡んでいるので、食品安全へ徹底的な監査管理と偽物を作った人への厳罰は、議論の的である。

環境問題・食品安全問題の事件は反官僚腐敗事件とも関係している。ネット社会事件が「ジャーナリズム的な力」を最も発揮しているのは、官僚腐敗の暴露と公権力の監督だと考えられる。娯楽問題や倫理道徳問題は、マスメディアでも報道できるのに対し、現状では官僚腐敗の暴露および権力の監視は、マスメディアが報道しにくく、さらに現在の司法・行政システムでは役人がかばい合うこと（官官相護）が多く、行政、司法のルートで「告発」しても解決されないことが多い。一方、官僚の収賄問題、愛人問題、一般人に対する威圧的な態度などは、人々が日常生活で見聞し、また政府部門と関わるときに実際に経験することもあるため、官僚の不正行為や態度の悪さには不満や憤りが大きく、この類いの事件に敏感に反応する。情報通信技術設備の発展に伴い、社会には無数のセンサー／アンテナが張り巡らされている状況にあるため、インターネットによる腐敗撲滅のネットワーク「網絡反腐」が近年中国で社会現象になっている。

「周久耕事件」「広西局長日記門」「逸軍『你替誰説話』事件」「最牛団長夫人」などのネット事件では、ネットユーザーの積極的な関与と論評が圧力となり、不正官僚の免職をもたらした。例えば、「周久耕事件」では、南京不動産管理会社（公営）の局長の職にあった周久耕の不当な発言をきっかけに、ネットユーザーがいわゆる「人肉捜索」を行った。やがて周の公開写真などから収賄の事実が突き止められ、ネット上で暴露された。その結果、周は「収賄罪」で免職となり、実刑判決を受けた。また、「温州海外考察団」事件は、あるネットユーザーが地下鉄で一つのファイルを拾ったことに端を発する。そこには温州市の官僚たちが海外での「考察」活動に関連する資料や費用明細が含まれていた。明細から「公費旅行」の疑いが濃厚であるため、そのユーザーが資料と明細をネットにアップし、これが大きな議論を引き起こし、関連官僚も処分を受けることになった。

ここで強調しなければならない点は、最初は直接に官僚や公権力と関連なく、あくまでも一般の事件／個人の事件と認識されていた社会事件が、真相追求のプロセスで、公権力と緊密な関係にあることが判明した社会事件も多数存在す

るということである。つまり当初「政治性」は強くなく、意図的な「権力監視」でなくても、事実が次々と明るみに出る過程で政治性が濃くなるケースが多い。「脱政治性」であれば、比較的言論の自由度は高く、ネットユーザーたちの言説活動の余地が大きかったため、上記の事例では「再政治化」がもたらされたと考えられる。

　ジャーナリズムにはいろいろなジャンルがあり、娯楽、芸能、スポーツ、倫理道徳なども含まれると考えられる。本書で提起しているコレクティヴ・ジャーナリズムには、これらの要素も含まれているが、中国においてコレクティヴ・ジャーナリズムは伝統マスメディア・ジャーナリズムの対抗軸として誕生し、発展している。つまり、マスメディア・ジャーナリズムに欠けている部分こそ、コレクティヴ・ジャーナリズムの存在意義がある場所である。

　次節から、数多くのネット社会事件の中から、4つの代表的な事例を選び、事例研究を通してコレクティヴ・ジャーナリズムの特徴を明らかにしていきたい。

6.2　事例研究：華南虎事件

　「華南虎事件」は2007年に中国トップ10のネット事件に選ばれ、多くの注目を集めた。事件に関する議論が2008年も続き、持続的な注目と広範囲な議論が2年間にわたり続いた。その社会的影響力も大きく、「偽物・捏造の摘発」と「政府・官僚への監視」としてシンボル的な事件になっており、この事件にちなんで「正龍拍虎」などの新四字熟語も中国社会で流通し始め、「ネットユーザーが勝ち取った大きな勝利」として有名である。

　当初、この事件は単純に「写真の中の虎が本物か偽物か」という議論からスタートし、徐々に「政府部門や利益集団が関わっているかどうか」という真相の究明に変化した。ネットユーザーたちが表層の事実関係を確認するだけでなく、さらに深く掘り下げ、ある意味での「調査報道」も行ったことで、コレクティヴ・ジャーナリズムの過程を示した典型的な事例だと筆者は考えている。

(1) 華南虎事件の提起：ネットユーザーによる新しいアジェンダ・セッティング

　2007年10月12日、中国陝西省政府林業庁が記者会見を開き、虎の写真を公表した（図6-1）。写真の中には一頭の虎が写っている。この種の虎の正式名称は

陝西省林業庁が公表した「華南虎」の写真　　写真の撮影者である周正龍
図6-1　華南虎の公式ニュースで発表された写真

「華南虎」で、「中国虎」とも呼ばれ、中国特有の虎の亜種である。国家一級保護野生動物に指定された絶滅危惧種であり、すでに30年以上野生の状態では目撃されていない。陝西省林業庁は、この写真を通して野生華南虎の生存が確認され、虎の年齢などから数匹の華南虎の群れがいることも推測できると主張した。そして、発見された地域を中心に大規模な野生動物保護区の建設と観光開発を進めたいという意向も表明された。

　記者会見では写真の撮影者も紹介された。それによると、写真の撮影者は周正龍という元猟師の農民で、彼が命がけで、虎の足跡を手掛かりに追跡し、デジタルとフィルムで合計71枚の写真を撮った。緊張のあまりに、周が撮った写真は焦点距離がうまく合わずにぼやけてしまい、結果的に記者会見では2枚の写真しか公表できなかったが、彼の功績を表彰して、政府は2万元（約30万円）の奨励金と証書を授与した。

　多くのマスメディアがこの記者会見に参加し、林業庁の発表通りに記事を書いた。主要マスメディアと主要ポータルサイト、ニュースサイトでは、「野生華南虎が43年ぶりに陝西省で発見された」というタイトルで関連ニュースが大々的に報道された。特に権威のあるマスメディア、例えば中国中央テレビ局（CCTV）や新華通信社などでは、華南虎のニュースを報道した際に、「専門家たちが写真を鑑定し、本物だと結論付けた」と強調した。マスメディアは依然として強い社会的影響力を持っているため、「野生華南虎」の発見はマスメディアの「地位付与」機能により正当化される一方であった。そのままの流れでは、地元政府が企画した膨大な予算を必要とする「野生動物保護区」の建設や

第6章　ネット事件と「集合的知性」が生み出すジャーナリズム──コレクティヴ・ジャーナリズム

地元の観光開発なども着々と進むことが予想された。

　しかしインターネットの出現により、人々は真相究明とジャーナリズムの実践の場を手に入れていた。テレビや新聞で「野生華南虎」の報道を目にした一部の市民たちは、写真に不自然さを感じ、その真偽に疑問を抱くようになった。インターネット上のチャットルーム、ブログ、電子掲示板（BBS）フォーラムなどで、「写真は合成されたのではないか。中の華南虎は本物なのか」という素朴な疑問が飛び交うようになった。

　最初にこの問題を熱心に議論したのは「色影無忌」という写真・撮影・カメラの愛好家たちが集まる BBS ウェブサイトであったとされている。「色影無忌」は愛好家のサイトなので、普段はあまり知られていないが、そこでは撮影に関する知識が生かされ、撮影の角度・距離、カメラの焦点距離など、比較的専門的な視点から写真の真偽が議論された。

　そのほか、天涯論壇、捜狐論壇、新浪論壇、網易論壇、強国論壇など多くの BBS でも華南虎写真に関するポストやスレッドが続々と現れ、ニュースのコメント欄でも書き込みが多数記入されるようになった。写真技術専門外の人々もそれぞれ個人の感想や見方を述べるようになった。また、ネットには境界線がないため、華南虎写真に関する情報や議論が、多くのプラットフォームを越境し、互いに参照・引用された。

　初期の議論の中には映像技術の観点から写真は「Photoshop」[注40]（以下引用文以外はPSと略する）を使って加工されたもので、偽物であると主張する意見があった一方、権威あるマスメディアが公表したものだから、写真は本物だと支持する意見も見られた。そのほか半信半疑の人も多かった。「写真が本物か偽物か」をめぐって、真相究明するためにインターネット上で各種の情報が提供され、議論の輪が広がった。

　これが「華南虎事件」のネット社会事件としての発端であった。華南虎の写真に対して、ネット上のジャーナリズムは、マスメディアの「アジェンダ・セッティング（議題設定）」とはかなり異なるものから始まった。

(2) 華南虎事件の展開：ネットユーザーたちの情報収集と議論（報道と論評活動）

　ネットでのユーザーたちの言説活動は広く分散しており、その量も膨大なので、あらゆるネットプラットフォーム（BBS、ブログ、コメント欄）を考察し、

191

全ての言論を網羅することは不可能なため、本書ではネットユーザーたちの情報収集、公開の活動を、主に天涯社区というBBSでの「天涯第一貼」を中心に分析を行う。

「天涯第一貼」はその名の通り、天涯論壇で「No.1」と呼ばれているポストである。「No.1」には、天涯論壇では「初めて」と、このポストが多くの注目を集め、議論者数が多く議論時間も長く影響力が強い、と2つの意味がある。「天涯 No.1 ポスト」を選択したのは、このポストが中心的な役割を果たしたと強調するためではない。また天涯で活躍したネットユーザーが中心であるのを強調することも意図していない。天涯サイトでは、この No.1 ポスト以外にも関連ポストが数多く存在する。これは、無数のポストやコメント欄の中の一つにすぎない。ただ、無数のポスト、スレッドの中から「天涯 No.1 ポスト」を選ぶ理由の一つは、多くの先行研究の中に、No.1 のポストが言及されているので、先行研究と比較できることが期待されるからである。2つ目は、「天涯」サイト自体のアクセス数が多く、No.1 ポストの華南虎事件に関する議論は2年間にも及んでおり、事件の全体を把握するには適していると考えられるためである。

それでは、「天涯 No.1 ポスト」の基本状況を見てみよう。

2007年10月15日に、陝西省林業庁が記者会見を開いた3日後、天涯社区では「党指揮槍」というハンドルネームのネットユーザーが「華南虎はまた偽のニュース？」というタイトルのポストを発表した。2009年11月30日に筆者がポストにアクセスしたところ、最後の書き込みは2009年11月18日であった。中心的な議論期間は、2007年の10月15日から2008年の7月までの間である。2009年11月30日時点で、No.1ポストには、18万0867のページビューと1379のコメントが記録されていた。

図6-2から、最初の数日間は議論が最も活発であったことが分かる。一般のポストの場合、最初のピークが過ぎたら、通常、コメントが徐々に少なくなる傾向がある。しかし、「天涯 No.1 ポスト」の場合、最初のピークが過ぎた後でも、時期によって活発に議論が行われる時期が幾度かあった。

議論とコメントが時期により活発になる契機と背景が存在する。

最初の呼び掛けから約2週間後の2007年10月30日、あるネットユーザーのオフラインの実験により、周が撮った写真の中の虎は段ボールである可能性が示

第6章　ネット事件と「集合的知性」が生み出すジャーナリズム――コレクティヴ・ジャーナリズム

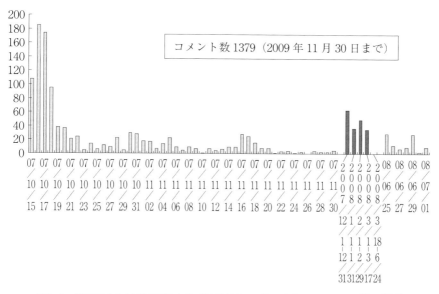

図6-2　「華南虎」事件に関する「天涯No.1ポスト」のコメント数の推移

された。この投稿が注目され、議論を呼び起こした。翌日の31日に、英国の『タイムズ』紙の報道「First picture of endangered cat in 30 years may be a paper tiger」が「天涯No.1ポスト」に原文のまま引用され、報道は写真の中の虎は紙である可能性を示唆したことが注目された。以上は、2007年10月30日、31日辺りにコメント数が多かった理由であると考えられる。

2007年11月16日に、写真の虎と全く同じ姿勢・表情の虎の年画ポスター（旧正月に掛ける吉祥やめでたいものを表す絵）がユーザーによって発見され、論壇にアップロードされた。これが決定的な証拠になり、コメント数も上昇した。

ネットユーザーの力によって、写真の中の虎が偽物であることが証明され、真相究明のための議論が尽くされたため、2007年12月以降、コメントが減少したが、時々まだ、政府の説明責任を求めるなどの発言が散見された。しかし、2008年3月18日から、「天涯No.1ポスト」には新しい書き込みができなくなった。

2008年6月25日、ポストへの書き込み機能が再開され、ネットユーザーたちがいち早く気づき、メッセージを残した。

2008年6月29日に、陝西省政府が謝罪文を公表し、事件収束のシンボル的な出来事になり、ネットユーザーたちが勝利を祝うコメントを書き込んだ。
　こうしたコメント数の変化からも事件にまつわる主要な出来事の発生時期がある程度読み取れる。
　以上の基本状況を踏まえた上で、「党指揮槍」が発表した「華南虎はまた偽のニュース？」というポストを具体的に見てみよう。ポストはまず新華網陝西チャンネル・記者丁静の報道を引用し、その報道が多くのマスメディアに転載されていることにも言及した。報道された後、他のサイトやBBSですでに疑問の声が上がっている現状に鑑みて、「党指揮槍」は幾つか代表的なものを列挙し、皆の知恵を出し合って、ネットユーザーたちに鑑定を願い出た。「党指揮槍」は次の6つの疑問点を列挙した。
　①異なる時間に異なる位置のカメラで撮られた虎の斑模様が高度に一致している。虎は全く動いていなかったか？
　②虎の排泄物、足跡などの傍証が公表されていない。
　③虎がやぶの中にいるため、光は上から射し込むと考えられるが、写真を見ると光源は真正面から来たようだ。
　④虎は影にいるはずだが、写真では非常に明るい。PS[注40]で修正された可能性があるほか、下からフラッシュを使っているようにも見える。とにかく疑わしい。
　⑤虎は緑の環境にいるため、普通は緑っぽくなるが、写真の中の虎は青っぽくなっている。色温度の変化はPSの結果か、虎の白い毛が青っぽいか。
　⑥CANON400Dというカメラの機能はもっと明晰(めいせき)な写真が撮れるにもかかわらず、ぼやけた写真ばかりである。ソフトウエアの分析によると、この写真の撮影時間は1/50秒で、フラッシュが使われていない。光が主に真正面から来たということは、誰かが遮光板を持っていたか？
　「疑問点はまだたくさんあるが、天涯のネットユーザーの鑑定をお願いします。もしまた『偽のニュース』[注41]であれば、マスメディア業界は厳しく自己反省しなければならないのでは？」と「党指揮槍」はつづった。
　「党指揮槍」がまとめた6つの疑問点に対し、ネットユーザーたちが注目し関心を示すようになり、さらに新しい疑問点を付け加えた。例えば、①ソフトウエアを使い公表された2枚の写真のデータを読み取ると、前後25分間の時間

第6章　ネット事件と「集合的知性」が生み出すジャーナリズム——コレクティヴ・ジャーナリズム

差はあったが、虎が全く動いていなかった。全部40枚のデジタル写真と31枚のフィルム写真を考えると、写真撮影は少なくとも1時間以上に及んだ。野生の虎は動かず、プロフェッショナルなモデルのようだった。②虎の腹部の毛は白過ぎるので、野生状態とは考えにくい。撮影されるので誰かが洗ってあげたのでは？　③毛が白っぽく見えるのはフラッシュのせいだという意見もあるが、しかし、そうだとしたら虎の目が全く変化しなかったのはなぜだろうか。④撮影者周正龍の証言によると、当時虎はイノシシを追っていたそうだ。イノシシを食べ、空腹ではなかったから人間を襲わなかったというが、口のまわりには血痕などはなく、食事した痕跡がない。⑤華南虎は名前から広東省や湖南省などの華南地方に生存するイメージが強いが、陝西省は西北地方なので、地理的に難しい？

　このような疑問点を、ネットユーザーたちがユーモラスに、あるいは風刺的な態度で提出した。しかし、マスメディアが直ちに真相を報道することは期待できないため、ネットユーザーたちは自らの力で真相究明しようとした。その真相究明の過程は、ネットユーザーたちが「八仙過海、各顕神通」（それぞれ独自のやり方をし、各自が本領を発揮）して情報収集・情報公開に当たるものだった。

・ネットユーザーたちの情報収集と提供

　天涯No.1ポストの分析を通して、ネットユーザーたちが「報道活動」を行うための情報ソースには主に以下のものが含まれていることが分かる。

　まず、マスメディアとポータルサイトのニュース報道が重要なニュースソースである。マスメディアの報道は主に検証の材料になり、その中の当事者、例えば写真を撮影した農民の周正龍や関連所轄部門の責任者の証言と、写真情報に食い違いがあるかないかは、真相究明にとって重要な情報源である。次に、量は少ないが、外国の報道も引用している。例えば『タイムズ』（Times）紙の報道を引用し、また米国の科学専門誌『サイエンス』（Science）も言及された。その他、天涯以外のウェブサイト、BBS（例えば「色影無忌」BBS、強国論壇）や個人ブログからの引用も見られる。また、ユーザーたちのオリジナル情報も欠かせない。

　本節では、天涯No.1ポストにユーザーたちが提供した情報を、①ブリコラージュ（寄せ集めて自分でつくる手法）とDIY（自身でやる）的な手法、②オフ

図6-3　ネットユーザーたちがアップロードしたデジタル加工写真

ラインの実験、③細心の比較作業、④マスメディア報道のチェックという幾つかのジャンルに分けて紹介する。

①ブリコラージュとDIY的な手法

　伝統のマスメディアの専門記者の場合、真相などを確かめる際に、政府部門の責任者やプロフェッショナル、専門家に取材することで情報を得る傾向があるが、ネットユーザーは異なる。一般ユーザーはそうした意識が高くない上に、既存組織や専門家にアプローチする手段も限られているため、検証作業するためには、とりあえず身辺のものを利用し、既存情報をつなぎ合わせる傾向が見られた。

　例えば、ポストに提起された疑問点の中には、この写真が画像編集ソフトのPSで加工処理されたのではないかという項目があった。ネットユーザーたちが最初に取った素朴な行動は、ネット上で流通している野生や動物園で撮られた虎の写真を見つけ出し、周が撮った写真と比較することであった。そしてデジタル写真の編集技術を持つネットユーザーが自らPSで加工した写真をアップロードし、周正龍の写真も同じように処理された可能性を説明した（図6-3参照）。そして技術を持たないごく一般的なユーザーも、比較を通して少しずつ問題点を発見した。例えば、「敗出風格」は一般の華南虎の写真には巨大な足と爪が映っているが、周が撮った写真には全く足と爪が映っていないことを指摘した。またネットユーザー「jzgangww」は華南虎のひげに注目し、本物の華南虎のひげは長くて太いが量は多くないのに対し、周が撮った虎のひげは短くて多い、まるで綿のようだと指摘した。このように、一般ユーザーは特に技術を持たなくても、それぞれの視点で偽物の可能性を指摘した（図6-3）。

第6章　ネット事件と「集合的知性」が生み出すジャーナリズム——コレクティヴ・ジャーナリズム

　またPSを使って写真をアップロードした「jackysos」は、「5分で作ったの、似ている？」と自慢しながら、他のユーザーの意見を聞いた。ここで読み取ったのは、写真は決して長い時間をかけて作ったものではなく、一種の手軽さがあったことである。ほかのユーザーも早速、「似ている！　より臨場感が感じられた！　葉っぱの

図6-4　ネットユーザーが撮ったペットの猫の写真

周縁をもう少し処理したら完璧だ」「これこそ本物だろう」「証拠だ」などのコメントを残した。

　ほかに、虎の写真に関して、周の証言によるとフラッシュが使われたにもかかわらず、目が全く動かなかったという疑問に対し、自宅の猫をフラッシュ撮影し、その写真をアップロードしたネットユーザーもいた。ネコ科の動物は、フラッシュを使って撮影すると目が光る。そうした特徴的な反応を実証した（図6-4参照）。

　②オフラインの実験

　ブリコラージュの手法以外に、検証作業をするために、わざわざ虎の写真をプリントアウトし、山の奥まで行き撮影を行ったネットユーザーもいた。ハンドルネーム「輸得不爽」というネットユーザーは、ネット上から見つけた虎写真を大型プリンターで印刷し、段ボール板に貼り付け、山の奥まで持って行って、撮影した。そして、彼はその一連のプロセスを公開し、周が撮った写真の中の虎は、段ボール板にプリントしたものである可能性を検証。さらに、この手順で撮った写真は、周が撮った写真と同じく、怪しい色温度が現れたと指摘した（図6-5参照）。彼が撮った虎写真に対し、「より本物に近い」「本当に紙の虎を撮影してみたのか。感心だ」「感心！強い！強い！」「変な葉っぱもなくて、うまい！」などと評価した声がたくさんあった。

　③細心の比較作業

　マスメディアの報道と周の証言に基づき、さらに周囲の景観を細かく比較する作業を行ったネットユーザーもいた。比較の結果、周が撮った写真の中の華

197

　　　　虎写真の選定　　　　　　　大型プリンターでの印刷

　　　　山奥への移動　　　　　　　　　撮影結果

図6-5　ネットユーザー（ハンドルネーム：「輸得不爽」）のオフラインでの実験

南虎の本当の大きさと位置が特定され、虎の大きさは猫ぐらい、妙に大き過ぎると指摘されてきた葉っぱの原型も見つかり、それで説明がついた（図6-6参照）。

　④マスメディア報道の引用とチェック

　ネットユーザーは情報提供と議論の中で、マスメディアの報道もよく引用、参照した。例えば、「G2」が『西安晩報』の記事「10月13日に陝西省鎮坪発見華南虎」を引用し、リンク www.xawb.com と記者の名前などを明示した上で、すでに多くの証拠がそろっているため、全てが「偽物」とは考えにくいと判断し、写真が本物であることを支持した。また、PS説を否定する『新聞晨報』の報道「排除原版照片上老虎是PS的説法」（元の写真に映った虎のPS説が排除された）も引用された（「五大夫」）。ここで一つ注目すべき点は、多くのネットユーザーが引用などをするときには、情報ソース・出所を一般的に示している

第6章　ネット事件と「集合的知性」が生み出すジャーナリズム——コレクティヴ・ジャーナリズム

点である。

　さらに、マスメディアの報道に対しチェックをしたネットユーザーもいた。例えば、「第一印象1」によると、図6-7の左の写真は、『華商報』が報道したもので、専門家が華南虎の写真を鑑定し、本物であると結論付けた。一方、右の写真は、ネットユー

図6-6　華南虎の撮影位置と本当の大きさに関するネットユーザーの分析

ザーが見つけたロゴなしの写真である。この写真から、専門家の手にワイングラスがあることが明白にされ、また鑑定場所がレストランであることも明らかとなった。鑑定結果の信ぴょう性が揺らいだ。このようなチェックはマスメディアの報道への反論にもなった。

　天涯No.1ポストで見られるような真相究明の作業はほかのBBSなどでも進められていた。その中で、ある一枚の年画ポスターの写真が注目を集めた。2007年11月15日の夜に、ネットユーザー「攀枝花xydz」は「虎は偽物だ。自宅の壁には虎の年画ポスターがあり、その中の虎をよく見たら、耳以外は、年画の虎と周の虎は全く同じだ。アップロードの方法は分からないが（写真は既に撮った）」と「色影無忌」の論壇に書き込んだ。そして次の日、11月16日の

左：マスメディア『華商報』が報道した専門家の鑑定状況を示す写真。
右：ネットユーザーが発見したロゴなしの写真で、ワイングラスとレストランに関する情報を補足。
　　図6-7　マスメディア報道に対するネットユーザーのチェック

左：ネットユーザー「攀枝花 xydz」が撮影した年画ポスター「老虎臥瀑図」
右：年画ポスターの中の虎（上）と周正龍が撮影した虎（下）の比較検証
図6-8　年画ポスターと政府公表写真の比較検証

　午前10時半に、ネットユーザー「小魚啵啵啵」が同論壇に、「攀枝花 xydz」からもらった写真をアップロードした。天涯 BBS にもこの情報がいち早く伝わり、「game0808」が正午12:01にリンクを転送した。
　「攀枝花 xydz」が提供した年画ポスターは早速多くの注目を集め、ネットユーザーたちは、年画ポスターの中の虎とマスメディアが公表した写真に写っている虎を、さらに細かく比較検証した。その結果、２つの虎の写真は高度に一致するもので、年画ポスターは周が撮影した虎が偽物だと判断するのに決定的な証拠になった（図6-8参照）。
　一方、陝西省林業庁宣伝部主任の関克は新聞のインタビューで、「攀枝花 xydz」の写真は年画ポスターを PS で加工したおかしい写真だと反論した。陝西省政府は決して簡単に周が撮った写真が偽物だとは認めなかった。
　このように、ネットユーザーたちが積極的に情報を収集、分析、公開し、ネットユーザーなりの報道を行ったのである。この報道過程はマスメディア・ジャーナリズムの報道とかなり異なるものである。マスメディア報道の大原則は「確認してから公開する」であり、プロの記者が綿密に取材するだけではなく、裏を取る、信ぴょう性をチェックする編集者・デスクつまりゲートキーパーが存在し、報道内容（情報）の正確性・信頼性を非常に重要視している。「オー

マイニュース」(OhmyNews) が代表するような市民ジャーナリズムの実践も、プロの記者の記事や客観中立・不偏不党などの報道スタンスにはこだわっていないが、マスメディア同様、市民記者一人ひとりの「理性と主体性」を求め、記事で提供された情報の正確性や信頼性を依然として重要視する。

　一方、華南虎事件で見られるように、ネットユーザーたちは専門的な訓練やジャーナリズム教育を受けた人々ではなく、ブリコラージュと DIY 的なやり方で、身辺のいちばん得やすい情報を収集、分析、公開するのが一般的である。コレクティヴ・ジャーナリズムの担い手は不特定多数のネットユーザーであるため、マスメディアで働くプロの記者のような組織性を持っておらず、方向性を定めて徹底的に調査するというより、無数の方向へ模索するうちに「大海量」(大海のような量) の情報が集まる。「公開してから選別」というプロセスを踏んで、真実のかけらをつなぎ合わせるのが特徴である。そのプロセスにおいて、皆が参与者であり、関連分野のプロフェッショナルな技術を持つ人は専門知識で貢献するのに対し、非プロフェッショナルな人々はそれぞれの生活体験に基づく視点、情報や知恵を提供する。華南虎事件では、多くの証拠が集積し、真相が少しずつ明らかになり、最終的に画像ファイルのアップロード方法さえ知らない一般ユーザーが自宅にあるポスターの写真を提供し、いわゆる「決定的な証拠」となった。

　すなわち、組織化されていない一人ひとりの独立した個人が、写真の真偽(真贋) に関する共通の関心の下に集まり、多様な背景の持ち主たちが、それぞれの「得意分野」の情報を提供する。脱中心的で、交流が盛んに行われ、分散的な情報と分析の積み重ねによって、真相が徐々に浮かび上がり、報道過程でも「コレクティヴ」の要素が見られた。

　報道過程と同時に、ネットユーザーの間で華南虎の写真をめぐって熱い議論も並行的に行われていた。写真の真偽に対し、正反両論があり、議論の分野は撮影・写真処理技術、動物学、植物学、地理学など多岐にわたった。続いて、華南虎事件における議論・論評活動を見てみよう。

・ネットユーザーたちの議論

　ネットユーザーの議論は、初期には「写真の真偽」をめぐるものが多かった。偽物ではないかと疑問を抱いたネットユーザーたちは、上記のような「報道活動」を行うと同時に、疑問も多く提示した。議論の中に、偽物であると主張す

る「打虎派」がいる一方、写真が本物であると主張する「挺虎派」も存在していた。そして、一部の「何とも言えない派」もあり、写真が本物であってほしい、野生虎が生存してほしいという意見を発表したネットユーザーもいた。2007年10月12日に陝西省政府が写真を公表し、ネットユーザーの質疑を受けた後に、新浪網が実施したネット世論調査によると、写真の中の虎が偽物だと思うユーザーが52.19%で、本物だと思うユーザーが31.66%で、「何とも言えない」が16.16%であった[注42]。

　事件の初期段階では、マスメディアはほとんど「挺虎派」に属していたため、結果的に「打虎派」の声はネットユーザーのオリジナルな報道によるものが多かった。「打虎派」と「挺虎派」の間で多岐にわたって議論が繰り広げられた。例えば、地理的に陝西省は中国の中西部にあるが、本当に「華南虎」の生息地であるかどうかという質問に対し、虎が発見された鎮坪県は陝西省の一番南部に位置し、四川省や湖北省と隣接するため、古代から華南虎の生息地であると答えたものがあった。また、華南虎に関する生物学的な議論、つまり虎の種類に関する探究も続けられていた。

　この中で、影響が比較的大きかったのは、植物学者と高級官僚の論戦であった。植物学者は中国自然科学研究所に所属する傅徳志で、官僚は前述の陝西省林業庁宣伝部主任の関克である。彼らは主に自分のブログ[注43]を戦場に論戦を交わした。その論戦の重要な部分は天涯No.1ポストにも引用された。傅徳志は、主に写真に写っている植物に注目し、自分の分析結果を発表した。傅はまず虎の頭を覆っている葉っぱは極めて不自然であることを指摘し、次に虎を撮影した場所とされる鎮坪県の山々では、その気候条件から考えるとこのような大きな葉っぱの植物は分布していないはずだと植物学の観点から分析した。傅はこれらの分析に基づき、写真は偽物だと判断した。一方、関克はマスメディア・宣伝（プロパガンダ）を管理する高級官僚であるため、彼が権力を行使すれば、多くのマスメディアに働き掛けて、マスメディアなどを通じて傅に反論できたはずであった。しかし、下手にマスメディアを動かすと、民衆が不信感をさらに募らせ、逆効果をもたらす可能性もある。ネットユーザーを相手に説得するためには、関はあえてブログというネットメディアを選んで、一人のネットユーザーとして論戦に参加した。関は写真が本物であることを立証するために、状況証拠として野生の虎のものと思われる痕跡が写った写真をアップロ

ードし、現地の村民の証言と思われる内容をブログに掲載した。さらに周正龍本人から聞いたという話もブログにつづられ、その中で「命懸けでした」「非常に大変でした」など、感情に訴える文言を多数掲載した。そのブログのコメント欄に関に同調する書き込みも多数あった。

議論が進み、次第に、ネットユーザーの報道活動により、写真が偽物だとする証拠が集まり、ネットでの議論は華南虎の発見を主張する「既得利益集団の存在」などに焦点を当てるようになった。

例えば、「華南虎」の発見地である鎮坪県の地方政府は、虎保護区の設立を通じて中央政府からの補助金を狙っているのではないかという指摘が出された。また、ニュース報道で周が使ったデジタルカメラはその親戚の謝坤元のものと説明されたことを手掛かりに、ネットユーザーたちの人肉捜索によって、鎮坪県政府の公式ウェブサイトから、謝は県の経済貿易局長であることが発覚し、周と県政府の利益関係者とのつながりが浮かび上がった。さらに、もうすぐ中国共産党の第17回党大会が開催されるので、会議のために、「盛世出猛虎」（平和と繁栄の時代に凶猛な虎が現れる）ということわざにちなんで、陝西省政府は貴重な華南虎が出現したことを通じ、現在の中国を「盛世」とたたえたいのではないかと分析したネットユーザーもいた。

こうして、議論の中心は、「写真が本物かどうか」から「華南虎の出現」が発表された背景、「社会誠信と政府の公信力＝信頼性」に変化した。信頼性に関するコメントが増加し、天涯 No.1 ポストでは、それに関連する書き込みの比率が大きく上昇した。さらに、政府の説明責任（アカウンタビリティー）を求める発言も多くなった。

ネットユーザーの議論の中には、パロディー、風刺、皮肉の言論も多数存在する。例えば、あるネットユーザーは、「by the people, for the people, of the people」という米国第16代大統領リンカーン（Abraham Lincoln）の名言をアレンジして、陝西省政府が説明責任を果たしていないことを、ますます「bye the people, far the people, off the people」ではないかと風刺した。また流行音楽の替え歌を作ったり、著名詩人余光中の詩歌をまねたりして、周正龍と陝西省地方政府の利益関係をユーモラスに表現したネットユーザーもいた。そのほか、皮肉をこめて周と華南虎を主人公とする手作りの映画ポスターも投稿された。このような娯楽精神と風刺が具体的に真相究明に直接的に貢献することは

あまりないが、ネットユーザーの興味を引き出し、多彩な発言を触発し、コミュニティーの共感の育成にもつながり、事件に関する議論が長期間続けられる一因になったと考えられる。

ジェーン・マンスブリッジ（Jane Mansbridge）はかつて娯楽や風刺などの言論に関しては、「討議政治」に関わる可能性を検討した。「おしゃべり」「揶揄」「流行語」さらに「不愉快、非協力、そして復讐を目的とした発話、あるいは傷つけ合うことを前提とした怒りや自己中心的な話し方でさえも、長期的には互いの尊重と理解のために避けられない討議の一手続として必要なものである」（マンスブリッジ1999：223、林香里2002：209-210から再引用）と指摘したように、華南虎事件で「利益集団の存在」を風刺・揶揄する言説は、社会の弱者である一般ユーザーが平等と自由にアプローチするために使っているのならば、「討議プロセス」への受容とも考えられる。厳密な討議手続きを踏まなくても、討議への学習の一環として、重要な意義を持つのではないかと筆者は考える。

また、議論は常に多様で、強弁・詭弁も存在した。例えば、「挺虎派」の関克が周の代弁者の姿勢を貫き、いかなる証拠が出現しても「偽造だ」「ウソだ」「周の写真は100％本物だ」と強弁したが、結果的に彼らのこうした意見はネットユーザーに見捨てられたのである。

もちろん、ネット言論には非理性的、過激なものも含まれた。学者である傅徳志でさえ「ネット言語はときどき規範ではない。ときにはラフな可能性もある。みなさんのご了承をお願いします」と述べた。傅は特に罵詈雑言などを使ったわけではなかったが、「首を賭けてもいい、写真は偽物だ」とやや過激に表現した。

以上の考察から、議論のプロセスを通し、独立した多くの人々が判断することにより、多数者に認められる意見（正しい意見）が残り、認められない意見（間違った意見）は脱落していく、コレクティヴの要素は、議論のプロセスにも見られた。

・マスメディアの対応の変化

ネット上の「報道」「議論」が進む中で、マスメディアの態度に変化も見られた。

事件発端の最初の段階では、伝統のマスメディアは「挺虎派」で、公開した虎写真は本当であることを主張した。新華通信社、『広州日報』『新聞晨報』

第 6 章　ネット事件と「集合的知性」が生み出すジャーナリズム——コレクティヴ・ジャーナリズム

『中国青年報』などがその代表である。

　また、マスメディアは「写真が本物かどうかは重要ではない」、「重要なのは野生動物を保護すること」などの意見を発表し、話題を切り替え、事件の流れを変えようとする努力もあった。しかし、ネットユーザーたちはこれを認めず、野生動物保護はもちろん大事で、華南虎の生存も確認してほしいが、しかし写真は陝西省政府林業庁が公表したもので、その真偽は政府の誠信（信頼）と関係しているため、本物かどうかはやはり重要だという意見がメーンであった。

　一方、ネット上での報道と論評活動が続き、特に写真が偽物である証拠が蓄積することにより、徐々にマスメディアの態度も変化を見せ、『南方週末』などのマスメディアもネットユーザーの声を取り上げ、ネットユーザーたちの観点や行動を報道し、さらに、ネットユーザーの議論に基づき、現地での調査活動や調査報道をするようになった。

　そして、マスメディアから、事件の真相を追求するネットユーザーたちの立場を擁護する論評も出されるようになった。例えば、2007年11月30日の『人民日報』で発表された評論員（論説委員）の盧新寧による「公衆の前で、政府は沈黙を続ける権利がない」という論評では、「公衆が真相を追求する際に、政府が積極的に呼応し、真相を解明しなければならない。公衆の『知る権利、参加する権利、表現の権利、監視の権利』を尊重・保証すると同時に、政府の信頼性を取り戻すことが可能である」（盧2007）。そして、この論評は、科学／生物学的な意味での真偽だけでなく、社会的意義としての虎の真偽もまた重要であると論じた。また、2007年12月19日の論評「華南虎は一つの契機になれる？」の中で、盧は公衆の「知る権利、参加する権利、表現の権利、監視の権利」をもう一度提起し、華南虎事件がデッドロックに乗り上げても、人々が「真相大白」という信念を堅持する、これは政府にとっても貴重な資源であると強調した。このような論評はネットユーザーの支持を獲得し、天涯 No. 1 ポストでも引用された。

　一般のネットユーザーが中心的な役割を果たした「ネット世論」、さらにそこから読みとられる実社会の世論によって、最初は政府の発表通りにニュースを報道し、「パーティー・ジャーナリズム」（Party Journalism）の性格が強かったマスメディアが動かされ、立場を転換する姿が見られた。

⑶ 華南虎事件の結末：「ネットユーザー」たちの勝利

　ネットユーザーたちの報道と論評活動によって、政府公表写真の中に写っている虎は偽物であることが証明された。特に11月16日に年画ポスターが発見され、決定的な証拠になり、写真の虎が偽物だとほぼ認定され、全国レベルで陝西省政府の説明責任を求めるネット世論が形成された。

　しかし、政府側では、表に立っている関克らの官僚は年画ポスターがPSだと強弁し、写真の真偽を判断する最終の決定権が上級政府と指導者にあると主張する一方、陝西省政府は公式的になかなか明確な態度を示さずにいた。これに対し、ネットユーザーたちはいら立ちを隠せなかった。一方、ユーザーたちが互いに励まし、互いの信頼関係の芽生えや一定の緩やかな集合的アイデンティティーの形成も観察できた。

　最初は、互いにただのネットユーザー同士だったが、時間がたつにつれて、一種の「友情」が芽生え、「友達」という言葉が使用されるようになった。例えば、「qbenyi11」は、「虎を打つ友達！　黎明の前は一番暗黒で大変だが、私たちは忍耐強く待ちましょう。われわれはすでにできることをした。写真の中の虎は『活体』でないことを証明した。その後はすでにわれわれの手に負えるものではないが、関克らもこの点を知っているだろう。…華南虎事件以降、政府が本当に官僚制度に反省があれば、どんなに長くてもわれわれは待つでしょう」と述べた。

　その後、強まるネット世論、そしてマスメディアの報道態度の変化などが功を奏し、2008年2月4日に陝西省林業庁がやっと「社会公衆向けの陝西省林業庁の謝罪文」というタイトルの文書を発表し、国民に向けて、検証が不十分なまま写真を公表したのが軽率であったと謝罪した。そして写真の真偽の再調査と調査結果の公表を約束した。

　しかし、調査結果はなかなか出されず、時間がたつにつれ、天涯では書き込みがうまく機能しなかったりするようになり、ほかのBBSでも書き込み不能や、書き込みの削除が始まったなどの情報が天涯No.1ポストに流れ込むようになった。これを「危機」と捉え、ネットユーザーは「結束」を求めた。例えば、「盤土」は記念撮影を提案し、一人ひとりのハンドルネームを第一列、第二列、第三列の順に並べ、「かつての戦友たち」と呼び掛けた。そして、「拿着棒棒糖」が「私が来た！　続けて虎を打ちます。頂！」と書き込み、「馬甲怎

么穿」「三更不是半夜」「独自笑傲」「qwertyuiop8521」など多くのユーザーも「頂！」「支持」「up！」の意思表示をした。

　ネットユーザーの危機意識は結局的中した。2008年3月17日夜21：19：01の「虎仮府危」の「頂上去」の書き込みを最後に、2008年6月までの間に、天涯No.1ポストでは何の書き込みもできず、空白の3カ月になってしまった。

　再び転機が訪れたのが6月25日であった。この日の正午過ぎ12：31：43に「chinaslot」の「この虎、こんなに久しぶり。中国の官僚機構の効率は世界一」という書き込みがアップロードでき、ポストの「解禁」を意味した。これをきっかけに、さっそく多くのネットユーザーたちが集まった。「また書き込みができるようになった？」「ポストをアップするのは無罪だ」「遅ればせの正義でも期待している」などの声が書き込まれた。

　そして「鮮花開満山」は「打虎隊員たち、集合するのよ！」、「Jensonhjt」は「兄弟たち、また整備しよう！」、「虎仮府危」がもう一回「大集合写真」を提案し、「座席　第一列　第二列　第三列…第六列」の順でネットユーザーたちの名前を書き込んだ…。

　長い間の真相究明の闘いのプロセスにおいて、ユーザーたちには呼び名の変化が表れ、「友」「兄弟」「隊員」などから一歩、擬似友情的な親密関係が表れたと観察できる。緩やかでありながら、互いに励まし、互いに最後の勝利を目指そうという目標を共有し、一定の帰属感、信頼関係が見られた。

　このようなネットユーザーたちの粘り強い真相究明の熱意と動かぬ証拠の前に、とうとう2008年6月29日に、陝西省林業庁が再び記者会見を開き、写真が偽物であることを正式に認め、責任のある13人の党幹部・政府官僚が処分を受け、陝西省林業庁の副庁長朱巨龍、孫承騫は「行政過失」で退職処分を受け、林業庁情報宣伝センターの主任である関克が罷免され、また林業庁の庁長張社年も行政警告処分を受けた。その後、写真を撮った周正龍は起訴され、「詐欺罪」と「銃刀法違反」で2年6カ月の有罪判決が下り、奨励金の2万元が没収され、さらに2000元の罰金が課された。

　最終的には、ネットユーザーたちは勝利を収め、華南虎事件は幕を閉じた。

(4)　華南虎事件から見る集合知

　第2章で取り上げた「集合知」では、スロウィッキーの集合の知恵（Wisdom of Crowds）の文脈においても、レヴィのコレクティヴ・インテリジェンス（Collective Intelligence）の文脈においても、多様性が不可欠の基礎的要素となっている。華南虎事件において、ネットメディアの多様性が大きく貢献した。

まず、ネットユーザーたちのバックグラウンドはまさに多種多様である。前述したように、華南虎事件に関するネットでの情報提供と議論の範囲が非常に広く、撮影、コンピューター・グラフィックス、地理学、動物学、植物学などさまざまな分野に及んだ。ネットユーザーの中には、これらの関連分野のいずれかに専門的な知識を備える専門家的な存在（例えば、写真家、植物学者、IT技術者など）があったが、全ての分野に精通する人はいなかった。一定の専門知識を持つネットユーザーたちは、それぞれの専門を生かし、写真家がカメラのレンズ、ピントなど、IT技術者がPSの可能性、植物学者は写っている葉っぱの特徴など、多様な視点から写真の真偽を分析、議論した。そして、多くのネットユーザーは特に関連の専門知識は持っていないが、インターネットを活用して華南虎の生息範囲を調べたり、動物園などの生きている虎の写真を探したり、さまざまな情報を検索し、有用な情報を引っ張り出そうとした。そして、自宅の猫の写真を撮る人や、虎の写真を印刷して野外で写真撮影の実践をする人も存在し、ネットユーザーたちは多彩なアイデアを出して、写真の検証を試みた。

また、ネット空間における報道と議論において、情報ソースも多様性があった。報道過程に関する考察ですでに言及したように、ネットユーザーたちは、中国国内と海外のマスメディアの報道、ポータルサイトやニュースサイトの情報、ブログやBBSの書き込みなどさまざまな情報ソースを活用した。そして、ネットユーザーたちがDIY的でブリコラージュ的な手法や、オフラインの実験などを通じて、オリジナルな情報を生み出した。

そして、ネット空間におけるネットユーザーの言論の表現形式も多彩であった。文字による書き込みが一番メーンであるが、文体が多種多様で、その中には数文字、数行しかないものが多くある一方、詳細な分析を行う長文もあり、詩歌になっているものもある。また、気持ちなどを表す絵文字も使われている。そして文字以外は、写真、年画ポスター、パロディーの映画ポスター、動画なども利用されている。ネットユーザーたちの言説の中には、事実の陳述、冷静な議論と分析がある一方、感情的な訴え、風刺、揶揄、ユーモラスな表現など

第6章　ネット事件と「集合的知性」が生み出すジャーナリズム――コレクティヴ・ジャーナリズム

もあり、過激な言論、事件とは全く関係のない広告類のコメントなども見られた。このような多種多様な表現形式も、ネットユーザーの多様性の表れである。

こうした多様性の発揮で、さまざまな角度からの情報、分析が少しずつ積み重なることで、事件の全貌がより明確に分かり、写真の真偽以上の情報もシェアされ、集合的な「知識」「知性」が生み出されたと考えられる。

また、スロウィッキーは「Wisdom of Crowds」が発揮される条件の一つとして、独立性を挙げ、独立性を保つためには、メンバー間では意見交換をしてはいけないということも強調した。

華南虎事件と照らし合わせると、議論に参加したネットユーザーたちは、基本的に一般の人々で、特定の組織に所属しておらず、実世界では広く分散しており、あくまでも一人のユーザーとしての身分で個人の意志でネット上に意見を表明したり、情報提供をしたりしている。つまり、ある程度個人の独立性を持っている。一方、その中には意図的な情報操作をしようとする人も紛れ込んでおり、地方政府の指示を受ける「サクラ」の存在も否定できない。彼らを一般ユーザーが指弾するケースもあった。ただし、人数的に一般の人々が圧倒的に多く、全体の状況から見ると、個人の独立性が保たれていると言える。

そして、参加者が他人の意見を過剰に気にし、意見が同質化することを避けるための「独立性」を考える場合、華南虎事件では、真相の解明が多くのネットユーザーの共通の関心と目的であったので、説得力あるものがより受け入れられやすく、人々は無条件に他人の意見に賛同しエコーしているわけではないと考えられる。さらに、第2章の集合知に関する考察で明らかにしたように、簡単に正解が出ない場合、真相を解明していくためには、さまざまな情報と意見の交流、衆知を集めることが重要である。

例えば、華南虎事件の場合、政府公表の写真に対する疑問がネット上に上がった初期において、「打虎派」（写真が偽物だと認識し、証拠探しをする）のネットユーザーの間では、この写真はPSを使って加工されたものだという認識が主流であった。中には、「PSの使用経験を持つ者として、これはPSと断定するのだ」と専門的な知識から結論を出す人もおり、また自らのPS作品をアップロードする人もいた。一方、写真がPSで加工されたものではなく、そもそも撮影された虎は偽の虎なのではないかとする指摘もあったが、最初は少数であった。

この時点で、ネットユーザーの間で意見交換をせず、単純な数字集計であれば、PS説が偽虎説より賛成者が多く、「打虎派」が最終的に出した意見は「PS」になっただろう。

しかし、「挺虎派」は断固PSで加工していないと主張し、撮影者の周正龍は首をかけて「写真は100%本物」だと誓い、専門家の鑑定もPSの痕跡を認めていないと伝えられた。また、PSならきっと痕跡が残り、70枚に及ぶ写真を全てPSで加工するとしたなら、膨大な時間と労力が必要になるといったような説得力のある意見も見られた。

このような状況下、PS説が徐々に下火になり、多くの「打虎派」のネットユーザーは写真の虎のモデルを探すようになった。縫いぐるみを探すネットユーザーもいたし、段ボールの紙虎の撮影の実験をするネットユーザーもいた。そして、とうとう四川省のネットユーザー「攀枝花xydz」が自宅にある年画ポスターに目を付けた。年画ポスターの情報が公開され、写真の中の虎と非常に似通っており、人々の予想とも一致したため、比較的早く多くのネットユーザーに受け入れられ、決定的な証拠として認知されたのである。

こうして、できるだけ多くの情報を公開し、互いに意見交換をすることで、間違った多数意見がろ過され、正しい少数派の意見が認められた。

このプロセスから言えるのは、華南虎事件のように真相究明が必要なケースにおいて、最初はただの多数決ではなく、情報と議論の交流を通して、より正しいものを弁別することが大事である。逆に言うと、もし互いに交流がない場合、少数派の正しい意見が埋没する恐れがあるとも考えられる。

事件が発生し、基本的には「真相究明」という衝動から人々が集まり、議論に参加する。ネットユーザーたちが未組織的であり、ネットの言説空間が多様であるために、その発言の中には、感情的な発言やいら立ちと不満を吐き出す声があったり、正しくない情報や意見があったり、非理性的な声もときどき表れる。しかし、共通の目標としては真相究明や問題解決という思いがあるため、信ぴょう性、説得力がないものは認められにくい。ネットユーザーのクロスチェックを受けて、正しいものが残り、間違ったものが脱落していく。

華南虎事件では、問題の焦点が写真の真偽から政府の信頼性に移るに従って、政府の対応に不満をぶつけるようなコメントが増えた。一方、不満を慰め、冷静を呼び掛ける声もあり、大事な言論の場を維持しようとする自律性が働く傾

向も見られた。「真相究明」という共通の関心があるため、「集合」的に見れば、議論の全体の流れは理性的な方向へ向かい、結果的にマクロレベルでは、事件に関するネット世論に一定の理性が保たれたと考えられる。

6.3　事例研究：闇レンガ工場事件

　闇レンガ工場事件は、山西省の闇のレンガ工場で強制労働させられていた奴隷労働者の存在が暴露された事件で、ネットによる告発により全国的な注目を集めた。最終的に一部の労働者たちが救出され、レンガ工場の工場主が処罰される結果となった。

　闇レンガ工場事件は、奴隷労働者の存在を大手マスメディアがなかなか取り上げてくれず、地方メディアに報道されても反響が狭い範囲にとどまり、問題の解決が進まなかったが、インターネットの電子掲示板（BBS）の論壇に公開されたことで注目され、全国的な話題となり、ネット社会事件として発展した。華南虎事件と同様に、ユーザーの大量の転載・書き込みがアジェンダ・セッティング（議題設定）の役割を果たしたが、事件のきっかけがネットユーザーによる投稿、オリジナルな情報であった点において、闇レンガ工場事件は、マスメディアの報道に対する疑問に端を発した華南虎事件とは異なっている。

(1)　事件の発端

　2007年6月5日、大河論壇[注44]には「400人の父親が泣いている：誰が私たちの子どもを救ってくれるのでしょうか」というポストがアップロードされ、大きな反響を呼んだ。これが、闇レンガ工場事件が全国的なニュースになるきっかけになった。やや長いが、以下は手紙の原文である。

　　私たちは山西省闇レンガ工場で奴隷労働を強制された不幸な子どもたちの父親です。私たちの子どもは、まだ年齢が低く社会経験が浅いため、鄭州市の駅やバス停、立体交差橋の下、道路の脇などで人身売買を業とする者にだまされ、誘拐され、500元の価格で売られました。子どもたちが失踪して以来、私たちはすべてを放棄し、故郷を離れ、全国各地を歩き回ってわが子を探してきました。困難な捜索活動を経て、私たちはやっと確実な情報を手に入れ、子どもたちが山西省の闇レンガ工場に売られて奴隷労働者になったこ

とを知りました。私たちは自らの安全を考えずに現地入りし、さらに出稼ぎ労働者に偽装し現場に潜入したこともあり、山西省の臨汾市と永済市は闇レンガ工場が比較的集中する場所だと分かりました。

　子どもたちの境遇が劣悪であることを幾度となく想像しましたが、本当に山奥に入って、何重かの壁を越え、不幸な子どもたちと対面したときに、私たちは目の前の状況に驚かされました。手と足で這い、髪の毛が野人のような子どもたちがいました。中には、外部と７年間も完全隔離された子がいて、逃走未遂で殴られ、障害者になった子もいて、さらに工事監督に熱いレンガで背部を焼かれて血だるまになった子もいました（その後救出され、病院で数カ月治療を受けましたが、まだ治癒していません）。子どもたちは毎日14時間以上働かされ、腹いっぱいご飯を食べることもできませんでした。疲れ果てて少し動きが遅くなると、工事監督にレンガで叩(たた)かれ、頭が割れて血が流れてもぼろきれで傷を押さえ、続けて働かざるを得ません。殴られたり、棒で叩かれたりすることは日常茶飯事になっています。もっとひどいのは、殴られて重傷を負った子どもは治療を受けずにレンガ工場で放置されてしまうことです。もし自然に治る兆しがなく、あるいは病状が悪化すると、工事監督やレンガ工場の経営者が気息奄々(えんえん)のかわいそうな苦役者を生き埋めにしました。

　この子たちは、ずっとお風呂に入っていなかったため、体中が乾癬のようなものに覆われていました。一番小さい子はまだ８歳です。８歳の子どもはおなか一杯食べられるため、とても従順で、毎日成人でも耐え難い肉体労働をしていました。彼らはからだの自由が制限され、24時間工事監督や用心棒に監視されていました。彼らの恐怖に満ち、頼りない目を見ると、私たちの心に血が流れました。少しでも良心がある人が、このような状況を見れば、彼らを全員救助したいと思うでしょう。しかし、私たちの力はとても微弱で、河南省出身の子どもたちをできる範囲で救助するのがやっとでした。湖北省、四川省などの子どもたちに対し、私たちは力不足で彼らの運命を変えることができなかったことを恥じています。

　努力の末、合わせて40余名の子どもたちを救助し、親の元に帰しました。写真を通して私たちは彼らからいい情報をもらいました。私たちの子どもは、かつて彼らと一緒に働いたことがあったようです。しかし、子ども探しの親が多く、腹黒い工場経営者の警戒心も強いため、子どもたちが秘密裏にほか

のレンガ工場に移動することが多く、これは私たちの子ども探しにさらなる困難をもたらしました。

　男は涙を安易に見せないものですが、救出された子どもたちの体中にある重なり合った傷跡を見るたびに、私たちは泣かずにはいられませんでした。これらの若い生命にどのような災難があったのか、私たちの子どもがどんな危険に直面しているかは、容易に想像がつきます。私たちは父親です。私たちは子どもを救いたいと思います。しかし、山奥の全くなじみのない土地であり、工場主たちが消息通なため、私たちの子ども探しの道のりは本当に困難の連続です。私たちは本当に微力であり、子どもたちはつねに命の危険にさらされています。私たちは現地政府に助けを求めました。山西省の郷、県、市の警察局と労働部門（筆者注：雇用、厚生を管轄する政府部署）に何回も足を運びましたが、落胆しました。郷の派出所は無視するだけでなく、私たちがすでに救助した子どもたちを連れだすことについて故意に嫌がらせをしたからです。工場主が私たちを脅迫するときにも、現地の警察は何もしてくれませんでした。そして県レベルの警察局からは、「子どもたちは河南省で失踪した。強制労働を強いている工場主も河南省出身だから、あなたたちは河南省で事件を通報すべきだ」と言われました。仕方なく、私たちは河南省に戻りました。しかし、河南省の警察は救助ができないと言いました。子どもたちは強制監禁され、違法労働させられているが、命にかかわる事件にはなっていないから、立件できないとのことです。さらに、事件発生地は山西省であるため、山西省の警察の管轄下にあると言われました。また、誘拐犯の一人である楊某は誘拐された人を殴り、傷害の容疑で山西省警察に刑事拘束されたとの情報もありましたが、山西省警察当局はまだ誘拐の件が証拠不十分で立件できないと言います。これは明らかに組織された犯罪チームです。彼らは毎日標的を探し、あらゆる手段で鄭州市や他の地方から人を誘拐し、山西省の闇レンガ工場に強制連行しています。今、山西省の闇レンガ工場で働く自由のない労働者の中に、子どもだけでも1000人以上がいます。河南省出身者は400人以上います。もしこのような犯罪が阻止されなければ、毎日子どもが失踪し、社会の安定に深刻な影響を与える可能性が高いのです。

　警察部門の玄関を出たときに、私たちの気持ちはこの上なく重かったのです。命がかかっています！　弱い立場の私たちでも、困難を克服してやっと

手掛かりを見つけることができました。しかし、警察部門が互いに責任を転嫁し、私たちの子ども探しは中断されてしまったのです。「和諧社会」と呼ばれているこの社会なのに、生命の尊重はどこに体現されていますか？　長くて果てしない子ども探しの道、私たちはどこまで歩めるのでしょう？　一部の親は恨みを抱いて亡くなりました。精神が崩壊してしまった親もいました。私たちは子どもたちの家族です。どんなに困難があっても諦めません。しかし、子どもたちは？　彼らはまだ弱く、劣悪な状況の中でいつまで自分を守れるでしょうか。

　子どもたちの命は一刻も早く救わなければなりません。誰が私たちの子どもたちを救ってくれるのでしょうか？　山西省と河南省の政府の相互責任転嫁の後、私たちは誰に救助を求めるべきでしょう。緊急事態であり、命がかかっています。誰か、私たちを助けてください。

　このポストは、単独にスレッド（投稿）が立ったのではなく、ほかのポストのレスポンスという形で、控えめで目立たないようにする工夫もされたが、たちまち注目され、多くのネットユーザーによって、他の論壇などへも転載され、熱く議論されるようになり、事件はとうとう全国的な話題になった。

(2)　事件の背景

　闇レンガ工場事件において、インターネットがなければ、このような全国的なニュースとしてのアジェンダ・セッティング（議題設定）はほぼ不可能に近かった。事件が公になり、強制労働者と子どもたちを救助する可能性が高まるまで、紆余曲折があった。

・闇レンガ工場の長期にわたる存在と政府の怠慢

　闇レンガ工場の存在や、児童誘拐・未成年者や心身障害者の奴隷労働などの問題は、長い間秘密だったわけではない。1990年代後期から、中国で経済の急成長に伴う建設ラッシュのため、レンガへの需要が大きく伸びた。それを機に、山西省を中心に多くの非合法的な闇レンガ工場が開設され、中には誘拐され、人身売買された人（心身障害者も多い）を強制労働させる工場もあった。山西省公安庁幹部は、山西省の違法労働問題は1980年代から存在していたと認めている[注45]。2000年以降、河南省などを中心に、未成年者失踪のケースが増え

第6章　ネット事件と「集合的知性」が生み出すジャーナリズム——コレクティヴ・ジャーナリズム

た。子どもを失った親たちが河南省の関連部門に訴えかけて救出を求めたが、「別の省で人を探すのは難しい。山西省側の協力が必要だ」と断られてしまった。また山西省の関連部門でお願いしても、「あなたたちは河南省の戸籍を持っている。まずは河南省で解決すべきである」と門前払いされてしまう。誘拐事件などが解決されるどころか、問題は深刻化する一方である。

・マスメディアの限界

　違法労働問題に関して、この事件の前には一部の地方マスメディアによる零細な報道もあり、例えば、早いものでは1997年『華西都市報』の報道[注46]にさかのぼることができるが、状況の全貌がなかなか明るみに出ず、事の深刻さが一般には認識されていなかった。

　行政の協力が得られないため、河南省の親たちは仕方なく個々人で行動せざるを得なかった。失踪した子どもたちを探す途次、親たちが徐々に力を合わせるようになり、一定の手掛かりをつかむことができた。その過程で、他の子どもと成年奴隷労働者を見つけ、救い出したケースもあった。2007年5月9日から、河南省テレビ局都市チャンネルでは、記者の付振中が親たちの情報に基づき、闇レンガ工場に関するシリーズ報道をした。しかし、都市チャンネルは地域限定の放送で、情報の伝達範囲が狭く、ほかのメディアは追随して報道しなかったため、反響は小さかった。

　2007年6月6日に大河網で大きな反響を呼んだポストが、ネットで公開されるまでの道のりも平坦ではなかった。ポストの名義は400人の父親で、ネットユーザーたちもポストの内容にまず注目していた。2007年7月11日『南方週末』の報道によると、ポストを発表したハンドルネーム「中原老皮」のネットユーザーは、本名辛艶華という女性だった。

　辛の甥（当時16歳）が失踪したが、幸運にも他の数名の少年とともに他の親たちに救出された。甥も人身売買され、山西省のレンガ工場で強制的な奴隷労働をさせられた。傷だらけの甥の様子と甥から聞いた闇レンガ工場の劣悪な状況に驚き、さらにまだ救出されていない子どもが多数いることを知り、辛がその子どもたちの役に立とうと考えるようになった。子どもを失った親たちは途方に暮れており、うまく事情を説明するリテラシーと余裕がなかったので、自分たちの置かれた状況をうまく文章にまとめることができない。辛は親たちの代わりに声を出すことを決意した。

辛はまずマスメディアに助けを求めた。しかし、地元鄭州市の都市新聞では300〜400文字の簡略化した内容でしか報道せず、事の深刻さが伝わらず、反響を呼ばなかった。その後、辛は河南省内のマスメディアと全国レベルの大手マスメディアのホットラインに電話をかけ支援を求めたが、全く反応がなかった。

　このような状況では、情報を公開するためにはインターネットが最後の選択肢になった。辛は「400人の父親が泣いている：誰か私たちの子どもを救ってくれないか」という文章を書き、新華通信社が運営する新華網のBBSに、他人のポストの「レスポンス」という形で文章を送ったが、「微妙な内容が含まれているため、表示できません」というメッセージが返され、情報の公開に失敗した。他のサイトのBBSにも何度も試したが、最後は地元大河網の大河論壇（BBS）に「レスポンス」という形で文章を貼ったところ、無事に表示でき、やっと注目されるようになった。

(3) 事件の展開と結末
・ネットユーザーの議論と情報提供

　事件に対するネットユーザーの反応は非常に熱いものであった。大河網でのポストのページビューは6月6日〜18日の間で30万回を超えた。天涯論壇に転載されたポストは、数日でレビュー数が80万を突破し、コメントは2万1000個を超えた。ポータルサイトで特集が組まれ、ニュースのコメント欄やBBSでは闇レンガ工場の関連コメントが数万件に及んだ。

　ネットユーザーたちのコメントから、彼らがこのように熱心であった理由は幾つか読み取れる。

　まずは普遍的な人道的憤慨である。21世紀にこのような劣悪な条件で強制的に働かされる奴隷労働者の存在は言うに及ばず、被害者の中には未成年者が多く、特に8歳の幼い子どももこのような過酷な労働を強いられていたことに対して、強烈な驚き、憤りと同情を表明するネットユーザーが多かった。事件が早く解決され、関連闇工場が摘発され、子どもたちを早く救助してほしいという願いが多く見られた。

　次に、子どもを持つ親としての大きな共感、危機感が呼び起こされた。あるネットユーザーは自分の6カ月の子どもの寝顔を眺めながら、身をもって子どもを失った親の苦痛を噛みしめ、共感を抱いたとコメントした。闇レンガ工場

は山西省を中心に存在し、隣の河南省が誘拐と人身売買の主な被害地であるが、残酷な労働条件と高い死亡率で、さらに多くの労働力を必要としていたため、遠く離れた地域でも他人事ではないといった指摘があった。「事件が解決されない限り、誰でも子どもを失う可能性がある」というコメントから分かるように、闇工場が摘発されない限り、子どもの誘拐や人身売買は今後も続き、誰の家庭にも不幸が訪れる可能性があると、多くのネットユーザーは危惧した。

そして、地元政府への不満も爆発した。山西省、河南省両政府の「ボール回し」「不作為」、特に地元警察が救助に駆け付けた親たちに言った、「あなたの子どもでないのなら、助けなくてもよいだろう」という冷血な発言は、人々の不満をさらに高めた。

さらに、事件の関連事実を裏付ける情報もネットユーザーから提供された。例えば、山西省出身のネットユーザーは、身近にある闇レンガ工場の情報を提供し、奴隷労働の悲惨な状況に関する証言を行った。ほかに、現地では「官」と「商」が結託していることに関する証言もあった。地元の警察当局が示した事件対応の消極的な態度や、闇レンガ工場の経営者の親戚が共産党幹部であることなどの情報も次々と暴露された。

また、現地へ行き調査するネットユーザーも出現した。そして、家族に失踪者のいる人には、このようなニュースを見て、自分の家族も奴隷労働させられているのではないかと危惧し、失踪者の名前をネット上に公表し、捜索を依頼するネットユーザーもいた。

・マスメディアの変化

マスメディアは地域が限定されるなどのデメリットがあるが、インターネットの世界では「地域」でも、全国や世界中に情報伝送することが可能である。また、インターネットは例えば、「敏感な内容が含まれているため表示できない」というような制約が設けられる場合があるが、どこかに隙間があり、言説が表示されれば、その結果、全国や世界への情報伝送の可能性は高くなる。

闇レンガ工場事件は、長年存在していたにもかかわらず、マスメディアではまともに取り上げられていない。大きく認知されたのは、インターネットが中国で飛躍的に普及し始めた2007年である。事件のアジェンダ・セッティングのプロセスを見ると、インターネットが主役を担ったことは言うまでもない。大河網で大きな反響を呼んで、特に天涯サイトで一つのポストが80万のページビ

ューを獲得するにつれて、今まで「地域限定」だった河南省テレビ局都市チャンネルの報道や親たちの証言がインターネットで広がることになった。その後、伝統マスメディアが続々と「闇レンガ工場」に関する報道をし始めた。『南方週末』の報道によると、『南方週末』の記者もネット上のポストを頼りに、現場へ赴いた[注47]。

・政府の対応と事件の解決

　証拠はすでに十分にあった。世論を受けて、当時の温家宝首相が直筆で命令を出し、山西省の省長であった于幼軍も事件を重視し、関連部署が速やかに動き出した。最終的に、359人の奴隷労働者が救出され、未成年者は12人含まれていた[注48]。そして、一部の闇レンガ工場の経営者や人を殺した用心棒などが逮捕、起訴され、無期懲役や死刑に処された。ある工場経営者の父親が共産党幹部で、村の最高権力者でもあったが、その父親も免職と党籍除名の処分を受けた。事件は徹底的に解決されたとはいえ、救出された労働者数は実際の数字よりはるかに少ないのではないかと思われるが、ネットユーザーによる暴露で長い間闇に包まれていた「闇レンガ工場」問題は一応の解決が得られた。

6.4　事例研究：隠れん坊事件

　「隠れん坊事件」が事件として周知されるアジェンダ・セッティング（議題設定）過程は「華南虎事件」と類似しており、マスメディアの報道に対しユーザーたちが不満を感じ、真相究明を求める意見と大量の転載・書き込みがネット空間にあふれたことが始まりであった。しかし、「隠れん坊事件」は独自の特徴を持っている。第一に、事件の発生地点は拘置所の中にあって、人命にかかわる「刑事事件」であるため、一般のネットユーザーにとって現地への調査はほぼ不可能であった。第二は、政府が組織したオフラインの「事件真相調査委員会」に、数人のネットユーザーが初めて「ネットユーザー」という身分で参加したことである。現地調査が不可能な事件に対し、ネットユーザーたちがいかに「コレクティヴ」な力を発揮し、真相究明に努めたのか。また、オフラインの真相調査委員会の存在が事件にどのような影響を与えたのか。ここでは、これらの「問い」を念頭に事件を検証してみる。

第6章　ネット事件と「集合的知性」が生み出すジャーナリズム──コレクティヴ・ジャーナリズム

⑴　「隠れん坊事件」の起因（アジェンダ・セッティング）

　「隠れん坊」（中国語：躱猫猫）事件は2009年の重要ネット事件の一つで、流行語[注49]にもなった。今日でも公権力側が責任を回避し、明確な態度を示さない場合は、「躱猫猫」だと揶揄されることがある。

　隠れん坊事件を簡単に回顧すると、2009年２月13日に『雲南信息報』という地方新聞が「森林を盗伐した玉渓の男性、拘留半月後に死亡」というニュースを掲載した。記事の主な内容は次の通りである。2009年１月30日に、24歳の雲南省玉渓市北城鎮の青年李蕎明が、結婚式の費用を補てんするために森林の木材を盗伐し、木材盗伐の容疑で晋寧県警察局拘置所に拘留された。２月８日の午後にけがで入院したが、その４日後に死亡し、死因は重度脳挫傷であった。晋寧県警察局２月12日の発表によると、李蕎明が同室の拘留された者と一緒に拘置所の中庭で「隠れん坊」（躱猫猫）のゲームで遊んでいたとき、偶然同室者に蹴飛ばされ、不意に壁にぶつかったことが原因で死亡したという。

　『雲南信息報』のこの記事は最初は反響を呼び起こさなかった。しかし、『雲南信息報』の電子版である楽雲網に記事が掲載されるようになると、記事を読んだネットユーザーたちが警察側の発表に強い疑問と不信を抱き、書き込みが殺到し、事件は「隠れん坊事件」（中国語：躱猫猫事件）と呼ばれるようになった。その後、「躱猫猫」という言葉が、グーグル検索リストで「最も関心のあるキーワード」の一つになり、インターネット上では「躱猫猫」一色になった。例えば、中国の主要ポータルサイトの一つである「網易（NetEase）」のニュース欄に隠れん坊事件のユースが転載された際に、短時間に数万を超えるページビューと多数のコメントが書き込まれ、2010年６月２日までには、累計ページビューは29万を超え、コメント数は9711に達した[注50]。また、同じく主要ポータルサイトの一つである「捜狐」のニュースサイトでは「『躱猫猫』がネット流行語になったことに対して、あなたの意見は？」というアンケート調査が行われた。2009年２月17日の午後５時までに、合計8096人の投票があった[注51]。その内訳は次のようなものであった：

　「真相を一番知りたい」：3520票

　「無言。でたらめが甚だしい」：2737票

　「おかしい／ふざけている。ネットユーザーには才能がある」：1253票

　「今後このようなことがないように」：586票

この調査結果からも、中国のネットユーザーたちのネット事件に対する一番素朴な反応と気持ちは「真相究明したい」であることが再度確認できる。これはインターネット上の「コレクティヴ・ジャーナリズム」が発展する最も大きな原動力であると言えよう。
　また新浪網のサイトにも2009年２月20日[注52]にアンケート調査が開設された。その調査結果によると、「隠れん坊事件への意見」への回答は、
　①隠れん坊で死亡したという解釈は妙で、ウソであろう　86.4%
　②妙だけど、真相かもしれない　8.2%
　③何とも言えない　3.4%
　④隠れん坊で死んだのは真相だ　2.0%
　この調査結果も、人々のマスメディアと警察当局に対する不信を物語っている。
　電子掲示板（BBS）やニュースの書き込み欄には、次のような書き込みがあふれた。
　「刑罰を恐れて壁にぶつかって自殺と思ったが、『隠れん坊』で死んだなんて！　全く想像力を超えた」
　「対聯　上聯：前有俯臥撐　下聯：後有躱猫猫　横書き：でたらめ」
　「隠れん坊とは、娯楽性が強く、特定の場所（監獄、拘置所、労働教育所など）で遊ぶと一定の危険性を伴う、ゲームのことである」
　「我々のIQを侮辱しないでください！」
　……
　ネットユーザーたちの書き込みは、晋寧県警察側の発表に対する不信と風刺、さらにダイレクトな批判としても読み取れる。日ごろ警察へ不信を抱き、「庶民VS警察」の構図を持つネットユーザーたちは、死因に大きな疑問を抱き、そして、死者のために「正義」を求めるという素朴な思いがうかがえる。
　同時に、ネットユーザーたちによって事件に関する疑問点が多く挙げられた。例えば、①24歳の青年男性が、隠れん坊という子どものゲームで遊ぶのか。②成年男性がたとえ壁にぶつかっても、重度脳挫傷で死亡するのか。③李は数日後に結婚式を控えている。当時の状況で、拘置所でゲームする気持ちになれるのか。④拘置所などでは管理条例があり、帯・縄などを持ち込んではいけない。もし隠れん坊の際に、李は目を帯で覆われているのであれば、警察にも責任が

あるのではないか。⑤李は「牢頭獄覇」（刑務所で権勢を振るう受刑者のボスのこと）と呼ばれるベテラン受刑者に殴られて死んだのではないか。

そして、多くのネットユーザーは監視カメラの映像を公表すべきだと主張した。

(2) ネットユーザーによる情報収集と真相の断片

以上に見られるユーザーたちの疑問は推測に基づくもので、現場の情報がなければ、検証はできない。しかし、李蕎明を死亡させた事故（事件）の発生地は拘置所内部であるため、一般人は入れない。マスメディアは基本的に警察側の記者会見での発表を報道するため、現場の取材もできていなかった。謎が深まる一方だが、インターネットでは、一人ひとりのネットユーザーの断片的な書き込みから、真相が少しずつ見えてくる。

例えば、新浪サイトで掲載された「拘留された男性が拘置所で重傷を負い死亡し、警察はゲームで壁にぶつかったと発表」というニュースに対するネットユーザーの書き込みでは、拘置所経験者の経験話や、刑務関係の友人・知人から聞いた話を提供するものがあった。一人の証言だけでは、信ぴょう性などが疑わしいが、異なる地域からのたくさんのネットユーザーの具体的な証言が合わさると、真実の断片が少しずつ集まってきた。例えば、以下のような書き込みがあった。

■ 広東省広州市のネットユーザー、2009-2-21 21:15の書き込み

身分：ネットユーザー。個人背景：２年間の拘留所生活、７年間の刑務所生活。今は小さな商売を始め、どうにか暮らしを立てている。拘置所での「隠れん坊」はただの口実で、暴力といじめの口実だ。なぜかというと、第一に、あなたが農民で、お金も差し入れもない（十数年前は食べ物の差し入れがあったが、現在は全部お金になった。刑務所の中の物価は超高い）。だから、あなたが殴られる。第二に、あなたが新しい受刑者で、威厳を示すというか、鶏を殺して猿を脅かす（見せしめにする）というか、あなたが耐えられなければ、家族からお金を要求するようになる。第三に、なぜこのような「口実」を作るのかというと、あなたの頭には何かかぶせられているので、管理者に見られたら「隠れん坊」をしているのだと説明するのだ。あなたも誰が

殴っているのか分からないため、管理者に報告しても無駄である。実際、管理者も何があったのかをよく知っているが、ベテラン受刑者に「ちょっと静かに」と言うだけ。つまり、「隠れん坊」ということは、公開の秘密である。人が死ななければ誰も言わないし、死んだら隠れん坊のせいにする。そうすると、受刑者のボスも存在しないし、和諧だし、みんなゲームをやって幸せだし。

■　広東省恵州市のネットユーザー　2009-2-22 11:00の書き込み

　世界には拘留所ほどやばいところはない。もし管理者にお金を渡さなければ、悲惨な運命があなたを待っている。拘留所でも買春できるよ。一晩1000元。あなたは信じないかもしれないが、私はこの目で見たことがある。禁煙と言われているが、受刑者の家族が管理者にお金を渡せば、何でも OK です。中のタバコは1箱いくら？　いちばん普通の南洋双喜は70元。毎日何時間仕事する？　毎日14時間！　なぜそんなに長いかというと、受刑者の労働力はすでに管理者に売られたのです。1人の受刑者1日20元。このお金も全部管理者の懐に入る。管理者の給料は2000元ぐらいだが、実際にもらえるのは、1万元だ。差額は、全部受刑者の血と汗だ。

■　青海省西寧市のネットユーザー　2009-2-23 11:55の書き込み

　私が知っていることをここで書きます。某地の拘留所で、ある人はルール違反で「管教」つまり管理者の罰を受けたときに片足が殴り折られ、病院に送られた。その人の家族がその管理者を上訴しようとしたが、拘留所では拘留された受刑者全員に紙が配られ、検挙材料を書くように命じられた。つまり、その受刑者は脱獄しようとして管理者に殴られたと書かせた。結局、受刑者の家族は上訴を諦めざるを得なかった。そうでなければ、脱獄罪でまた刑期が長引くのです…。

■　広東省広州市のネットユーザー　2009-2-23 10:51の書き込み

　私の友人は刑務所の食堂で仕事をしている。彼も刑務所はとても「暗い」と言いました。新人受刑者の場合、男はまず殴られ、女はまず触られる。「彼ら」は賭博もする、一晩の金額は数千、数万元にも及びます。…

第6章　ネット事件と「集合的知性」が生み出すジャーナリズム――コレクティヴ・ジャーナリズム

■　河北省唐山市のネットユーザー　2009-2-24 00:48の書き込み

　このような事件は、全国各地の刑務所、拘留所ではほとんど同様です。…かつてはいくつかのジャーゴン（筆者注：隠語）を聞いたことがある。「新聞を読む、ガラスを拭く、床を拭く、饅頭を食べる」等々。「隠れん坊」もきっとジャーゴンの一つだと思います。すべては人をいじめる手段だ。匪賊のジャーゴンのように。

■　北京市のネットユーザー　2009-2-20 15:37の書き込み

　北京の刑務所には監視カメラがある。ベテラン受刑者のいじめ問題も存在するが、ひどくはなかった。布団などは全部刑務所で買った。しかし、お金を払っても、自分が使うわけではない。布の靴も買ったが、次の日から自分のものでなくなった（ボスに使われている）。布団と靴は、100元もかかった！

このような刑務所の「闇」に関する証言がネットユーザーから提供される以外に、医療関係者による医学的な視点からの分析もあった。

■　山東省済南市のネットユーザー　2009-2-22 10:27の書き込み

　公権力はまた国民のIQレベルをテストした。おかしい！　幼稚園の子どもも、隠れん坊で人が死んでしまうことを信じないでしょう。私は外科医です。このような重度な脳挫傷（頭蓋骨骨折）は、自分で倒れる場合はほぼ不可能です。そうなるには2つの条件がある。①頭に作用する暴力が相当大きい、②自己保護の動作がない。私はかつて一人の患者を診たことがある。10メートルの高さから落ちてしまい、地面も相当硬かったが、自己保護の動作があったため、結局両手骨折、内臓破裂はあったものの、頭蓋骨は骨折しなかった。この患者はもちろん幸運だったが、しかし、基本的事実として、人類の頭蓋骨はかなり頑丈ということです。

このような証言は、新浪網だけではなく、網易網などのニュースコメント欄にも書かれた。たくさんの拘置所／刑務所経験者、関係者であるネットユーザーからの情報、および医療関係者の分析などが集まり、それらが集約されると、

事件の全貌が少しずつ見えてきた。

　まず、医学的な観点から、人間には「自己保護」の機能があるため、李のような24歳の青年男性の場合、不意に壁にぶつかることで重度脳挫傷になる可能性は極めて低い。また、公になることの少ない拘置所／刑務所の内部の闇も暴露され、程度の差があるものの、ベテラン受刑者の新人受刑者へのいじめ・暴力などが存在し、管理者の非情や収賄などの事実も浮き彫りになった。「隠れん坊」は隠語の一つである可能性が高く、死亡事件に使われたことが、日常生活の感覚を持つ一般庶民が違和感を覚えた理由であろう。

　しかし、このような刑務所の裏話は、マスメディアでは報道されないし、警察側も公的な場で能動的に認めるわけがないため、インターネットがなければ、内部の人間しか分からず、白日の下にさらされることはなかっただろう。一方、ネットで公開された個々人の証言が蓄積され、たとえ中に多少間違いがあっても、証言が重なるうちに真相が徐々に明らかになったと考えられる。

(3) 「網民調査委員会」の結成と現場検証

　隠れん坊事件が、注目されるもう一つの理由は、ネットユーザーが参加した「事件調査委員会」の結成である。

　従来、政府側の発表と一般の人々（ネットユーザー）の間に食い違いや不信が発生すると、政府側がネット言論を禁止したり、あるいは沈黙を守り続け、事態の収束を待ったりする態度を取ることが多かった。しかし、多くのネット社会事件からネットユーザーのパワーが発揮されてきて、政府が受け身な態度を取ってもユーザーたちが粘り強く議論し、真相が究明されるまでネット世論を沸騰させてきたため、政府も戦略を転換せざるを得なくなった。隠れん坊事件について、全国のネットユーザーたちがインターネットで熱く議論し、雲南省晋寧県警察の発表に不信感を強く表明したため、地元の警察機関と政府には大きなプレッシャーとなった。この事態を受けて、雲南省宣伝部は一般のネットユーザーも参加できる「調査委員会」の結成を提言した。

　一般的に、「調査委員会」は専門家が参加する特別な組織であり、一般のネットユーザーが参加するのは極めて異例なことであった。2009年2月19日に参加者募集の公告が出され、2月20日に現場調査をする。応募の締切りは2月19日当日夜8時、募集人数は4人だった。非常に短い応募時間にもかかわらず、

第6章　ネット事件と「集合的知性」が生み出すジャーナリズム――コレクティヴ・ジャーナリズム

500人以上の応募者が殺到したため、その後、調査委員会のメンバーの枠は4人から8人に拡大された。そして、8人の代表は無作為抽出方式で選ばれたとされている。以下はその募集公告の内容である。

　社会公衆の知る権利を満足させるため、雲南省共産党委員会宣伝部が関連部門と合同で調査委員会を設立する。2月20日午前に昆明市晋寧県の事件発生地に赴き、「隠れん坊事件」の真相について調査する。現在、社会に向けてネットユーザーと社会各界の代表4名を募集し、代表者が調査委員会のメンバーとして調査に参加する。応募は即時に始まり、2月19日の夜8時に締め切る。興味がある者はふるってご応募ください。
　此れを以て公告する。
　中国共産党雲南省委員会宣伝部
　2009年2月19日

　この公告には幾つか注目すべき点がある。まず、冒頭に「社会公衆の知る権利を満足させるため」という文言があった。地元政府が民衆の意見を重視し、政府として公開・透明な姿勢を示すという意味が含まれている。次は、応募時間の短さ（2月19日公表当日の夜8時まで）と応募日から現場調査予定日までの時間の短さ（19日に応募し、20日午前に現地調査始まる）である。このようなスケジュールでは、調査員が事前に質問の準備や、法律関連知識を勉強する時間が全くない。また移動の時間も考慮されておらず、たとえ上海や北京にいるネットユーザーが選ばれても、時間的に現地調査の集合時間に間に合わない可能性が高い。つまり、実質的に地元の人に限定されてしまうことになる。一方、このような準備時間の短さにはメリットもあり、調査される刑務所側も準備時間が少ないため、真相を隠すことが難しくなると考えられる。3つ目は、応募の連絡方式には、普通の電話番号のほかに、中国で最もポピュラーなオンライン・チャットであるQQのID番号まで公開したということは注目に値する。インターネット時代に、即時通信できるQQはネットユーザーにとって便利で、応募しやすくなる。
　2009年2月20日に、真相調査委員会のメンバーが確定され、ハンドルネームまたは実名が全部公表された。ネットユーザー代表は、風之末端（ハンドルネ

ーム)、温星(ハンドルネーム)、辺民(ハンドルネーム)、能石匠(ハンドルネーム)、吉布(ハンドルネーム)と彭国競(実名)、王英武(実名)、李寧(実名)合計8人であった。そのほか、4人の法律関係者、3人のマスメディア記者代表もメンバーとなった。

　調査委員会の主任と副主任は、それぞれネットユーザーの風之末端と辺民であった。メンバー構成に関して、調査委員会の「調査報告書」には次のように書かれた。

　　調査委員会は15人で、1960年代生まれから1980年代まで年齢が異なり、また職業も全部異なる。メンバーはほとんど「初対面」である。雲南省共産党委員会宣伝部の公告を見て、隠れん坊事件の調査委員会を通して、ネットユーザーがこのように集まることは、過去には想像できないことであった。
　　メンバーに選ばれたということを知った当時、メンバーは皆興奮し、この調査活動に対してさまざまな「幻想」を持っていた。「隠れん坊事件」を徹底調査し、真相究明に貢献するという達成感が得られることも期待していた。

　調査委員会のメンバーたちは2月20日の午前8時30分に晋寧県を訪れ、隠れん坊事件を調査し始め、午後16時30分に現地調査が終わり、21日の明け方に「調査報告」が公表された。調査報告書からネットユーザーによる調査の「限界」も読み取れる。ネットユーザーたちが希望していた「監視カメラの映像のチェック」「同じ刑務所・部屋の容疑者へのインタビュー」などの調査活動が、「法律・制度上の問題」という理由で全部警察と拘置所側に拒否された。
　調査報告書によると、委員会のメンバーたちはなるべく客観・公正・理性を保ち、中国数億のネットユーザーの代表者であるという身分も自覚していた。客観公正のために、警察側が一緒に昼食するという提案をメンバーたちは拒否し、昼食も夕食も自費で賄った。また調査の過程で、公安副局長らに質問する際には、極力情緒的なものを抑えた。しかし、せっかく立ち入り禁止区域の拘置所に入っても、調査委員会は実質的な調査ができず、調査報告書には、参加したメンバーの無力感も記録された。

　現実における「無力感」。犯罪容疑者との面会、監視カメラの映像の閲覧

など、制度や法律を理由に拒否された。

　現実社会に、ネットユーザーであれ、調査委員会であれ、「真相」を探し出すのは無理である。最終的に真相を掘り起こすのは、法律資源を持つ司法部門である。今まで、公衆の知る権利が実現されておらず、またニュース部門の職能も果たせなかったため、公信力／信頼性の低下を招いた。こうした「非常事態」下、情報流通が最も迅速かつ透明であるインターネットとネットユーザーが新しい大衆偶像になり、風潮を巻き起こしたと考えられる。

報告書の最後には、委員会のメンバーたちは自分たちがベストを尽くしたため、あとはネットユーザーたちの論評に任せるという態度を表明した。

　調査委員会の仕事は、一日十数時間で見た、聞いたものを如実に詳細に記録すること。これはなぜわれわれがこの調査報告を遅くまでかかって書いたかの理由である。皆さんも見られるように、われわれは情緒的な質問をせず、できるだけ「公正」の立場に立ち、またネット上でユーザーたちが事件に対して表明した疑問点などを収集し、質問したのである。結果的に「真相大白」（究明）などは実現できなかったが、われわれの良心と責任を本報告書に体現できたと思う。最終的にはネットユーザーたちの論評に任せる。

実際、インターネット上で調査委員会のメンバーたちは結局政府が用意した協力者ではないかと疑問視する声も上がり、「メンバーに選ばれたのは、著名ネットユーザーが多いのではないか」「彼らは政府のサクラではないか」との発言が見られた。新浪網が2009年2月20日に始めたアンケート調査[注53]によると、「雲南省でネットユーザーを招いて隠れん坊事件を調査させることをどう思うか」という質問に対して、①「政治ショーの恐れがある。ネットユーザーの役割はまだ議論する余地がある」という回答を選んだ人が最も多く、全体の54.7％を占めた。②「イノベーションだ。民主主義を拡大させ、調査の公開性と透明性を体現することができる」と38.8％のネットユーザーはそれを評価した。③「何とも言えない」は6.5％だった。

⑷　隠れん坊事件の結末

　真相調査委員会は結果的に真相を究明することはできなかった。一方、インターネットでは、刑務所での裏話や証言が多く提供され、真相が浮き彫りになった。網易広東省深圳市ユーザー ip：116.25.*.* 2009-03-01 10：19：14 の発言によると、「刑務所に入ったことがない人は、永遠に分からないが、入ったことのある人ならこれはごく普通だ…」という発言からも分かるように、刑務所経験者は「隠れん坊」の意味を理解しており、事件の真相はすでに隠せない。ネットユーザーが真相調査委員会メンバー入りして、現地調査を行うという異例のこともあったので、隠れん坊事件への注目もさらに高まり、地元警察にプレッシャーが一層強まったことは確実と言えよう。2009年2月28日に、雲南省公安局が記者会見し、隠れん坊事件の「真相」を公表した。李蕎明の本当の死因は、「牢頭獄覇」（受刑者のボス）に殴られ、虐殺されたためだった。加害者と同時に拘置所の責任者も罪に問われた[注54]。

　「華南虎事件」と比べて、「隠れん坊事件」の真相究明の方が比較的迅速であった。事件が報道されたのが2月13日で、雲南省公安局が記者会見したのが2月28日であり、事件発生から解決までは15日ぐらいしか掛からなかった。これは一つの進歩と言えよう。そして、ネットユーザーが「民意の代表」として、オフィシャルな「調査委員会」に参加し、調査活動を試みたことは、史上初めてのことであった。このことから、「ネットユーザー」と「インターネット言論」に対する政府の対応の変化も見て取れる。今まで政府がネット世論を無視したり、黙殺したりして、時間が過ぎることで自然に人々が事件を忘れることを予期していた。しかし「華南虎事件」のように、ネットユーザーたちの粘り強さを政府側も徐々に認識するようになったため、雲南省の政府も言論をふさぐ・削除するという方針を取らずに、あえて開放的な姿勢を示したのである。政府の対応姿勢の転換も、ネット言論の高まりとネットユーザーたちの積極的な参加の副産物であると考えられる。

　「隠れん坊事件」は刑事事件であり、しかも、拘置所という一般人の立ち入り禁止の場所で、現場調査がなかなか難しいと思われた。しかし、経験者や関係者のネットユーザーがオンラインでの議論で、マスメディアや政府機関には絶対に公にできない裏話などを、ネット空間で暴露した。個々人の経験談なので、一人ひとりの証言には信ぴょう性が疑われる個所があるが、多数の証言お

およを一般の人々の経験・知識で、断片的な証言がつなぎ合わされ、真相が徐々に浮かび上がった。記者会見で警察側が公表した「調査結果」では、受刑者のボスの存在や、拘置所の責任者の監督不行き届きなどの事実をある程度認めたことによって、ネットユーザーたちがネットで提供した証言が事実と証明されたことになる。

一方、真相調査委員会のオフラインの調査は、注目され期待も寄せられていた。メンバーたちも、責任感や使命感を背負い、プロの記者のように、「客観・公正・理性」を目指し、規定された範囲での調査を行い、調査報告書をまとめた。しかし、その調査によって、事件の真相究明に実質的な進展が得られず、メンバーたちは「無力感」さえ感じた。その無力感はオンライン空間における自由との対比に由来したものだと考えられる。調査委員会にはオピニオン・リーダー的な著名ネットユーザーが参加し、オンラインでは不特定多数のユーザーから提供された数多くの情報に基づき発言しているが、オフラインでは孤立し何もできなかった。

6.5　事例研究：上海地下鉄チカン事件

「華南虎事件」「闇レンガ工場」「隠れん坊事件」は主に電子掲示板（BBS）を中心に展開した事例だが、「上海地下鉄チカン事件」は微博という言論のプラットフォームを主な場として展開された全国的なネット社会事件である。

まずは事件の概要である。2014年6月30日に、上海の地下鉄9号線の車両で、ある男性が隣に立っていた女性の太ももを触った瞬間が、真正面に座っている乗客の携帯カメラに収められた。その後、このセクハラ映像がネット上で公開、転載されるようになった。特に微博での転載数が多く、たちまち注目される事件になった。そのうちに、男性の「共産党員」「国有企業の幹部」などの身分も暴露されたことにより、事件は最終的に地域的な出来事から全国ニュースになった。

本節では、この事件を通し、微博を中心的なプラットフォームとして行われるコレクティヴ・ジャーナリズムの特徴を分析し、アジェンダ・セッティング（議題設定）、情報収集と公開、議論といった諸要素を考察していきたい。

(1) ビデオ投稿から始まるアジェンダ・セッティング

　2014年6月30日14時28分に、ハンドルネーム「123646阿斯頓」のネットユーザーが優酷網（Youku）[注55]で「上海地下鉄9号線猥瑣男猥褻－001」[注56]という長さ33秒のビデオ映像をアップロードした。画面のサイズなどから、携帯電話で撮った映像であることが推察された。映像には、座っている一人の男性乗客が隣に立つ女性乗客の太ももを触った様子が記録されている。

　この映像はYouku網でも注目されたが、Youku網の影響力だけではネット社会事件になるには至らなかった。Youku網でのコメント数は、約3カ月後の2014年9月5日時点になってもまだ200件ぐらいで、決して多いとは言えない。ネット社会事件にまで発展したきっかけは、このセクハラ映像が「新浪微博」に転載されたことである。新浪微博はユーザー数が多いため、ユーザー間で転送を重ねるうちに、注目が集まるようになった。

　つまり、上海地下鉄チカン事件は、一つの映像専門サイトでの投稿から始まり、このサイトにとどまらず、微博というより広いプラットフォームに転送されるようになり、そこで誰でも気軽にコメントをつけて転送することができたため、コレクティヴの力によってネット事件としてアジェンダ・セッティングされたのである。

　微博における情報伝達の特徴の一つは、「大V」[注57]（p.139参照）が持つ影響力が比較的大きいということである。微博では一人ひとりのネットユーザー間のつながりが比較的限定されるが、彼らを連結するのはたくさんのフォロワーを持つ「大V」である。「大V」が事件に注目し、情報を転載し、コメントすることは、フォロワーたちへの伝播効果が大きく、「セクハラ事件」においてもこれが事件ニュースの広がりを加速させたと考えられる。

　優酷網（Youku）で「上海地下鉄9号線猥瑣男猥褻－001」映像がアップロードされて以降、新浪微博では「24k愛恋」というハンドルネームのネットユーザーが2014年6月30日15時57分に率先して紹介した。ただし、「24k愛恋」のフォロワー数は53人で、ごく一般のユーザーで、注目度が低く、この発言の転載数は0であった。一方、17時37分に、ハンドルネーム「上海熱門資訊」のユーザーが「上海でセクハラ男が出現した」というタイトルで事件を簡単に紹介し、Youkuの映像も添付し、男の身元を人肉捜索で突き止めようと呼び掛けた。彼のこの発言はすぐに325件の転載を獲得した。新浪微博のユーザー公開

情報によると、「上海熱門資訊」は上海黄浦区に在住、上海大学卒の男性で、フォロワー数100万6129人、つまり100万人以上のフォロワーを有する「大V」レベルのユーザーである。この比較から、微博というプラットフォームでより影響力を発揮するのは、フォロワー数が多い「大V」であることが分かる。

これをきっかけに、事件が微博を中心に徐々に注目されるようになった。人民網輿情室分析員の呉心遠の調査によると、映像に映されている男性の個人情報はネットユーザーにより微博で少しずつ公表され、2014年7月3日にフォロワー数9万1179人を有するハンドルネーム「直播君」のユーザーがまとめて公表したところ、7月10日までに4万7000回の転載と1000件以上のコメントを得た。そのほか、上海以外の数十万人のフォロアーを有するオピニオン・リーダー、例えば@大鵬看天下、@王于京、@杜子建、@老徐時評、@中青報曹林、@呉稼祥、@作家崔成浩、@宋英杰、@他回精神病院了なども次々と、この事件に注目、コメント・転送をするようになり、さらなる拡散効果をもたらした。

人民網輿情観測室の統計によると、上海地下鉄チカン事件に関して、ネットニュースサイト、BBS、ブログ、新聞雑誌（伝統メディア）、微博が関与した。特にネットニュースサイトが比較的熱心で、関連報道の件数が多い。また微博での転載数が多く、重要な言論の場になっている。一方、ブログと新聞雑誌の報道数が比較的少なく、BBSでのポスト数も微博ほどなく、この事件において主要な議論の場ではなかったことが読み取れる。

⑵ ネットユーザーによる情報の収集と公開

・当事者に対する「人肉捜索」

事件に対するネットユーザーのコメントには、男性を批判する声が多く、男性の身元を「人肉捜索」して突き止めようという意見がたくさんの支持を得た。ネットユーザーによる情報提供により、男性の身元が少しずつ明るみに出た。ネットユーザーに収集され公開されたこの男性に関する情報には次のような内容が含まれていた。①身元：国有企業「錦江国際（集団）有限公司」の旅行事業部、弁公室副主任の王其康である、②中国共産党員であること、③個人の携帯電話番号、④社会保険（年金）の記録、⑤身分証番号、⑥妻の個人情報と携帯電話番号、⑦出身地は湖北省、⑧武漢大学法学修士号を持ち、人材として上海市に投入された。

そして、投稿された映像の音声を手掛かりに、映像の撮影者は安徽省安慶市出身ということも判明した。もちろん、撮影者は人肉捜索の対象ではないので、それ以上の情報は出されなかった。出身地が明かされたのは、撮影者をたたえるためだと考えられる。
　33秒の映像以外に上記の情報が公開され、男性にまつわる幾つかのキーワード、つまり「国有企業」「幹部」「共産党員」「上海市人材」などは、「2014年上海地下鉄チカン事件」を全国的に注目されるニュースに押し上げた理由の一つと考えられる（呉心遠2014）。この公開により、当事者である男性は、やがて対応せざるを得なくなった。

・事件に関する議論
　このような多重の議論のプレッシャーから、7月2日の午後に、映像中の男性である王其康は「会社指導者に付き添われて」警察局へ出頭し、状況説明を行った。王は女性乗客にわいせつ行為をしたことを否認し、「眠ったときに不注意に触った」と弁解した。
　しかし、ビデオ映像を見た多くの人々は、王の弁解を受け入れず、彼に対してさらに批判的な意見を表明した[注58]。以下は新浪微博から引用したネットユーザーたちの議論である。

不信と批判
一万個想不到菌：これは眠っている間に無意識に触った？　皆頭が悪いとでも思ったの？（7月6日19:52）
黎小明2000：目を開けてうそを言うのは、党員の基本条件だ。（7月6日19:57）
Roby醤：ビデオもあるので、眠っている？　夢遊病で携帯をいじった？（7月6日19:57）
Rebeccayrz：お、眠っていたか。手を動かして女性を触ったので、おそらく夢遊だった。（7月6日20:08）
不二家的小町当：目を開けて眠っているの？　下賤（げせん）な人だ。（7月7日16:55）

厳しく処罰すべきとする意見
kx0004：セクハラに対しては厳しく取り調べ、処罰すべきだ。（7月6日19:50）

第6章　ネット事件と「集合的知性」が生み出すジャーナリズム──コレクティヴ・ジャーナリズム

藍影兎子：彼の「咸猪手」（筆者注：チカン行為をした手）を切るべきだ！（7月6日21：39）

揶揄
Angelo_chang：「この人は幹部なのに、公用車を使わず、高級車を運転せず、庶民と同様地下鉄に乗っている。彼は接待を受けず、公金でサウナやKTV（カラオケクラブ）にも行っていない。そして、論理的に推測すると、彼は職権を利用し、たくさんの愛人を持つこともなく、彼は共産党の模範幹部だ！」（7月6日20：19）

隆隆晩空：「党の面目を失ったとか言わないで！　われわれ『群衆』の中に投げ捨てて来ないで。スープを汚すネズミのふんのように。気持ちが悪くなってくるよ」（7月6日20：19）

(3)　事件の結末とネットユーザーのさらなる反応

　新浪微博に転送された映像は、「政務微博」のアカウントを持つ上海軌道交通警察の目にもとまった。上海軌道交通警察は迅速に反応し、6月30日当日午後16時47分にアカウント名「@軌交幺幺零」を通して、事態に注目し調査をするという態度を表明した。

　その後、上海軌道交通警察が「@軌交幺幺零」を通して、事件の進展を随時ネットユーザーに公開し、透明性・公開性をアピールした。7月8日、上海軌道交通警察は「長微博」[注59]を通して、王のわいせつ行為が違法であり、「行政拘留」という処罰をするという通達を公表した。同じ日の夕方、国有企業「錦江集団」もオフィシャルサイトを通して、王の「党籍除名」と「雇用契約打ち切り」という処分結果を公表した。つまり王は、行政拘留、党籍除名、失職という三重の処罰を受けることになった。

　事件は終結したようにも見えたが、上海軌道交通警察が微博への通達に、「女性乗客が出掛ける際に衣服が適切であるべきだった」という文言を入れていたことが、また議論の的にもなった。男性の犯罪を結局女性のせいにする「差別的」なもので、「犯罪を見逃すのではないか」という意見が目立った。

　また、処罰が重過ぎるのではないか、本当に法律に則っての結果なのか、と

疑問視する意見もあった。ハンドルネーム「雅杰露水」によると、「セクハラ事件の主人公は、一時的な衝動のために、恐らく予想もしなかった高い代価を支払っている。しかし、このようなすさまじいネットのパワーを使い、行政権力に下から圧力を加え、民間の憤りを消そうとする方法にはまだ議論の余地がある。法律の公正な適用は、被害者だけでなく、容疑者にも必要である。もし法律を執行する側も、ただ民意の怒りが収まるために動くならば、それは法律が基本とする厳粛さと厳密さに欠けている！」（7月8日22：52）。

人民網輿情観測室のサンプリング調査によると、事件の結末などに関するネットユーザーのコメントで、主流意見は、王の処罰が「自業自得」であるというもので、47％と突出した。以下、順に、党籍除名を揶揄するコメント（16％）、警察の通達に問題があった（16％）、錦江集団の処理に不当がある（8％）、世論で監督すべきだ（6％）、処罰が重過ぎる（4％）、人肉捜索の暴力に注意すべきだ（3％）と続いた。

そして、インターネット（人肉捜索）がなければ、王が処罰されるという結果を得ることは難しかったという意見が多かった。

「上海地下鉄チカン事件」において、微博はアジェンダ・セッティングから情報提供および議論まで重要な役割を果たし、コレクティヴ・ジャーナリズムが健在であることを物語っている。最初に情報を暴露したのは一人のユーザーであるが、「ネット社会事件」になれるかどうかは、大量の注目と参加があるかないかにかかっている。地下鉄チカン事件のアジェンダ・セッティングも、今までのネット社会事件と同様に、多くの転送・転載によって成立した。

しかし、微博とは一つのプラットフォームと言っても、BBSのような一覧性ではなく、フォローする人が提供・転載する情報を閲覧してから転載・議論するため、個々人はフォローする人の影響を受けやすい。また、フォロワー数を多く持つ大Ⅴは「マタイ効果」（持っている人はさらに与えられて豊かになるが、持っていない人は持っているものまで取り上げられること）で、より多くのフォロワーを獲得することが可能であり、彼らが発信する情報がより多くのユーザーに届けられる。

6.6　ネット社会事件から見えるコレクティヴ・ジャーナリズム

以上では華南虎事件、闇レンガ工場事件、隠れん坊事件、上海地下鉄チカン

事件を例に、中国で影響が大きいネット社会事件の発生、発展から結末までの過程を分析した。これらのネット社会事件において、多くの非プロフェッショナルなネットユーザーの参加によって、ジャーナリズムの活動に当たるアジェンダ・セッティング（議題設定）、情報の収集と公開（報道活動）、議論（論評活動）が果たされていることが確認できた。

記者、編集者などの専門家の能力、理性、そして職業の規範などの上で成り立つとされる伝統なマスメディア・ジャーナリズムとは異なり、ネットユーザーが担うコレクティヴ・ジャーナリズムでは、個々のネットユーザーに十分な理性、知識、現場調査能力がなくても、コレクティヴのメカニズムの存在によって、人海戦術と集合的英知で多くのネットユーザーの力が集約され、事件の真相究明、理性が保たれる世論の形成、権力に対する監視などが一部実現できた。

ここでは、「コレクティヴ」のメカニズムの特徴を解析し、コレクティヴ・ジャーナリズムの基本要素を整理し、その定義を試みる。

6.6.1 「コレクティヴ」のメカニズムの特徴

本章の事例研究から、コレクティヴ・ジャーナリズムにおいて、不特定多数のネットユーザーが行った大量の引用転載、コメントと議論が、ネット社会事件形成の必須条件であることが分かる。

このような不特定多数のネットユーザーによる言論活動が可能になったのは、第2章で考察したインターネットという情報技術が提供する言論空間が存在する故である。インターネットの言論空間は利便性が高く、非プロフェッショナルな一般の人々でも、どこでも、いつでも、低コストでこの「情報の伝送路」を利用できる。また、その情報伝達はマルチインタラクティヴで、誰でも情報の送り手と受け手になれる。ネット空間上の情報も多くの場合、オープンかつフリーで、誰でも自由にアクセスできる。さらに、ネット空間での情報の価値、言論の質は送り手の社会的な地位、年齢、性別や民族なども一切関係なく評価される傾向がある。利便性が高く、公開性、平等性があるため、インターネットの利用者は非常に多様で、広く分散しており、実世界で互いに独立を保持でき、マルチインタラクティヴで情報の伝達と意見の交流が迅速に実現でき、情報と議論が蓄積、集約されることが可能で、「コレクティヴ」機能を創出でき

る絶好のプラットフォームになっている。

　さらに、ネット空間で活躍するコレクティヴ・ジャーナリズムにおいて、その「コレクティヴ」のメカニズムには以下のような特徴が考えられる。

・「公開してから選別」、個々の理性は必須ではない

　既存のマスメディア・ジャーナリズムは、プロフェッショナルな記者、編集者によって、報道内容は選別、整理されてから発表するのが一般的であるのに対して、コレクティヴ・ジャーナリズムの場合は、「公開してから選別」（ジェフ・ジャービス2011＝2011）というネットならではの特徴を持っている。サイバースペースでは、専門的・非専門的な意見、推測、転載の情報があふれている。個々人が提供した情報は、断片的、情緒的なものが多く、その中には、単なるミスのほか、故意の歪曲（わいきょく）、虚偽的情報も混じっている。例えば、華南虎事件では、マスメディアが報道した「華南虎」の写真に対して疑問を感じたネットユーザーたちの中には、写真はフォトショップ（PS）によって加工されたものではないかという指摘があったが、これは結局間違った推測であった。また、華南虎事件で見られたブリコラージュ的（寄せ集めてつくる）なやり方も科学的な方法とは言い難い。さらに、「挺虎派」の言論には、意図的に間違った情報も提供された。そして、多くの事件において、一部のネットユーザーの感情が高揚し、真相の究明と問題の解決に資することがない情緒的な発言が多数見られた。

　しかし、事件に関心を持ち、真相を知りたいネットユーザーが多数参加することにより、ネットユーザーたちの多様な知識とそれぞれの専門性が生かされ、さまざまな視点から情報がチェックされることが可能である。このプロセスの中で、虚偽の情報に対して、いったん疑問視する発言が出、そしてその指摘が合理的なものであれば、議論の中で虚偽の情報はネットユーザーの支持を失い、引用、転載されなくなり、徐々に脱落していく。例えば、「華南虎」写真のPS疑惑は、情報の増加と議論の深化の中で、根拠と説得力に欠けるため、それに関する議論が広がらず、多くの支持を得られず、結局、議論の中心から外された。特に、より日常生活に近い事柄ならば、ネットユーザーたちは普段の経験、常識から判断しやすいので、このようなことが起こる確率がより高くなる。

　一方、断片的な情報であっても、そこに新しい事実、観点などが含まれれば、より多くのネットユーザーの注目を得やすく、賛同・共鳴されると、引用や転

載が継続的に増え、議論のメーンストリームに入ることができる。このように、有用な情報が次第に整合され、真相に近い事実が見えてくる。つまり、一部のネットユーザーの発言に、非理性・不正確な情報があっても、上述のコレクティヴのメカニズムによって真実が最終的に浮かび上がるため、議論に参加する全ての個人が常に理性的であることがその必須条件ではない。

　プロフェッショナリズムによって記者、編集者の理性、職業倫理を維持し、正当性と権威性を堅持しようとする伝統メディア、登録制と講習などで市民記者の理性と能力を確保し、専門の編集者による事後編集で記事の質を保とうとするオーマイニュース（OhmyNews）などの市民メディアとは異なり、ジャーナリズムの過程に参加する全ての個人に高い資質と完全なる理性を要求しないため、コレクティヴ・ジャーナリズムへの敷居が低くなり、専業の記者、アクティヴな市民記者ではない一般のネットユーザーが自由に参加でき、より多くの市民の秘めたパワーを発揮することが可能になる。

- 「囲観（傍観・注目）にもパワーあり」、脱中心化

　華南虎事件には、当事者である地方政府の幹部、有名な学者も写真の真偽をめぐる議論に参加したが、事件の全過程において、アジェンダ・セッティング（議題設定）から報道、論評までのジャーナリズム活動は、多くの無名の一般ネットユーザーによって行われており、主導的な役割を果たす中心的な人物がいなかった。確かにアクティヴなユーザーが多数存在し、彼らが普通のユーザーよりも活発に情報提供し、議論を行ってきたが、誰かが決定的な貢献をしたわけではない。特定のアクティヴなユーザーが中心になり、事件の解決が進められたのでもない。一方、年画ポスターが「決定的な証拠」と言われているが、年画ポスターを発見したネットユーザーはごく普通のネットユーザーで、事件発生後1カ月近くたってから、偶然に年画ポスターに気付き、写真をアップロードしただけである。また同様な年画は中国各地で販売されており、たまたま今回は四川省のネットユーザー「攀枝花xydz」が発見者になったが、その後他のユーザーからも相次いで証言が得られたので、Aでなくても、BやCか必ず誰かが発見するとも考えられる。この意味では、コレクティヴには、脱中心化、というメカニズムが存在する。

　闇レンガ工場事件も全国的に注目される事件になるには、インターネットの存在に負うところが大きい。大河網でのそれほど目立たない投稿をきっかけに、

ネットユーザーの注目と大量の転載と書き込みのおかげで、ネットによるオリジナルなアジェンダ・セッティングが成功し、「闇レンガ工場」というブラック・スポットへやっと光が差し込んだ。このようなアジェンダ・セッティングは、地震、津波、台風、事故などの突発事件に、偶然その場に居合わせたユーザーがマスメディアに先んじて記録した「スクープ」映像・情報の提供とは異なる。闇レンガ工場の存在自体は決して真新しいものではなく、ネットユーザーが記者より先にスクープした情報でもない。しかし、闇レンガ工場での奴隷労働者の存在について、それまで公開できるすべが限られており、真相が闇に包まれたままであったのが、インターネットのような情報技術の発展により、やがて大きな社会問題として広く認知されるようになった。

　この事件に関して、河南省テレビ局の記者付振中とハンドルネーム「中原老皮」の辛艶華を高く評価する傾向がある。確かに彼らはこの事件に関し努力をし、重要な役割を果たしたと言えよう。しかし、彼らが「中心人物」かというと、必ずしもそうでもない。

　付振中はマスメディアという「システム」の一員として、比較的熱心に親たちの話を聞き入れ、危険を承知で現場のレンガ工場に行き、取材を行ったのである。しかし、付が所属する河南省テレビ局の「都市チャンネル」は衛星放送ではなく、地域限定という限界を抱えている。言い換えれば、地域限定だからこそ、付のこうした行動が可能になったとも言える。そうでなければ、「敏感な内容」を放送してしまうという政治的なリスクがあるので、テレビ局の幹部は放送を許可する可能性は低い。「闇レンガ工場」に関する地域限定番組ということで、2007年5月9日以降に放送されても、反響をあまり呼ばなかったのが実情であった。

　一方、「中原老皮」の書いた「400人の父親」のポストが大きな注目を集めた後に、関連材料として付が取材した資料や番組内容が注目され、ネットでも見られるようになった。それでは、「中原老皮」が中心人物なのだろうか。「中原老皮」はポストを発表した後、長い間沈黙を保ち続けた。ユーザーたちが事件自体に関心を寄せ、ポストで書かれたように、救助の手紙を書いたのは「400人の父親」と認識していた。中原老皮が一人の女性であり、本名が辛艶華であることが公になったのは、2007年の7月中旬で、ポスト発表後から1カ月以上がたっていた。

辛がその後マスメディアの取材を受けたときに、「私は被害者家族の身分で救助を求める文章を書いただけで、救出に直接に関わったこともなく、現地調査をしたこともないので、主役であるべきではない」と話した[注47]（朱紅軍 2007）。

このように、河南省テレビ局の記者付振中とポストを書いた「中原老皮」は、一定の役割を果たしたものの、事件を全面的に推進した中心人物であったとも言い難い。

そして、脱中心化を特徴とする「コレクティヴ」が可能、必要となった理由の一つは政府による規制などの存在である。敏感な話題、政府にとって都合の悪い情報を公開することは、インターネットでも特定の個人になると、政府にマークされコントロールされやすいというリスクもある。例えばウィキリークス（WikiLeaks）では多くの機密文書が公開されており、その創設者であるジュリアン・アサンジ（Julian Assange）はすでに自由を失っている。中国の場合、政府によるネット規制が法制化しており、公開言論の規制が一層厳しい。そのため、情報の収集や公開が特定の個人に集中することはより難しいと考えられる。実際、いわゆる「公民記者」と呼ばれる人々は、活動家として政府にマークされており、制限を受けているのが実情である。つまり、「コレクティヴ」というメカニズムで、具体的に突出した個人が存在しないことは、言論活動をスムーズに行うのに有利である。全ての人をマークすることは、全ての人をマークしないのと同じである。この場合、インターネットの一定の匿名効果、および多数のネットユーザーの積極的な参加の「コレクティヴ」が、真相をもたらす。

脱中心的であることは、コレクティヴ・ジャーナリズムが、誰か一人や数人の英雄の手で成し遂げられるものではないことをも意味する。インターネット上では、ネットユーザー数の単位が数千万、数億人である。ネットユーザーはアクティヴ・普通・サイレントなユーザーの集合体である。そして、サイレントなユーザーの方が圧倒的に人数が多い。

しかし、「囲観（傍観・注目）にもパワーあり」という言葉のように、重要な情報、鋭い分析、立派な論評を提供できなくても、一般ユーザーによる関連記事／関連論評の転載・ページビュー・「いいね」クリックなどの声なき行動も、一種の態度表明であり、民意の動向として読み取れるため、多くのネット社会

事件において、これがアジェンダ・セッティングに大きく貢献しており、事件の影響拡大、世論の形成にも重要な役割を果たした。

・オリジナリティーにこだわらない

　コレクティヴ・ジャーナリズムの情報ソースは必ずしもネットユーザーの独創性（＝オリジナリティー）にこだわっていない。中国の事例研究から分かるように、真相究明に役立つ情報があれば、ネットユーザーたちはあらゆるチャンネルを通じて情報を入手するために努力し、ちゅうちょなく引用する。インターネットにおいて、できる限りの全面的な情報の収集と開示は、真相に近づくためには不可欠である。しかし、ネットでは無限の情報が存在しており、一人あるいは少人数で収集することは極めて困難で、負担も大き過ぎる。一方、不特定多数の人々が見聞した情報を提供することにより、個々人にとって大きな負担にはならず、統計学的にもより網羅的な情報をカバーすることが可能である。従って、コレクティヴ・ジャーナリズムの情報源は、既存マスメディア、ニュースサイト、外国のメディア（オンライン版）、ブログ、ツイッター、電子掲示板（BBS）など、多様化している。特にユーザーたちのオリジナル情報には、知恵だけでなく、彼らの情熱・努力・執着・期待などが包含されているため、コレクティヴ・ジャーナリズムの情報の多様性を最もよく表している精髄と考えられる。そして、華南虎事件などで見られるように、情報の引用に関して、出所である新聞名、タイトルやブログを書いた者の名前を示すことはBBSでは慣習になっている。これによって、情報への検証もある程度可能である。

　オリジナリティーにこだわらない理由には、コレクティヴ・ジャーナリズムが不特定多数のネットユーザーの言論活動によって行われていることがある。

　伝統的なマスメディア・ジャーナリズムにおいては、情報の伝播に「ゲートキーピング」があり、何が報道され何が報道されないのか、全てメディア機構としての判断に基づく。通信社、新聞社、テレビ局などはジャーナリズムを担う中心的な機関で、それぞれ主体性を持ち、独自の理念、社風などがあり、イデオロギー的な違いもよくある。ニュースの取材、報道、論評において、何々新聞、何々テレビといった特定の機構名は権威性、信頼性を持たせる重要な看板、ブランドである。同時に、その権威性、信頼性を維持し、向上させることもマスメディア機構にとって最も重要なことの一つである。さらに、激しい市

第6章　ネット事件と「集合的知性」が生み出すジャーナリズム——コレクティヴ・ジャーナリズム

場競争の下、独自色を出すこともマスメディアの至上命題である。よって、オリジナルな報道、論評を行うことは伝統メディアにとって、非常に重要なことである。

また、第2章で考察したインターネットを活動の場とする新興の市民メディアでも、それぞれ創設者の理念が反映されており、市民の立場と視点からオリジナルなニュースを提供する場合が多い。正確、信頼性の高い報道を行うことで、ブランドを確立しようとするため、市民記者の登録、養成、記事の事後編集などが行われている。独自のカラーを出すことで、市民メディアも自身の主体性を堅持しようとする。

そして、他からのニュースの転載を主とするポータルサイトでも、掲載するニュースの選択、版面でのニュースの置き方による重み付けなどにおいては、ある程度メディア機構としての主体性が介在している。

一方、コレクティヴ・ジャーナリズムにおいて、ニュースの報道、論評などは不特定多数のネットユーザーによって行われており、ジャーナリズムの担い手として自覚する人は少なく、職業とする人はさらに少数であるため、言論を持って自分のブランドを確立することなどは必要とされない。ネットユーザーが情報提供、意見発表を行う主な場はBBS、ポータルサイトのコメント欄、微博などとなっているが、コンテンツがネットユーザーの書き込みに依存するため、「言論の場」として提供されているこれらのプラットフォームに求められるのは集合所的な役割であり、その「場」自体に必ずしも主体性は必要とされない。

従来はマスメディア・ジャーナリズムが情報伝達、世論形成の主導権を握っていたが、コレクティヴ・ジャーナリズムでは、担い手であるネットユーザーはオリジナリティーを必要とせず、ネットプラットフォームも自身の主体性を必要としない「言論の場」であるため、そこで「コレクティヴ」される情報と議論は、より一般的なユーザーの関心と意見を反映しやすいと考えられる。

6.6.2　コレクティヴ・ジャーナリズムの定義と基本要素の再整理

こうしたコレクティヴのメカニズムを踏まえた上で、本書では、コレクティヴ・ジャーナリズムとは、「不特定多数の非プロフェッショナルな人々を中心に、インターネットを主な場として、パブリックな事柄について行われる議題

提起（アジェンダ・セッティング）、情報収集と提供（報道）、意見交換と評論（論評）などを通して形成される言論活動の総体である」と定義する。

コレクティヴ・ジャーナリズムの特徴として、①非プロフェッショナリズム、②公開、平等、脱中心化、③ミクロレベルでは、個人の理性と主体性は必須ではなく、マクロレベルでは、情報の真実性と正確性が保証できることが挙げられる。

インターネットとウェブメディアの進化により、誰でも情報発信が可能という点で「パーソナル・ジャーナリズム」の時代が到来したという認識がある。ジャーナリズムの衰退が一般的に議論されているが、「ジャーナリズム力の変容」（鈴木雄雅・村松泰雄2012）と捉えている研究者もいる。筆者は、インターネット時代のジャーナリズムの特徴はパーソナルでありながら、コレクティヴであることを強調したい。

本章で取り上げたネット社会事件で見られるように、事件の進展を促進し、ジャーナリズム的な力を発揮させた人々の多くは、無名のネットユーザーである。彼らは不特定多数で、切実な利害関心や関心を持つ話題に共感し、積極的に関与する。従って、共通関心がある話題に関して、マスメディアでは取り上げられない情報、あるいは報道にしても真相と程遠い記事に対し、「真相究明」を主張し、大量の転載、書き込み、議論をすることで、アジェンダ・セッティングの機能を果たす。この現象は、「倒逼」（逆襲）とも呼ばれる。メディア研究者劉揚によると、「主流メディアでは不便で、大々的に報道し、討論することのできないニュースと話題が、ソーシャルメディアで絶えない伝播を経て、十分にふくらんだ後、最終的には制止することのできない強い勢いとなって、再び主流メディアへ戻り、報道せざるを得ないよう強制する」と説明した（劉揚2012：234）。この現象において、不特定多数のユーザーの威力が発現されるが、それはネットメディアがもたらした一種の公民「賦権」（エンパワーメント）とも考えられる。

アジェンダ・セッティングだけでなく、事件の進展の過程で、個々人がジャーナリズム的には非プロフェッショナルな情報を提供することが多い。その情報源は多種多様で、マスメディアの報道、ネットユーザーのオリジナルな情報なども含まれている。特にオリジナルな情報の中に、興味本位で提供されたものがあり、手軽なブリコラージュ的なものもある。一人ひとりの情報には不備

があり、情緒的なものや偏見も見られ、意図的な虚偽情報が提供されることも少なくない。多くの情報が集まる中、ネットユーザーの間でも情報をチェックし合い、徐々に真相が浮かび上がることが多い。その情報提供の過程は、報道過程と似ており、一方、マスメディアが「選別してから報道」するのに対し、ネットメディアでは「報道してから選別」する方式で、個々人の情報の正確性と信ぴょう性にこだわっていない。

　このような情報提供の報道過程に伴い、議論も盛んに行われる。議論を通して、真相が一層明確になり、問題解決を訴えかけるために、議論の矛先は常に政府・公権力・制度に向けられる。これが「ネット世論」と呼ばれるゆえんである。ネット世論の規模は大きく、情報ソースも不断に増加されるため、政府当局に大きなプレッシャーを掛けることがしばしばである。真相究明と事件解決を政府に「倒逼（ダオビー）」することも少なくない。

　近年、オンラインだけでなく、ネットユーザーによるオフラインの調査も増えていることが確認された。具体的な事例を通して分かったように、組織的な「調査団」ではネットユーザーの活動に限界があり、オンラインは依然として最も重要な活動の場であることが確認できた。また、コレクティヴ・ジャーナリズムの担い手であるネットユーザーたちも、その活躍の度合いによりアクティヴなメンバー、一般のメンバーと見物のメンバーに分類することができる。その中に比較的大きな影響力をもつオピニオン・リーダーも存在する。しかし、オピニオン・リーダーとアクティヴなメンバーだけが社会的事件の推進を図り、ジャーナリズムを担ったとも考えられない。事件のプロセスにおいて、多くの一般ユーザーの知恵と情報提供は欠かせないもので、発言せず見物だけのサイレントなメンバーも転載や何らかの形で関与することにより、量的に大きな影響を及ぼしたと考えられる。

第 7 章　コレクティヴ・ジャーナリズムの意義と展望

7.1　コレクティヴ・ジャーナリズムの普遍性と必然性

　コレクティヴ・ジャーナリズムは主に中国の事例から抽出した概念ではあるが、決して中国に限られているわけではない。本節ではまず他国におけるコレクティヴ・ジャーナリズムの実例について紹介する。一方、他国では孤立的な事例として取り上げられることが多いのに対し、中国では多発し、すでに伝統マスメディア・ジャーナリズムにも一定の影響を及ぼしている。中国におけるコレクティヴ・ジャーナリズムの必然性についても探究する。

7.1.1　世界の「コレクティヴ・ジャーナリズム」の実例

・米国――「村をつくって携帯を取り戻す」

　シャーキー・クレイ（Shirky Clay）が『みんな集まれ！』という著書の冒頭で、コレクティヴの力を表す一つの事例を紹介した。ある女性 A が携帯をタクシーに忘れたが、その後、携帯は遠方に住む女性 B のところにあると知った。A は友人 C を通して B に連絡を取り、礼金を払い携帯を取り戻したいと願っていた。しかし、B は携帯を自分のものだと主張し、さらに B の兄と友人たちが A と C をあざけったり脅したりした。そこで C はウェブページをつくり、「遺失物を持ち主に返すのはエチケット」とし、当事者を懲らしめる目的で、事件の経緯をインターネットに公開した。情報が公開されたことにより、他のユーザーから多くの質問、激励、協力の申し出のメールが届いた。その中の一人のユーザーがソーシャル・ネットワーキング・サービス（SNS）サイトマイスペース（MySpace）を通して B のフルネームを知った。そこから B のプロフィールと家の住所を割り出し、さらに車で近くまで出かけて撮影したビデオをウェブにアップした。情報が集まることによりさらに多くの注目が集まり、やがて C のウェブサイトに100万人以上の利用者が集まるまでに成長した。こうして集まった情報により B が特定され、逮捕されたが、A は携帯を取り戻

した後は告訴せず、Bは釈放された。

・日本――科学者の最新研究成果の検証：「STAP細胞」疑惑事件

　2014年1月29日、世界的に権威のある科学雑誌『ネイチャー』（Nature）にSTAP細胞に関する論文が発表された。第一著者は理化学研究所（理研）の小保方晴子ユニットリーダー（肩書は当時）であった。しかし、2014年2月5日、小保方論文の不正を指摘する文章が、研究者の匿名投稿サイトに相次いで投稿された。このサイトは、公開されている世界の科学論文を検証するパブピアー（PubPeer）である。PubPeerサイトでの指摘によると、『ネイチャー』で発表された「STAP細胞」論文の内容に問題があるだけでなく、画像も小保方が3年前の博士学位論文で使用した画像と極めて似ているとのことであった。さらに小保方の博士学位論文までも検証され、数十ページに及ぶコピー＆ペーストの存在があるという情報が公開された。

　PubPeerサイトで不正疑惑の情報が集まるにつれ、マスメディアも報道するようになり、とうとう「STAP細胞」疑惑事件に発展した。関連著者たちが「STAP細胞」論文を『ネイチャー』から撤回させることに同意したにもかかわらず、第一著者の小保方は「STAP細胞」が存在するという見解を堅持した。その後、幾たびかの検証実験が行われ、2014年12月18日に行われた小保方自身による実験でもSTAP細胞の「再現」ができず、STAP細胞が存在する可能性が極めて低いと判断され、21日に小保方は理化学研究所を依願退職した。

・ドイツ――高級貴族官僚を失脚させた「防衛大臣辞職事件」

　2011年3月1日、ドイツの前経済大臣・当時の防衛大臣グッテンベルク（Karl-Theodor Freiherr von und zu Guttenberg）が博士論文盗用の疑惑で辞任した。事件の経緯は以下のようなものだとされている。ライプツィヒ大学（Universität Leipzig）法学部の教授フィッシャー・レスカノス（Fischer-Lescanos）が2011年2月16日の『南ドイツ新聞』（Süddeutsche Zeitung）で、グッテンベルクの博士論文には剽窃の疑いがあることを告発した。2月17日に、この博士論文のためのWikiサイトが立ち上げられ、475ページの内容および1200の脚注が公開で検索され、記録された。2月21日に、論文全体の21.6％が剽窃の疑いがあるとWikiサイトが報告した。

　グッテンベルク本人は男爵で貴族であり、妻はオットー・フォン・ビスマルクの玄孫で、ドイツでは非常に人気のある政治家である。メルケル首相は博士

論文の不祥事があったにもかかわらず、グッテンベルクの留任を支持した。しかし、匿名で寄せられた盗用・剽窃の証拠を基に、バイロイト大学（Universität Bayreuth）は 2 月25日にグッテンベルクの博士号を取り消した。3 月 1 日にグッテンベルクは防衛大臣を辞任した。

・韓国――「犬糞女（ケトンニョ）」事件

　2005年、韓国のある地下鉄車内で、乗客が連れていた犬が糞を排泄したハプニングがあった。飼い主の女性は周りの乗客からティッシュペーパーをもらったが、汚れた床ではなく犬の尻を拭いた。周りの乗客が犬の糞を始末するよう説得したにもかかわらず、女性は次の駅で地下鉄を降りてしまった。通勤客の一人が携帯電話でその女性と犬の姿を写真撮影し、人気サイトにアップロードした。

　道徳的に問題があるということで、ネット上で女性への糾弾が始まった。写真の中の女性の顔は髪で少し隠れ、はっきりとは判別できなかったが、バッグと犬が手掛かりで彼女が特定された。個人情報、親や親戚、友人の情報まで収集され、全てネット上で公開されることになった。結局、女性は通っていた大学を退学に追い込まれ、ネットでも謝罪し、精神的な疾患を患ったという[注60]。

　以上、米国、日本、ドイツ、韓国の事例を通して、不特定多数のネットユーザーのパワーで、特定の個人を探し出したり、事件の真相を暴き出したりするコレクティヴ・ジャーナリズムは決して中国特有のものではなく、世界共通の現象であることが確認されたと思う。「コレクティヴ」の特徴である、「個々の理性は必須でない」「脱中心化」「主体性の不要」なども確認された。

　不特定多数のユーザーが集まるサイトでは、非理性的で情緒的な発言は必ず存在すると言ってもいいほど普遍的と思われる。また参加する個々人が全て主体性を持つ必要もない。例えば、米国の「村をつくって携帯を取り戻す」事件や韓国の「犬糞女（ケトンニョ）」事件において、野次馬の存在も考えられるが、しかしながら非理性、非主体性の部分は事件の全容判明を妨害していない。

　日本のSTAP細胞疑惑事件において、最初に疑問が集まったのはPubPeerというサイトで、STAP細胞論文および博士論文に関する問題提起および検証は、ある意味で素人ではなく、その分野の研究者や専門家でなければならないため、理性と主体性がある程度確保された。しかし、ここでも匿名性が通用している。一部実名の科学者もいるが、多くは未登録者の投稿（Unregistered

Submission)である。突出して中心的な役割を果たした人物も存在しなかった。また、米国の携帯電話事件、ドイツの大臣辞職事件、韓国の犬糞女事件においても中心人物は存在せず、「脱中心化」が確認された。

　また、コレクティヴの「反権威的」「反権力的」、いわゆる権力監視機能も以上の事例からも見て取れる。例えば、STAP細胞論文が世界のトップレベルの科学雑誌『ネイチャー』に掲載されたことは、この分野において世界最高レベルの厳しい審査に合格したことを意味する。個人や少人数のグループが多少異議を提起しても、その権威性に挑戦することは困難で、STAP細胞疑惑事件にまで発展することは難しいと思われる。しかしインターネット時代に、匿名の研究者が集い、「肩書」「権威」「お墨付き」ではなく、内容そのものに注目し、検証した。結局エリートの論文審査委員が気付かなかった問題に、不特定多数の一般研究者が「集合の知恵」で気付き、STAP現象に関連する画像の捏造やデータの改ざんなどの問題が指摘されただけでなく、証拠も集まり、最終的に論文が撤回され、著者も懲戒処分を受けた。これらもインターネット時代の「コレクティヴ」ならではの成果だと考えられる。

　またドイツの大臣辞職事件において、グッテンベルクは貴族かつ高級官僚で、人気の高い政治家であるため、簡単には辞職しないことが推測された。メルケル首相も留任を支持した。もしインターネットが存在しなかったら、新聞などマスメディアへの情報のコントロールも多少できた可能性があった。しかし、人気政治家であるが故に、多くの注目を集め、博士論文への徹底的な検証がインターネットで不特定多数の人々により行われた。その結果、本文と脚注から多くの不正と剽窃と思われる証拠が得られ、最終的に辞職を余儀なくされた。「コレクティヴ」のパワーで権力を監視した好例であると思われる。

　ただし、以上の事例からもプライバシー侵害の問題が見られる。例えば、米国の携帯の事例では、他人の携帯を平気で使った女性Bの個人情報が全部インターネット上に公開されるようになった。さらにBの兄、ボーイフレンド、友人、未婚の母などの情報までが暴露された。

　また韓国の「犬糞女」事件も中国の「人肉捜索」とかなり似ており、女性に道徳的問題があるとされ、彼女を「探し出す」ために徹底的な情報収集が行われた。手掛かりは髪形、バッグ、そして犬の特徴などささいなものではあるが、不特定多数のユーザーの関与により、あっという間に個人情報が特定され、さ

らに親戚や友人の情報まで公開されてしまった。このように過剰な情報の露出により女性が精神的な疾患を患ったほどに、当事者のプライバシーの侵害問題は深刻なものである。

7.1.2　中国のコレクティヴ・ジャーナリズムの必然性

以上の事例では、現実的に探すには無理だと思われる人物の特定や、権威ある対象への監視と追及、「個々の理性は必須でない」「脱中心化」「主体性の不要」、およびプライバシーの侵害などコレクティヴ・ジャーナリズムと共通する特徴と問題点が見られた。ただし、米国やドイツ、韓国と日本では以上の事例はあくまでも集合知が働く個別な事例であると認識されたのに対し、中国では持続的に「コレクティヴ・ジャーナリズム」的な力が発揮されている。

言い換えれば、中国のような「コレクティヴ・ジャーナリズム」という概念の抽出に十分な数のネット社会事件が発生した国は、世界でもそれほど多くはないということである。中国で「コレクティヴ」が発動するネット社会事件の多発は、中国の政治、経済や社会状況と緊密な関係を持っていると言えよう。

中国でネット社会事件が多発している原因は何であろうか。中国の「コレクティヴ・ジャーナリズム」の社会的背景・必要な条件はどのようなものであろうか。中国におけるコレクティヴ・ジャーナリズムの必然性の考察に当たり、以下の5つの理由が考えられる。

第1に、中国社会が転換期を迎えており、社会矛盾が深刻化し、社会問題が多く蓄積している。多くの社会問題の存在は、ネット社会事件が頻繁に発生する根本的な原因である。

第2に、法制度と行政の機能不全である。政府部門と一般民衆（大衆）の間にコミュニケーション通路が断絶しており、社会に蓄積してきた社会矛盾と社会問題をスムーズに解決できていない。特に官僚の腐敗や不正が蔓延し、官僚・幹部は企業などの利益集団と緊密な関係にあり、不公正・不公平な待遇を受けた「民」が公的な手段を使っても問題を解決できず、「官」と「民」の対立も深刻化する一方である。

第3に、マスメディアの機能不全も指摘される。マスメディアは基本的に政府部門の管理下にあるため、政治的に敏感な内容が報道できず、取り上げられる話題が限られている。そのため、前述した「官」と絡んだ社会矛盾や社会問

題をなかなか正面から取り上げられず、弱い立場の「民」の声を十分に発信できない問題を抱えている。

　第4に、インターネット技術が急速に発展し普及している。特に近年、電子機器類の低価格化、パソコンやスマートフォン（ネット接続できる携帯電話）の普及により、インターネットという新しい「情報の伝送路」が普及し、誰でも情報の送り手になることができるようになった。

　第5に、ネットユーザーの急速な増加である。中国ではネット人口が急増し、ネット人口の全人口に占める割合も右肩上がりで上昇しつつある。社会全体の識字率（リテラシー）の上昇、さらに経済発展に伴って培われた「市民意識」「納税意識」も高まったため、社会的問題に対し、市民としての権利・権益の関心が高まった。

　以上は現段階で中国でネット社会事件が多発する基本的な背景であり、コレクティヴ・ジャーナリズムが誕生し、発展している社会的背景、および条件であると考えられる。言い換えれば、他の国でも似たような条件がそろえば、コレクティヴ・ジャーナリズムが実践される可能性が高くなると考えられる。

　第6章で定義したように、コレクティヴ・ジャーナリズムとは、不特定多数の非プロフェッショナルな人々を中心に、インターネットを主な場として行われる言論活動の総体である。これまでのジャーナリズム研究（伝統的マスメディア・ジャーナリズムと市民が主役の市民ジャーナリズムを含む）では、「情報の信頼性と正確性」「個人の理性・主体性」が強調されてきたが、コレクティヴ・ジャーナリズムにおいては、ミクロレベルでは個人の理性と主体性が必要ではなく、全ての情報の真実性と正確性は保証できないが、マクロレベルでは、結果的に（多くの場合）正確な情報が集約され、真相が究明される。

7.2　コレクティヴ・ジャーナリズムの社会的意義

　コレクティヴ・ジャーナリズムにはどのような社会的意義があるのか。それを探求するために、第3章では公共圏、討議民主主義、モニタリー・デモクラシー、ソーシャル・キャピタル理論を援用し、各理論とマスメディア、ジャーナリズム研究、ネットメディア研究との関係を分析した上で、コレクティヴ・ジャーナリズムとの架橋を試みた。ここでは、コレクティヴ・ジャーナリズム

の社会的意義を、この4つの理論の視点からもう一度検討していきたい。

7.2.1 公共圏の視点から見る社会的意義

かつてユルゲン・ハーバーマス（Jürgen Habermas）はある中国の学者の疑問に対し、公共圏概念を中国社会で応用する際に、「政治的公共圏とネットワークの等価物」という概念を提起した（哈貝馬斯・景天魁1999）。理念型としての「公共圏」概念は西欧の歴史過程から抽出されたものであり、西欧社会以外の社会においては、むしろ機能的に「等価」なものの在り方を考察することが重要である。そして、コレクティヴ・ジャーナリズムは、機能的な「政治的公共圏の等価物」の創出に大きく関わると考えられる。

まず、インターネットで形成される言論空間は、公開性と平等性が保たれる傾向が強いと言われている。中国では、市場経済の発展とともに、市民社会の理念が浸透し、今までの「人民」が納税者／市民としての権利意識などを自覚し始め、社会が大きく変容している。人々が切実に「公共圏の機能」を持つ公共的な場を必要とし、国家と社会の間にコミュニケーションの回路を希望している。しかし、マスメディアはさまざまな制限と壁に直面しているため、マスメディアによる公共圏の形成には限界がある。一方、マスメディアと比べてオンラインの議論空間がよりオープンで、人々がより平等に議論に参加し、情報を提供することができるようになっているため、コレクティヴ・ジャーナリズムが作り出した言説空間は公開性と平等性の特徴を有している。

次に、コレクティヴ・ジャーナリズムの場合、マスメディアで取り上げられていない課題を取り上げ、大々的に議論することで、全国ニュース（全国的な社会事件）にまで発展させた事例は少なくない。コレクティヴ・ジャーナリズムには市民の共同の興味、関心が集まり、市民の連携（共同性）が見られる。機能不全に陥ってしまったマスメディア・ジャーナリズムが「公共圏」の担い手として無力で、コレクティヴ・ジャーナリズムの実践こそが新たな公共圏を開拓・開墾をしているように思われる。また、コレクティヴ・ジャーナリズムによって形成されるコミュニケーション回路は一般の人々の生活に根を下ろしている「感応装置」であり、「人々のニーズ」を敏感に察知し、解釈することができ、分断された「生活世界」と「政治世界」の間にあって、「機能的な公共圏」として働いていると考えられる。

ネット空間に流れる情報の量は膨大で、内容も雑多である。人がネットから受信する情報の内容はさまざまで、有用と無用なものが入り混じっている。一方、一般の人々の発言が届く範囲には限界があり、実際に受け取れる人の数が限られている。ネットのアンテナを通じて、人々が受信する情報の多くは一過性で、そこで止まって消えていく。だが、ひとたび人々の共感を呼ぶものが現れると、人々はそれをさらに自分の発信範囲へ伝達する。ときには自身の経験で補足し、自分の意見も足し加える。その過程で、感情的で過激な言論もある一方、念入りな分析や論理的な見解も存在し、それらは引用されることも多く、有用な情報が徐々に明確になる。このように、多くの情報が発信され、小さい範囲で流され、そして落とされると同時に、多くの人々が切実に解決してほしいと思っている問題であれば、その情報がフィルターをかいくぐり、届く範囲も格段に広がり、ネット言説空間で「社会事件」として敏感にキャッチされる。

ネットの言説空間で取り上げられ、多くの人々に注目され、議論される「社会事件」は、世論として影響を強め、「公」に提示される。多くのネット事件では、ネットに反映された民意がプレッシャーとなり、政治システムを動かし、事件の解決に結び付くことが多い。この過程で、一人のネットユーザーの力は小さくても、多数のネットユーザーが積極的に関与し、コレクティヴ・ジャーナリズムの働きで集合的な力により、さまざまな情報が提供され、整理・分別されていき、人々の共通の関心事がアジェンダ・セッティング（議題設定）され、人々の伝達と議論によって、私的な事柄から発生した問題が社会全体で共有されるようになる。

最後に、ネット言論およびコレクティヴ・ジャーナリズムにおいて、全ての人が理性と自律性を持っているとは言えず、発言の中にも断片的、流動的なものが多く含まれている。個人の自律性、理性の保証は、経験的にも難しく、インターネット上の公共圏の形成に否定的な意見も多い。しかし、一人ひとりが完全に理性的でなく、多少の感情的な発言や不満を漏らす声があるとしても、共通の目標としては真相究明や問題解決と再発防止という思いがあるため、大事な言論の場を維持しようとする自律性が働く傾向がある。その結果、「集合」的に見れば理性的な方向へ向かい、マクロレベルでは、一定の理性が保たれると考えられる。集団レベルで理性が保たれる議論、その中で形成される世論は、機能的には「公共圏」の等価物だと言えないだろうか。さらに、コレクティ

ヴ・ジャーナリズムの参加者である一般市民の構成は非常に幅広く、公共圏の入場資格が引き下げられているとも考えられる。このプロセスにおいて、個々人に学習能力が付き、「準備された市民」を目指すことができると言えまいか。

このように、機能不全のマスメディアの代わりに、人々のニーズ、および政治システムによって処理されねばならない問題を提示し、最終的にその圧力が事件を解決に導くこともある。ネットの言説空間は、中国で「公共圏の等価物」的な役割を担っており、既存のマスメディアが作り出す主流の言説空間への「対抗的な公共性」を持つものと考えられる。この「公共圏の等価物」としての機能を有する「対抗的公共圏」を形成し、耕しているのは、筆者が「コレクティヴ・ジャーナリズム」と名付けるネットジャーナリズムと考えられる。

一方、公共圏理論は、コレクティヴ・ジャーナリズムが「機能的な公共圏」として健全に働くために社会的意義と関連する規範を与えてくれる。同時に、コレクティヴ・ジャーナリズムも公共圏理論の新たな前進に寄与し、その領域を個人の自律性・理性が保たれるコミュニケーション構造から、集団の自律性・理性が見られるコミュニケーション構造へと広げていると考えられる。

7.2.2　討議民主主義の視点から見る意義

討議民主主義の視点から、コレクティヴ・ジャーナリズムのアジェンダ・セッティング（議題設定）機能が重要であると同時に、その情報収集・議論の活動自体も民主主義の実践の重要な一環であると考えられる。

コレクティヴ・ジャーナリズムはインターネットを主な拠点とするジャーナリズムであるため、時空間および人数の制限から解き放たれ、新たな「議論の場」において機能的公共圏の形成と討議民主主義の理念に近い形の議論が可能になっている。最も注目すべき点は、コレクティヴ・ジャーナリズムの話題は「外部」から与えられたものではなく、人々が自発的に生成しており、「内在」的なニーズを表したものと考えられることである。それ故、コレクティヴ・ジャーナリズムの事例を見るだけでも、人々の本当の興味・関心が一目瞭然となる。コレクティヴ・ジャーナリズムのアジェンダ・セッティングに従い、討議型世論調査の実施、さらに討議の結果が政策決定に反映されるシステムがあれば、人々の参加意欲も高まり、また民意に沿った政策の実行がスムーズに行われる可能性も高いと思われる。

第 7 章　コレクティヴ・ジャーナリズムの意義と展望

　同時に、コレクティヴ・ジャーナリズムの議論プロセスは常に「真相究明」を伴っており、証拠探しと理由説明が行われている。異なる意見の間で、「論戦」もときどき行われる。確かに個々人の発言の中には、情緒的な発散や主観的な意見などが見られ、一律に理性と主体性があるとは言えない。しかしながら、ネットユーザーが最終的に選好した意見は、ただの個人的な好き嫌いの直観的な選択ではなく、きちんと「理由がついた」討議の結果であると言えよう。強いネット世論が形成されれば、権力側もネット上に反映される民意を簡単に無視することもしづらくなる。討議民主主義という理論ツールを通して分析すると、コレクティヴ・ジャーナリズムは討議のプロセスを経て、より政府に説得力を持ち、政策決定により影響力を発揮しやすいジャーナリズムの形式であると考えられる。

　中国の場合、実践段階でまだ部分的にしか制度化されていないが、官制メディア、例えば人民網で見られるｅ政広場、地方指導者伝言板、直通中南海（現在は取り消された）、また微博で見られる人民代表委員たちがフォロワー（つまり一般市民）から「提案の募集」などをする実例から、コレクティヴ・ジャーナリズムは一定の成果を上げていると思われる。長い間、断絶されていた官と民のコミュニケーション回路の再度の開通を試みるものとも言える。理想を言えば、ネット公共圏で行われた討議の結果を行政機関に反映させ、立法などのプロセスを経て人々が選好した意見を確立することも考えられる。

　中国では2003年の「孫志剛事件」が有名である。2003年に、当時広州で仕事をしていた孫志剛がネットカフェへ行く途中に浮浪者と誤認され、強制収容された。その72時間後、孫は収容所で多くの人に殴られ、死亡した。この事件が中国のネット上で大きな反響を呼び、議論の末、1982年に国務院が制定した「収容遣送弁法」（都市部の浮浪者に対する収容・原籍送還の管理法）の存廃が大きな焦点になり、廃止すべきだという意見が主流となった。同年6月に、「収容遣送弁法」の廃止案が可決され、収容・送還制度が終わりの日を迎えた。これはコレクティヴ・ジャーナリズムの「議論→政策決定」のプロセスを初めて形成させた事例だと考えられる。こうして、市民（ネットユーザー）が事件の討論に参加し、政治の理解を深め、政策の実施にも協力的になることは、民主主義の運営に促進効果があると考えられる。

　最後に、コレクティヴ・ジャーナリズムは民主主義の一つの訓練であるとも

言える。現段階では、コレクティヴ・ジャーナリズムは基本的にインターネットで行われているため、その参加者の人口構成と実社会の人口構成の比率は必ずしも一致するわけでないというデメリット（つまり厳密に「世論」と呼べない）があるが、討議民主主義がランダム・サンプリングで一部の人々しか参加できないという現状に対し、コレクティヴ・ジャーナリズムはより多くの人の「参加」と「訓練」を促していることは言うまでもない。

現在コレクティヴ・ジャーナリズムの実践において、非理性的で情緒的な内容はまだ避けられない。しかし、問題解決を切実に思う人々は、せっかく手に入れた言論の場を安易に手放すわけはなく、一定の理性的な発言を呼び掛ける動きが見られる。また討議民主主義自体も理性の強調がメーンである一方、フェミニズム理論などの影響で、情念への関心度も高まっている。理性と情念は完全に対立するものではなく、一定の併存も可能だと筆者は考えている。コレクティヴ・ジャーナリズムはミクロレベルの議論では完全に理性を保てないが、マクロレベルでは、理性の方向を示していると考えられる。

民主主義は多様な要素に依存しており、コレクティヴ・ジャーナリズムが実践され、機能するだけで、中国で民主主義がすぐ実現すると論じるつもりは全くないが、コレクティヴ・ジャーナリズムの訓練を経て、ユーザーたちが市民としての自覚、社会的な事件への関心を高め、さらに議論の方法、政府・官僚へのコミュニケーション回路の使い方の習得もできると考えられる。長い目で見れば、コレクティヴ・ジャーナリズムは中国の討議民主主義、さらに民主主義の発展に貢献すると思われる。

7.2.3 モニタリー・デモクラシーの視点から見る意義

モニタリー（監視）という視点から、コレクティヴ・ジャーナリズムの意義は以下のように考えられる。

まず、コレクティヴ・ジャーナリズムは政府や権力側を有効に監視することが可能である。インターネットを主な場としているため、時空間の制限を受けない。市民一人ひとりが余裕のあるときに参加すればよいので、24時間監視体制は可能である。また政府の規制なども考えられるが、コレクティヴ・ジャーナリズムは「脱中心化」しており、特定の個人をマークすることは難しい。全ての人をマークすることは、誰もマークしないことと同じであるため、コレク

ティヴ・ジャーナリズムは権力監視の中でも比較的安全かつ有効な方式だと考えられる。

　次に、コレクティヴ・ジャーナリズムは膨大な情報と人海戦術で真相究明を試みる。情報の中には、相互矛盾の内容や故意的なミス、さらに個人の情緒表現も見られるが、不特定多数の大人数で、海の水のような量の情報を整理することで真相までたどり着くことも可能だと思われる。「特ダネ」でなくても、すでに公開された情報を整理し、つなげてみれば、不正の証拠を見いだす可能性が十分存在する。「未解決の問題を公にする」という意味でモニタリー・デモクラシーの点でも、ジャーナリズムにとって新しい機会であると考えられる。

　さらに、情報の公開と共有化のプロセスにおいて、市民（ユーザー）の相互「啓発」も見られる。市民が最初は特に意識しなかった問題点が、他人の情報提供や解説により、重要だと思うようになったりする。あるいは、情報を提供した後、他のユーザーから賛成や反対の意見が表明され、改めて問題の重要性を考えるきっかけになる。要するに、権力の監視過程において、「集合知」の創発と集合のメカニズムが存在すると考えられる。

　最後に、コレクティヴ・ジャーナリズムは現段階では完全に無料で、コストが掛からないことである。もちろんユーザーのネット接続費用や、現地での調査など、一定の費用が発生するが、コレクティヴ・ジャーナリズム自体は無報酬である。多くのネットユーザーにとって、コレクティヴ・ジャーナリズムはインターネット活動の一部であり、わざわざそのために出費しているわけではない。また現地調査へ行ける人は金銭的、時間的余裕がある人で、それも仕事というより趣味や旅行を兼ねて出掛けるという捉え方が妥当だと言えよう。多くの場合は、現地の人がそのまま情報を提供することが多いため、特派員のようにはコストが掛からない。要するに、ネットユーザーは基本的に「コレクティヴ・ジャーナリズム」によって生計を立てているわけではないため、金銭や権力からの束縛を受けないことも非常にメリットがあると思われる。

　以上の分析を通して、コレクティヴ・ジャーナリズムはモニタリー・デモクラシーにふさわしい担い手であり、権力監視の発揮には非常に大きな期待が寄せられる。本文で言及したコレクティヴ・ジャーナリズムの事例のほとんどは、「権力監視」を多かれ少なかれ実現している。

7.2.4 ソーシャル・キャピタルの視点から見る意義

コレクティヴ・ジャーナリズムがソーシャル・キャピタル（社会関係資本：社会・地域における人々の信頼関係や結び付きを表す概念）の育成と発展に寄与するのであれば、その意義も明確になると考えられる。

まず、コレクティヴ・ジャーナリズムの報道・解説・論評活動は主にインターネット上で行われているため、自然に「ネットワーク」を構築していると考えられる。グローバルな情報の流通、オンラインとオフラインの空間の連結、ネットメディアと伝統マスメディアの連結など、その実践には、広範なネットワークの存在が確認される。

次に、第6章で挙げた事例でも見られたように、ネット社会事件の発端は「社区」（＝コミュニティー）と呼ばれる電子掲示板（BBS）に多発している。それは、ネットユーザーがインターネットを信頼し、ユーザー同士が互いに信頼を寄せ合っていることに理由があると考えられる。本書では主に「天涯 No.1 ポスト」の議論を通して華南虎事件の事例を考察したが、そこにはネットユーザー間の親近感と信頼感の芽生えが見られた。2年にわたる議論の積み重ねで、ネットユーザーの間に一定の感情の変化が現れた。

最初はただの個人として意見を発表し、特に互いに関係性を示さなかったが、呼び名は徐々に「隊友」（チームメート）「兄弟」「戦友」へと変化し、言論が統制された時期には互いに励ますための書き込みも多数存在した。最後に真相が究明された後に、「集合の記念写真を撮ろう」という提言があり、ユーザーたちのハンドルネームを一列、二列、三列に並べた「記念写真」形式の書き込みもあった。こうしてネット事件への議論・参加、特に「成功」事例を経験したことにより、ネットユーザーの間にネットへの信頼がさらに高まり、今後何か事件に遭遇した際に、インターネットやネットユーザーの力を借りるといった結果をもたらすと考えられる。これはソーシャル・キャピタルの蓄積を意味すると思われる。

たとえこのような事件、ポストで形成された「コミュニティー」は一過性のものであっても、流動的なキャピタルもキャピタルとして沈殿するし、また「天涯」などのBBSサイトは長く存在するため、事件の累積は全体的にはソーシャル・キャピタルの蓄積にプラスの効果をもたらすと考えられる。

CNNIC（中国インターネット・ネットワーク情報センター）の2009年の調査によると、84.3%のネット利用者は、インターネットは最も重要な情報のソースだと答えた。楊継紅（2008）の研究によると、同じ社会事件に対する情報、ネットニュースや書き込みがマスメディアと異なる場合、人々がネットを信用する傾向があるとされている。こうした研究からもネットへの信頼度の高さが読み取れる。

　一方、地方政府への監督はソーシャル・キャピタルの形成にとってもろ刃の剣であると言わざるを得ない。例えば、華南虎事件の追及は、陝西省政府の態度を大きく転換させ、政府が沈黙を続けた状態から解決へ乗り出し、地方政府にアカウンタビリティー（説明責任）を果たすことを求め、政府の効率を向上させる結果をもたらしたと考えられるため、ソーシャル・キャピタルには一定のプラス効果があると考えられる。しかしながら、こうした事件において、政府の行政効率の低下の顕在化、官僚不正の疑惑など、地方政府への不信が高まったことも事実である。特にコレクティヴ・ジャーナリズムは、不正や政府の不作為である社会事件を多く取り上げているため、全体的に地方政府への不信を高める側面があり、社会全体の不安定さをもたらすマイナスの効果もあると考えられる。

　ただし、コレクティヴ・ジャーナリズムはあくまでも現実社会に既に存在した問題点を取り上げ、暴露しただけであり、その活動があろうがなかろうが、現実社会の官僚の汚職・不正問題は客観的に存在している。つまり、それを報道せずに放任してしまえば、民衆の政府と官僚への不信と不満は高まる一方である。従って、短期的に見ればコレクティヴ・ジャーナリズムの活動は政府への不信を高め、ソーシャル・キャピタルの蓄積に不利なように見えるが、長期的に見れば、政府への監視と政府の行政効率の改善こそ、ソーシャル・キャピタルを増やすことになると考えられる。そして政府がこれを機に反省するならば、官と民のコミュニケーション回路を開通させ、意思疎通がよりスムーズになれば、政府と民衆の新たな信頼関係の構築も可能だと思われる。例えば、浙江省澤国鎮が「政府予算の討議型世論調査」を通して、官民関係を改善したケースなどがそうだ。

　コレクティヴ・ジャーナリズムの担い手はネットユーザーで、組織なき組織である。彼／彼女らの活動を支えるのはもちろんインターネットというネット

ワークの存在である。そして彼/彼女らの連帯の源泉は、齋藤純一が分析したような「さまざまなリスクを回避するという個人の合理的な利害計算」（齋藤 2008：163）とも考えられる。より良き社会の建設は、その社会に生きる一人ひとりの構成員にとって、メリットのあることであり、互酬性が働いていることも間違いないであろう。

インターネットを通して、コレクティヴ・ジャーナリズムはより開放的で、より広範囲で人と人をつなげることが可能で、現実社会の閉鎖的な「関係」（Guanxi）を突破したと考えられる。また、情報のシェアリング、個人の悩み・職場でのトラブル、家庭内暴力などに関する相談、そして重い病気からの救援、誘拐された子どもや行方が分からなくなった家族の情報提供や捜索、さらに官僚の不正告発・暴露など、ソーシャル・キャピタルの形成は深まっているとも思われる。

7.3　コレクティヴ・ジャーナリズムの限界

以上のように各理論との関係から見ても、コレクティヴ・ジャーナリズムの社会的な意義が明確になった。より原初的なジャーナリズムの理念に近く、マスメディアの代わりに中国社会において重要な役割を果たしていると言えよう。一方、幾つかの問題点も存在しており、それについても慎重に分析し、対応しなければならない。

この節では、「コレクティヴ・インテリジェンス」（集合知）自身が持つ問題点と、外部の圧力や影響がもたらす問題点の２つの側面から検討してみる。

7.3.1　「コレクティヴ」に内在する問題点

・「コレクティヴ」に由来する問題点

ネット上の議論は、極端な言論、ヘイトスピーチ（憎悪表現）、「炎上」と呼ばれる非理性的な議論の集合などが、どこにでも存在する可能性がある。

特に領土問題、宗教、ナショナリズム、イデオロギーなどの問題に関して、偏った意見や、情緒的なものが発露されやすく、不特定多数の意見があっても、概念の分断と対立は対話で解決することも不可能に近く、「コレクティヴ」のメカニズムが作動するには困難な一面がある。それ故、本節では主に中国国内の社会問題にフォーカスし、「コレクティヴ・ジャーナリズム」の問題点を抽

出する。

　「コレクティヴ」には主に2つの特徴がある。まずは匿名化である。サイバースペースは薄暗がりの空間だ（カルドン2010＝2012）。薄暗がりであるから、この空間での居心地はよく、活発に発言と議論ができる。

　もう一つは、非組織化である。ユーザー個々人が基本的に自らの意志に基づき、思うままに意見を表明し、議論に参加する。

　匿名化と非組織化の条件下では不特定多数の人々の集合には、脱中心的でコミュニケーションが水平的であるというメリットがあると同時に、現実社会のような倫理・道徳的な拘束力がないため、ユーザーが暴言を吐く、暴民に豹変するデメリットも潜在している。特に極端な意見や行動の一辺倒になり、「コレクティヴ」のメカニズムがうまく作動できない場合、暴力化と危険性も伴う。そして、無組織であるからこそ、後述するように、組織的な水面下の世論操作に弱い一面も持っている。

　一方で、薄暗がりの空間と無組織化にはそれなりの意義も備わっている。つまり、ユーザーを伝統の束縛から解放し、言論の自由を実現させる。従って、「暴民化」などの問題点を、実名制や組織化で解決することは、「コレクティヴ・ジャーナリズム」を不自由・硬直化させる危険性をはらむ。ユーザーのメディア・リテラシーの向上と市民意識の改善が今後の重要な課題の一つであると考えられる。

・プライバシー侵害と人権侵害の可能性

　5.3.1項で中国の「人肉捜索」の光と影を検討した。中国では官僚や公権力に対し、人肉捜索が大きな威力を発揮しており、政府が規制する法律を作り出しても、一般市民から大きな反発を受ける。一方、一般人に対する「人肉捜索」の殺傷力も無視できない。

　ひとたび人肉捜索の対象になると、個人情報などのプライバシーが徹底的にあぶり出されるため、その結果は常に危険性と暴力性を伴うものとなる。中国の「周春梅殺害事件」と「女子高校生自殺事件」、そして韓国の「犬糞女（ケトンニョ）事件」でも見られたように、一般人に対し人肉捜索が行われる場合、過剰なプライバシーの暴露は、人権を侵害し、思わぬ結末をもたらす可能性もある。

　コレクティヴ・ジャーナリズムのメカニズムには人肉捜索と重なる部分が多

いため、一般人に関連する部分は、プライバシーの保護と人権について細心の注意を払わなければならない。「人肉捜索自律公約」のようなユーザーが自発的に制定した公約の普及および一人ひとりのユーザーの努力が不可欠だと考えられる。

・必要とされる多くの共感・共鳴

これまでに論じてきたように、「コレクティヴ」の形成と集結には、多くのユーザーの共感と共鳴が必要不可欠である。

現段階の中国では、多数者の利益を守る法制度さえ完備されていない。自発的な共感と共鳴を多く得た社会事件が、コレクティヴ・ジャーナリズムという形でアジェンダ・セッティング（議題設定）され、社会に大きく認知され、解決に至ることは大きな意義があると考えられる。しかし、「コレクティヴ」のメカニズムの下で、多数者の権益が守られたとしても、少数者の意見が反映されにくいという構造も確かに存在する。

いかに少数者の意見も反映して、アジェンダ・セッティングするかは、「コレクティヴ」自身の力ではなかなか解決しにくい問題ではある。一方、マスメディアはバランスをよく考え、少数者の利益や思惑などを取り上げることができる。

コレクティヴ・ジャーナリズム固有の問題点をマスメディアが補えると考えられる。この意味でも、コレクティヴ・ジャーナリズムとマスメディア・ジャーナリズムの間には共生関係があると言えよう。

7.3.2　外部からの脅威

「Wisdom of Crowds」（集団の知恵）の概念を提起したジェームズ・スロウィッキー（James Surowiecki）によると、集団の知恵を正確に作動させるためには、「独立性・多様性・分散性・集約性」の確保が重要で、必須条件である。コレクティヴ・ジャーナリズムが正常に稼働するためにも以上の4つの条件が必要で、個々人が人に操縦されず、自分の意見をはっきり表明することが大事である。

一方、中国の場合、社会矛盾の深刻化、法制度の不備、行政システムと民衆の間のコミュニケーション通路の断絶、マスメディアの機能不全、インターネットの急速な発展などの条件がそろっているため、ネット社会事件が多発し、

第7章　コレクティヴ・ジャーナリズムの意義と展望

コレクティヴ・ジャーナリズムが実践される外因が多いが、その正常な稼働を脅かす要素も多く存在する。「タキトゥスのわな」（Tacitus Trap、塔西陀陥穽）、政府の規制、政治権力と商業主義の意図的介入が「独立性・多様性・分散性・集約性」の諸条件の脅威になっている。

・タキトゥスのわな（塔西陀陥穽）

　ププリウス・コルネリウス・タキトゥス（Tacitus、A.D.55頃〜120頃）は帝政期ローマの政治家・歴史家である。彼の著書『年代記』（Annales）にある「統治者（政府）が人気を失ってしまったら、政策が良いか悪いかにかかわらず、人々が政策に反対する」という一節が「タキトゥスのわな」の出所だとされている。中国語では、「塔西陀陥穽」と訳されている。

　厳密に言うと、タキトゥス本人が『年代記』で明確に「タキトゥスのわな」を提起したわけではなく、中国のメディア学者潘知常が2007年に「塔西陀陥穽」を使ったことから、中国で流通するようになったと言われている。グーグルで中国語の「塔西陀陥穽」を検索すると、29万9000件がヒットしたのに対し、英語の Tacitus Trap で検索した場合8万8600件であった[注61]。英語のページ数が中国語の検索結果を下回るほか、その中に中国語のページが多数含まれていた。このような検索結果は、「タキトゥスのわな」（塔西陀陥穽）が主に中国で注目されていることを物語っている。

　「陥穽（かんせい）」という言葉で表されているように、ネット時代に注意しなければならない要素がある。人々がネット上の情報を判断する際に、基本的に実社会の日常生活の体験に基づくことが多い。しかしインターネットに人々が群がる際に、実社会の体験に関連する要素が無限に拡大することもある。やがて基本的な事実に目を向けず、経験主義的に批判的な態度を取り、情緒的になることもあり、それはまさに一つの「陥穽」である。現在、中国社会に社会矛盾が深刻化しているとはいえ、政府・権力・金持ちに関わる社会事件に対し、不信感や固定観念にとらわれてしまい、人々が具体的な分析をせず、反射的に反対意見を発表することは、コレクティヴ・ジャーナリズムの正常な作動にマイナスな作用がある。

　「塔西陀陥穽」という言葉が流通しているように、「反対のための反対」という現象がすでに中国に存在する。タキトゥスのわなはコレクティヴのメカニズムの独立性・多様性を脅かすものであり、警戒を要する。

・政府の規制

5.3.3項では政府の規制について、①法律・法規と行政機関による直接規制と管理、②技術手段による情報遮断を主に論述した。このような政府の規制はコレクティヴ・ジャーナリズムの多様性・分散性に脅威を与えていることは言うまでもない。

中国政府はインターネットが経済のけん引役であると期待する一方、多くの法律・法規を制定し、マスメディアのようにネット情報をコントロールしようと努力している。特にいわゆる「敏感な内容」やより自由な「海外の情報」をGFW（ファイアウォールの長城）、規制キーワードデータベース、情報管理（IDの封鎖、書き込みの削除など）などの手段を駆使し、情報の遮断を試みている。

このような規制に対する「対策」と「反撃」はユーザーの間でも実践されている。プロキシ（中継サーバー）などを利用して「壁越え」することもすでに秘密ではない。一方、たとえ規制があっても、コレクティヴ・ジャーナリズムのほとんどの成功例では、ユーザーの積極的な参加と粘り強い議論が見られる。例えば、華南虎事件と闇レンガ工場事件で見られたように、明らかな情報規制つまり大規模な書き込みの削除が行われても、あるいは「書き込みは表示できません」などと表示されても、ユーザーが常に関心を寄せ続ける。そしていったん解禁されると、また積極的に書き込むという現象が見られる。

「和諧社会」というスローガンの下で、マスメディアによる調査報道は中国ではすでに下火になっているが、代わりにコレクティヴ・ジャーナリズムがその役割を果たしているとも考えられる。

ただし、近年のネット社会事件を見る限り、コレクティヴ・ジャーナリズムも万能ではなく、中国において限界を有していることも確かである。調査報道と同じように、批判の矛先を地方政府、地方官僚に向ける場合、真相の究明・当事者への法律責任の追及などの結果をもたらすことができたが、中央政府や中央トップに関してはまだタブーと言わざるを得ない。

・政治権力と商業主義の意図的な介入

5.3.3項と5.3.4項で言及したように、世論操作や言論を悪用する政府系の「ネット評論員」と商業系の「ネット水軍」による水面下の活動は明らかにコレクティヴ・ジャーナリズムの必須条件である「独立性・多様性・集約性」を脅かしている。

ネット評論員の雇い主は主に政府であるのに対し、ネット水軍は主に企業である。ネット評論員には公務員が多いと言われているが、ネット水軍には「オタク」が多いと言われている。つまり、ネット評論員は政府権力のため、水軍は商業主義のために働くという点で異なる。しかし、両者ともに特定の組織やグループの利益のために言論活動を行い、正常な言説空間をかく乱するという類似点を持つ。

　コレクティヴ・ジャーナリズムは、実社会で公権力機構が解決せず、あるいはマスメディアが取り上げないトピックを、ネットで議論し解決しようという言論活動の総体である。その矛先には、政府と官僚の不正や権力乱用、企業の不祥事などが多く存在する。しかし、現実社会でマスメディアが作り出す「公共圏」と同じように、公権力も商業主義も絶えずネット上の言説空間（政治的公共圏の等価物）に浸透し、その言説空間を耕しているコレクティヴ・ジャーナリズムを抑制しようとしている。

　コレクティヴ・ジャーナリズムの主体は一般ユーザーで、基本的には組織を持たず個々バラバラの状態で、中心的な役割を果たす司令塔的な存在はいない。重大な社会事件が発生する際に、共感や共鳴で自発的に議論が活発になり、互いのやりとりが増えるとしても、つながりが緩やかで、固い結束があるわけではない。

　一方、ネット評論員とネット水軍には指令を発する雇い主が存在し、組織的な行動を取る。司令塔から「任務」と呼ばれる指令を受けてから、集中的に大量の書き込みが議論に流れ込むため、偏った意見がウエイトを増してしまう。一般のネットユーザーがコツコツ情報を収集し、意見を表明しても、評論員や水軍による怒濤のような書き込みにより、かき消されてしまう危険性がある。また、そのかく乱により、正常な議論が中断されたり、話題自体が移転してしまったりすることも少なくなく、コレクティヴのメカニズムが妨害されてしまう。

　ただし、ネット評論員とネット水軍が組織を持つといっても、人数には限りがあるため、全てのウェブサイトを占領することはできない。現在の時点で、ネット水軍やネット評論員は一定の影響力を持っているが、ネット世論全般を誘導しているとは言えない。しかし、今後水軍やネット評論員がさらなる「進化」をするような事態になれば、素人・一般人を主体とするコレクティヴ・ジ

ャーナリズムには一層の試練が待っていることは言うまでもない。今後コレクティヴ・ジャーナリズムが比較的健全に機能するためには、ネットユーザーたちのメディア・リテラシーの向上と粘り強い努力が引き続き必要と考えられる。

政治権力と商業主義の意図的な介入によって、大量の書き込みが一気に流れ込み、正常な書き込みが妨害され、本当の民意を薄める効果がもたらされる。対応方法として考えられるのは、サイレントなユーザーたちが積極的に声を上げることが大きなカギになると考えられる。五毛党やネット水軍の人数がどれほど多くても、数億人のネットユーザーの数には及ばない。またネット水軍の報酬も高額とは言えないので、10円以下の微小な報酬のために、良心に完全に反する書き込みを続けることも考えにくい。

7.4　発展と展望

7.4.1　2つのジャーナリズムの関係

インターネットが出現して以来、ジャーナリズムへの影響について賛否両論が付きまとってきた。インターネットが新しい時代の救世主になると楽観視する声が上がる一方、著作権の侵害やプライバシーの侵害などで洪水や猛獣のように扱われ、マスメディアからの批判も後を絶たない現状がある。

マスメディアはインターネットの挑戦（チャレンジ）を受けているという言論があふれ、ジャーナリズムの危機論も盛んに提起されている。第1章で分析したように、現在の危機はマスメディア・ジャーナリズムの危機である可能性はあるが、決してジャーナリズム全体の危機ではないと筆者は考えている。本書で取り上げたコレクティヴ・ジャーナリズムのような新しい形式のジャーナリズムが、機能不全に陥ってしまったマスメディア・ジャーナリズムの代わりに、新たな公共的な言論空間を創出し、議論の結果が手続きを踏まえ政府の政策決定に影響を及ぼすことができる。さらに権力を随時監視し、議論が活発に行われることにより市民の政治意識を高揚させ、連帯と信頼性を高めるなどの効果が確認された。従って、インターネットの発展に伴い、マスメディアによる情報の伝送路の独占状況に終止符が打たれ、「送り手」と「受け手」の位置転換が見られるため、全体としてのジャーナリズムは危機どころか、大きな発展のチャンスを迎えていると言っても過言ではないであろう。

一方、コレクティヴとマスメディアの両ジャーナリズムは果たして対立関係なのか。メディアの発展とジャーナリズムと民主主義の関係を見てみると、以下のような類似関係が見られる。

　マスメディア・ジャーナリズムの思想は基本的に代議制民主主義の思想と共通している。マスメディア、つまりプロのジャーナリスト（記者）と編集者が市民の代弁者であり、市民の代わりに「知る権利」を主張し、権力監視の役割を果たす。しかしインターネットの登場により、マスメディアによる情報の伝送路の独占ができなくなり、誰でも情報の送り手になれるようになった。一般市民が、「代弁」されるより、直接に興味関心のある話題に意見表明するようになった。コレクティヴ・ジャーナリズムの実践は「討議民主主義」「モニタリー・デモクラシー」などの市民参加型の民主主義とも通底している。

　そして討議民主主義やモニタリー・デモクラシーのような新しい様式のデモクラシーが既存の議会制民主主義の代替はできないように、コレクティヴ・ジャーナリズムもマスメディア・ジャーナリズムに取って代わるものではなかろう。討議民主主義は議会制民主主義の補充とも言われているが、コレクティヴ・ジャーナリズムとマスメディア・ジャーナリズムは、少なくとも共生関係にあると筆者は考えている。

　コレクティヴ・ジャーナリズムではインターネットを主な場として報道・解説・論評などの活動が行われているが、インターネット限定でないことを改めて強調しておきたい。その情報源は、あらゆるところから来ている。ブログの内容、電子掲示板（BBS）での書き込み、ツイッター、ニュースのコメント欄などはもちろんのこと、マスメディアの報道、口コミ、全てはその構成要素になり得る。

　こうしたコレクティヴ・ジャーナリズムの多様な情報源の中で、マスメディアの報道は重要な情報源であることは否めない。特にマスメディアがコレクティヴ・ジャーナリズムの活動を取り上げることにより、コレクティヴ・ジャーナリズムがさらに活発になるケースも少なくない。言い換えれば、マスメディアがコレクティヴ・ジャーナリズムの形成と発展に多く貢献している。

　一方、「コレクティヴ」のメカニズムで、人々の興味、関心が集中する話題こそコレクティヴ・ジャーナリズムになるため、その進行と発展自体がマスメディアの重要な報道内容になり、マスメディアを発展させる可能性を持ってい

る。中国の事例で見られたように、もともとマスメディアが報道できない、あるいは報道しても大きく取り上げられない話題に関して、コレクティヴ・ジャーナリズムのおかげで報道ができるようになり、マスメディアが再活性化される現象が確認された。その意味では、コレクティヴとマスメディアの両ジャーナリズムには一定の共生関係が存在するだけでなく、組織として膨大化・硬直化したマスメディア・ジャーナリズムが持ち直す・復興する機会を手に入れたとも言えるであろう。特に中国のようなマスメディア機能が健全ではなく、権力監視が十分に果たせていない国や地域において、コレクティヴ・ジャーナリズムの発展に伴い、マスメディア・ジャーナリズムも市民側につきやすく、市民の本当の要望に応えられることが期待されると考えられる。

　しかし、両者の共生関係は、完全に対等なものではない。制度的にはマスメディア・ジャーナリズムの方が保障されているのに対し、コレクティヴ・ジャーナリズムはまだ市民の自発的なもので、制度化されておらず、そのジャーナリズム活動にも起伏がある。しかし、制度化されていないからこそ、政府の制限などをくぐり抜け、自主的にアジェンダ・セッティング（議題設定）をしたり、ネット世論をそのまま創出したりすることができる。こうした活動は市民のエンパワーメントとつながっているため、パワフルである。よって、両者の活動においては、コレクティヴ・ジャーナリズムの方にイニシアチブ（主動的）があると考えられる。

　現段階ではマスメディアも依然として重要で不可欠な役割を果たしている。まず、ネットメディアをベースとするコレクティヴ・ジャーナリズムの「Daily Me化」、つまり、自分の好きなものだけを見ればよいという傾向を防ぐためにも、マスメディアは必要である。キャス・サンスティーン（Cass Sunstain）（2001＝2003）が指摘したように、マスメディアには、①市民たちが一種の共通体験をする、②出会う予定のないものに出会う、という2つの意義がある。コレクティヴ・ジャーナリズムに参加するネットユーザーは、マスメディアに接することで、特定の情報ばかりを手に入れるのでなく、他の情報にも目を通すことができる。すなわち、マスメディアがコレクティヴ・ジャーナリズムに一つの準拠枠を提供する。

　次に、マスメディアがコレクティヴ・ジャーナリズムを報道することで、情報整理の役割を果たす。コレクティヴ・ジャーナリズムにも自然の沈殿・自浄

作用があるとはいえ、情報の整理や間違った情報の分別などのために、一定の期間を要する。新しい参入者が議論に参加する場合、文脈を知るためには蓄積してきた数千、数万のコメントを全部レビューする必要が生じる。一方、マスメディアの報道には優れた集約効果がある。記事を読めば、事件の背景説明、ネット上での論争、主要論点、政府の反応などが一目瞭然である。もちろんマスメディアの追加取材や、社説や論評などもまたコレクティヴ・ジャーナリズムの素材になり得る。ただし、こうした整理と追加取材はネットユーザーの議論の材料になるため、もし大きな偏向やミスが発生した場合、批判の的になるため、マスメディアも慎重かつ真剣に情報整理を行わなければならない。

最後に、コレクティヴ・ジャーナリズムのメカニズムから見ると、ある事件（テーマ）に関して、多くの人々が共通の興味、関心を抱かない限り、それは成り立たない。しかし、世の中にはマイノリティーの問題や希少難病など、関心者数が多くなくても重要な課題が多数存在するため、こうした課題の問題喚起には、依然としてマスメディアのアジェンダ・セッティングと報道が不可欠だと思われる。

従って、コレクティヴとマスメディアの両ジャーナリズムは決して対立関係ではなく、共生関係にあると考えられる。そして固定観念などにとらわれずに、市民のエンパワーメントと関連するコレクティヴ・ジャーナリズムがイニシアチブを取ると考えられる。一方、マスメディア・ジャーナリズムも重要な役割を果たしつつ、再活性化（re-vitalize）の機会を手に入れたと考えられる。

7.4.2　今後の発展に関する展望

7.1.1項で考察したように、コレクティヴ・ジャーナリズムは各国共通の現象であり、決して中国特有のものではない。一方、コレクティヴ・ジャーナリズムが中国で大きく発展した理由には、中国社会の独自の背景と構造が関係している。つまり中国では、現実社会が抱えている貧富の格差の拡大、環境汚染、食品安全、官僚汚職などの問題に対し、行政の怠慢、既存のマスメディアの無力がある一方、一般市民はインターネット上の情報発信を通じて、問題を議論し、その解決を訴えるようになり、注目を集める「ネット社会事件」が多発している。

中国の今後のコレクティヴ・ジャーナリズムの発展について、中国固有の社

会問題が解決されない限り、つまり人々が問題解決を求めるニーズが存在する限り、コレクティヴ・ジャーナリズムがなくなるとは考えられない。そしてインターネットに接続することが可能である限り、不正の暴露やネット社会事件の発生は続くであろう。

　一方、2007～2008年と比べ、2010年以降大きなネット社会事件の発生は、減少する流れにある。そこには大きな要因が存在する。一つは、2006年ごろの中国はインターネット発展の飛躍期にあり、ネットユーザー数が急速に増え、ネットメディアの影響力が格段に増大した。そうした状況の中でネット上の言論がより活発になり、1990年代の改革開放・市場経済の進展以降にたまった社会問題が一気に噴出した傾向がある。「闇レンガ工場事件」や「隠れん坊事件」において、闇工場での奴隷労働や、監獄や看守所の収容者虐待など、決して新しい現象ではなかったが、それぞれ2007年と2009年に「事件」として暴露され、広く認知されたのである。それは2007年から2010年辺りにネット社会事件が頻発した最大の要因だと考えられる。

　2010年以降は微博が飛躍的に発展し、言論の主要な場を獲得したとされている。そこからコレクティヴ・ジャーナリズムの主戦場が電子掲示板（BBS）やニュースのコメント欄から微博に移り、同ジャーナリズムも一定の変化を見せるようになった。BBSとニュースのコメント欄は相対的にフラットなネットワークであるのに対し、微博は大V（オピニオン・リーダー）を結節点とする経編状(たてあみ)のネットワークである。コレクティヴ・ジャーナリズムにとって微博のメリットは、大Vを拠点とするユーザーのつながりと、大Vの転送によるアジェンダ・セッティング機能の明確化である。

　一方、デメリットも明らかである。すなわち、大Vをコントロールすることで、情報の流れを大きく変容させることが可能であるため、微博を主な場とするコレクティヴ・ジャーナリズムの形成には不利である。それでも、2011年には「微博打拐」「温州高速列車衝突事件」、2014年の「上海地下鉄チカン事件」などにおいて微博が大きな力を発揮した。

　全体的には、2012年習近平体制が確立されて以降、言論統制やイデオロギー宣伝などを強化する傾向が見られる。こうした変化は、議論できるテーマの限定や、言論の削除の増加などにつながるため、コレクティヴ・ジャーナリズムに一定の不利な要素を与えると考えられる。しかし、それでも微博で「戦闘の

陣地」を守る人々が大勢いるし、よりフラットなネットワークであるBBSに復帰する動きも見られるため、コレクティヴ・ジャーナリズムを形成する要素は確保されている。

　不利な要素が多少存在するとしても、社会的矛盾が深刻化し、人々の問題解決のニーズがある限り、そして政府と一般市民の間のコミュニケーション回路が円滑ではなく、マスメディア・ジャーナリズムも権力監視機能を十分に発揮できていない限り、コレクティヴ・ジャーナリズムの存在意義は高く、何らかの「ネット社会事件」とともに顕在化すると考えられる。また全国的に注目される大事件がなくても、生活の中に、日常的、恒常的に行われているとも考えられる。今後も続くだろうと筆者は考えているため、継続的に観測していきたいと思う。

　そして、中国以外での国々においても、コレクティヴ・ジャーナリズムは今後発展する空間を獲得すると考えられる。

　民主制度が比較的健全である国々において、コレクティヴ・ジャーナリズムが大規模に発展し、さらに全面的にマスメディアより優位に立つことは、まだ考えにくい。しかし、その発展によって、今まで個人の理性と主体性を重要視し過ぎたせいでジャーナリズムの対象と認められなかった事象を新たに認識するきっかけになり得るのではないだろうか。多くの人々が共通の問題に関心を持ち、個々の言論空間でさらに大きな言論空間を構築していく。たとえ罵詈雑言や信ぴょう性に欠ける非理性的な言論があるとしても、それらを直ちに「ジャーナリズム」や「討議の空間」に値しないと見なして却下するのではなく、そこにも日常生活の記録や意見の表明など、市民の営みとしての意味が見いだせる可能性はある。

　一方、民主主義制度の確立が遅れている国々におけるコレクティヴ・ジャーナリズムの一層の発展と力を発揮する可能性はかなり高いと思われる。グローバルに各種の問題と矛盾が深刻化し、マスメディアが機能不全に陥る中、中国のような法制度や民主主義がまだ十分に浸透していない「発展途上国」だからこそ、「コレクティヴ・ジャーナリズム」が大きな役割を果たせると考えられる。視野を広げると、世界の大半の国々は発展途上国であり、インターネットの発展により、これまで専ら情報の受け手であった途上国の一般国民は、新たに「情報の伝送路」を手に入れ、情報の送り手になる可能性がある。

そして、国を問わず、インターネットという新しい情報の伝送路を手に入れた人々がますます活発な言論活動を行うと考えられる。その中に、日常生活の記録、不正の告発、権力監視、情報の越境、世界の出来事に関する情報提供や論評活動が行われ、また中東、アフリカなどでは「ジャスミン革命」に端を発する「アラブの春」のような大きな社会変革につながるものもあるかもしれない。

　一方、社会の現状への不満を煽動し、意図的な世論操作と世論誘導をする可能性も潜んでいるため、より慎重に情報を弁別、発信し、批判的に情報を読み取る能力の強化は、コレクティヴ・ジャーナリズムの参加者である不特定多数の市民にとってもう一つの喫緊の課題である。

注

まえがき

1）2003年27歳の大学卒業生孫志剛が広州市で浮浪者と見なされ収容され、虐待を受け死に至った。『南方都市報』が事件を報道した後、各ウェブサイトで報道が転載され、ネットで大きな議論を巻き起こした。

2）2007年、山西省のレンガ工場における奴隷労働者の強制労働がネットからの発信により全国的な話題になり、レンガ工場が摘発された事件である。

3）2009年、雲南省の青年李蕎明が地方警察局の拘留所で死亡した事件である。警察は李が「隠れん坊」をしたときに壁にぶつかったと発表したが、ネットではこうしたずさんな発表を信じないという意見が多数出現し、事件の「真相調査委員会」にネットユーザーが参加するという異例の調査になった。

4）2009年5月10日、湖北省巴東県の野三関鎮の政府に勤務している3人の男性が、その鎮（小さな町）のホテルの浴場で勤務していた鄧玉嬌という女性（22歳）に、「特殊なサービス」を要求したが、これを断った鄧を、3人がソファーに押し倒した。暴行に抵抗した鄧は身を起こすと、修脚刀（足の手入れをするのに用いる小刀）で、鎮の企業誘致室の主任だった男性（44歳）を斬りつけて死なせ、残りの男性2人にも腕に怪我をさせた。鄧は、その後警察に自首したが、この事件は各界、インターネットで大きな反響を呼び、ネット上で鄧を擁護する声が多数現れた。ネットユーザーたちは自力で調査を開始し、最終的に鄧の行為は裁判で正当防衛と認定され、刑事責任も免じられた。

5）中国青年報社会調査センター、2009年調査

第1章

6）16〜17世紀英国で流行した物語的通俗歌曲はバラッドと呼ばれる。社交界のゴシップや刑事事件、戦争、お祭りや結婚、葬儀の情報、魔女、妖精、英雄の伝説など、広いジャンルの記事を、大判の紙の片面に刷ったもの（ブロードサイド・バラッド）を、売り子が売って歩き、歌って宣伝する。

第2章

7）2004年7月時点。『オーマイニュースの挑戦』呉連鎬（2005：190-191）

第3章

8）詳細は林香里（2002）「デリベラティヴ・オピニオン・ポリングとパブリック・ジャー

ナリズムの政治報道」を参照されたい。
9）2013年にみすず書房から出版された『デモクラシーの生と死』の邦訳書では、monitory democracy を「モニタリング・デモクラシー」と訳している。
10）Margaret Thatcher Foundation http://www.margaretthatcher.org/document/106689（2015年11月16日にアクセス）

第4章

11）湖南省ラジオ・テレビ局は、マスメディアの改革派として、娯楽路線を開拓し、中国のマスメディア業界で重要な地位を構築してきた。その衛星テレビチャンネル（湖南衛視）の『快楽大本営』『超級女声』などのブランド番組は人気が高く、視聴率は常に中国国内ではトップクラスである。
12）『阿六頭説新聞』の事例に関しては拙稿（章蓉2009）を参照されたい。
13）「阿六頭」はキャスターの呼び名で、杭州市の地元住民にとって口語的で親近感のある名前である。

第5章

14）インターネットの利用に携帯電話とPCの両方を使っているネットユーザーが多いため、この2つの比率の合計は100％を上回る。
15）政府が自分で新聞を作り、自分で読むという意味である。
16）2009年8月12日、人民日報社・人民網本部（北京市）で筆者が実施した強国論壇関係者へのインタビューによる。
17）「新浪博客人気総関注度排行榜」
http://blog.sina.com.cn/lm/rank/focusbang/（2014年11月10日にアクセス）
18）微信（WeChat）は騰訊（TenCent）社が開発したスマートフォン向けの即時通信アプリである。お互いに許可し合って知り合い、（友人）限定のSNSとして使うのが一般的である。微信を利用する友人同士間ではテキストや音声によるチャット、無料の電話、テレビ電話などができる。また、「モーメンツでの共有」というシェア機能を使い、登録された友人向けに情報を発表することもでき、そして、友人のモーメンツに対して「いいね」をクリックしたり、コメントしたりすることができる。一方、友人でない人のコメントと「いいね」は見られない。微信はプライベート性が高く、知り合い以外の人との情報交換と議論は不可能である。現在、微信は友人間で無料通話、日常情報の交流、生活の知恵の伝達などをするツールとして人気が高いが、不特定多数のユーザーが議論する場としてはふさわしくなく、ネット社会事件を認知・形成する力は有していない。
19）『新聞聯播』は中央テレビ局（CCTV）の看板ニュース番組のことである。高い政治性を持つことで有名である。
20）「跟貼」は中国語でコメントの意味である。

注

21）グーグルのような機械的な検索エンジンだけに頼らず、人力で、ある特定の人にまつわるあらゆる情報を探し出すことを「人肉捜索」と呼んでいる。

22）昔から中国語の直訳、例えば「Long time no see＝好久不見」（お久しぶり）、「Good good study, day day up＝好好学習、天天向上」（よく勉強して、毎日向上する）などが存在したが、現在流行語としての「華製英語」はそれらより複雑なものである。

23）「網絡流伝"中国式英語"」『現代快報』2010.2.25　http://www.chinanews.com/cul/news/2010/02-25/2139465.shtml（2014年10月10日にアクセス）

24）2009年7月16日午前10時59分、百度「魔獣世界」貼吧に一風変わったポストが貼られた。タイトル「賈君鵬你媽媽喊你回家喫飯」とだけあって、開いても具体的な内容がない。しかし、わずか1日で710万回のクリック数と30万のレスポンス数を獲得し、一つの「奇跡」を成し遂げた。

25）解放日報（2009）「復旦大学副教授：『賈君鵬』事件是集体行為芸術」
http://www.chinanews.com/cul/news/2009/07-23/1788005.shtml（2014年10月1日にアクセス）

26）「宝貝回家網」成功例　http://bbs.baobeihuijia.com/thread-191687-1-1.html（2014年11月14日にアクセス）

27）「中国网民自发制訂"人肉捜索公約"」『信息時報』2009年1月7日
http://news.163.com/09/0107/05/4V1GOIF200011229.html（2014年9月10日にアクセス）

28）「徐州立法禁止"人肉捜索"？六成網友反対」人民網―『人民日報』2009年01月20日
http://culture.people.com.cn/GB/8697574.html（2013年9月10日にアクセス）

29）新浪跟貼　http://comment5.news.sina.com.cn/comment/skin/default.html?channel=gn&newsid=1-1-3096580（2014年10月10日にアクセス）

30）騰訊牛評　http://coral.qq.com/1015637616（2014年10月10日にアクセス）

31）「公知」は「公共知識人」の略語で、「政治や社会問題に強い関心と責任感を持ち、勇気をもって発言、行動する知識人」と標榜されてきたが、実際に多くの「公知」は専門知がなく、「中国政府に反対する」「普遍価値の宣揚」しかできないため、それに対する社会的な評判は低下している。

32）2013年3月29日に筆者がハンドルネーム「嘉善老顧」のベテランユーザーへ行ったインタビューによる。

33）『南方週末』「国内首信訪報告獲高層重視」2004年11月4日【時政】
http://www.southcn.com/weekend/top/200411040019.htm（2014年10月20日にアクセス）

34）http://blog.sina.com.cn/s/blog_4673be510102v3gm.html「羅昌平扳倒劉鉄男冒了多大危険？」（2014年10月20日にアクセス）

35）『河南商報』2013年5月13日 A04版「劉鉄男落馬、給実名挙報以信心」

36）現在「水君網」に改名、URLは同じ

37）水軍網 http://www.shuijunwang.com/（2013年8月9日にアクセス）

第6章

38）人民網が2008年に開設した世論を観測する機構で、伝統マスメディアとネットメディアについて24時間の観測を続けている。
39）報告では主に3つのBBS論壇と2つの微博サイトから統計を取っており、ランキングインした事件の多くは100万回以上の転載数を誇っている。
40）米国のアドビシステムズ社が販売しているソフトウエア。写真画像データを修正・加工できる。
41）2007年7月に北京テレビ局では「段ボール餡饅頭」のニュースが報道されたが、結局は記者の自作自演で、偽のニュース（虚偽報道）であることが判明した。
42）海華（2007-11-17）「華南虎真假之辯折射社会信任危机」『中国青年報』http://zqb.cyol.com/content/2007-11/17/content_1959841.htm（2014年8月4日にアクセス）
43）傅徳志のブログ名「原本山川、極命草木」http://blog.sina.com.cn/emaycomcn（2013年10月15日にアクセス）
　　関克のブログ名「关克 Blog」http://blog.sina.com.cn/s/blog_4f100ac001000dgc.html（2013年10月15日にアクセス）
44）中国共産党河南省委員会機関紙『河南日報』のウェブサイト「大河網」のBBS論壇
45）記者会見で山西省公安庁副庁長李富林氏の発言。
46）田磊（2008）「付振中：揭用"罪悪的黒人之路"」『南風窓』2007年第24期、p15
47）朱紅軍（2007）「山西黒砖窑风暴被她点燃」『南方週末』http://www.infzm.com/content/5662（2013年10月15日にアクセス）
48）山西省が公表したデータによる。
49）「隠れん坊」（躲猫猫）は、2008年の「腕立て伏せ」（俯卧撑）と「醤油買い」（打醤油）と共に中国の「三大功夫」とされている。「醤油買い」はネット事件ではないが、直訳は「無関心・関係ない」で、一種の「非暴力・不服従」の意思表明でもある。
50）網易サイトニュース欄ポスト http://comment.news.163.com/news_guonei5_bbs/5364HHDU0001124J.html（2012年9月30日にアクセス）
51）夏徳鋭（2009）「男子看守所内疑躲猫猫致死遭家属網友質疑」『云南信息報』2009-02-18 07：46 http://news.dayoo.com/society/200902/18/53921_5325926.htm（2012年9月30日にアクセス）
52）http://survey.news.sina.com.cn/result/30895.html 最終調査を受けた人の数は5万9177人だった（2012年9月30日にアクセス）
53）http://survey.news.sina.com.cn/result/30895.html 最終調査を受けた人は5万9177人だった（2014年10月1日にアクセス）
54）警察側の責任者に関する処罰について、晋寧県看守所の警察官である李東明が職務を軽んじる罪で、1年6カ月の服役刑（2年の執行猶予）を課された。李東明は9号牢屋の

管理者であるにもかかわらず、そこに受刑者のボスが出現したのを放任し、発見後も制止しなかった。2009年1月29日から2月8日の間に、李蕎明が9号牢屋に拘留され、体罰や虐待、殴打を繰り返し受けたため、重度の脳挫傷で死亡するという結果をもたらした。調査中に、もう一人の警察官である蘇紹録に虐待行為があったことも発覚した。蘇が警察官でありながら、拘留された犯罪容疑者20人余りに対して、ひざまずかせ、体罰、殴打などを行ったことにより、虐待罪に問われ懲役1年の刑に処された。

　隠れん坊事件の被害者である李蕎明の死に直接関わった受刑者ボスの張厚華は、数罪併罰で無期懲役になった。加害者の張涛は、懲役17年と罰金1000元、普華永は懲役16年の刑であった。雲南省公安庁規律委員会書記・楊建萍が記者会見で、李蕎明の家族に対して謝罪し、「最も深く切実なお詫びをする」、また現地の警察組織の幹部6人の処分結果を公表した。晋寧県公安局長達琪明には「行政記大過」処分。同副局長の闫国栋（拘置所担当責任者）にも「行政記大過」処分で、免職。晋寧県拘置所所長の余成江、同副所長の蒋瑛には共に「行政免職」処分。拘置所警察李東明は「辞退」処分。さらに、晋寧県検察院駐在検察室の管理・監督が不十分であったため、主任の趙澤雲も免職処分を受けた。

55) 中国の主要映像専門サイトの一つである。
56) 優酷サイトにおける映像のURL http://v.youku.com/v_show/id_XNzMzNTcxNTQw.html（2014年9月5日にアクセス）
57) フォロワー数が多く、発信力が強い微博ユーザーのことで、オピニオン・リーダー的な存在である。
58) http://www.weibo.com/1358776365/BclrzFU2q#_rnd1409886643821
　　新浪微博でのネットユーザーたちのコメント（2014年9月5日にアクセス）
59) 長い微博という意味である。画像で文字内容を表示するため、140文字の制限を突破し、長文でも微博に発表できる。

第7章

60) Jonathan Krim（2005）Subway Fracas Escalates Into Test Of the Internet's Power to Shame, *Washington Post*. Thursday, July 7, 2005（2015年3月15日にアクセス）
　　http://www.washingtonpost.com/wp-dyn/content/article/2005/07/06/AR2005070601953.html
61) 2016年10月13日の検索結果。

参 考 文 献

日本語、英語、中国語別で、基本的に各言語の表記の著者・編者名のアルファベット順に従った。

日本語文献

阿部潔（1998）『公共圏とコミュニケーション――批判的研究の新たな地平』ミネルヴァ書房

足立治男（2008）「中国におけるインターネット民意と疑似民主主義」『論座』7月号

天児慧（2007）「水滴がしたたり落ちるように進む中国の民主化（下）」2007年5月16日 http://news.searchina.ne.jp/disp.cgi?y=2007&d=0516&f=column_0516_004.shtml （2014年10月20日にアクセス）

新井直之（1983）「現代ジャーナリズムの変容」内川芳美・新井直之編『日本のジャーナリズム』有斐閣選書

アレント・ハンナ（1958＝1994）『人間の条件』志水速雄訳、筑摩書房

安替（2010）「中国ネット公民社会の夢と現実」『中央公論』125(12)：192-200

青木日照・湯川鶴章（2003）『ネットは新聞を殺すのか――変貌するマスメディア』NTT出版

青山瑠妙（2005）「インターネットが導く中国式民主化」『論座』3月号

朝日新聞社ジャーナリスト学校（2013）『Journalism 特集中国報道を考える』7月号

浅田健一（2005）「（解説）日本における『オーマイニュース・モデル』成功の条件――市民参加型ジャーナリズムを創出するために」呉連鎬（2004＝2005）『オーマイニュースの挑戦――韓国「インターネット新聞」事始め』太田出版

麻生晴一郎（2009）『反日、暴動、バブル：新聞・テレビが報じない中国』光文社

東浩紀（2011）『一般意志2.0：ルソー、フロイト、グーグル』講談社

別府三奈子（2006）『ジャーナリズムの起源』世界思想社

ダール・ロバート（1998＝2001）『デモクラシーとは何か』中村孝文訳、岩波書店（Dahl Robert *On democracy* New Haven: Yale University Press）

デューイ・ジョン（1927＝2010）『公衆とその諸問題』植木豊訳、ハーベスト社（Dewey John *The Public and its Problems*）

遠藤薫（2007）『間メディア社会と「世論」形成：TV・ネット・劇場社会』東京電機大学出版局

遠藤薫編著（2008）『ネットメディアと「コミュニティ」形成』東京電機大学出版局

遠藤誉（2010）「『網民』パワー　四億人の声が政府を動かす」『世界』9月号154-160

フィッシャー・レン（2009=2012）『群れはなぜ同じ方向を目指すのか？：群知能と意思決定の科学』松浦俊輔訳、白揚社（Fisher Len *The Perfect Swarm: The Science of Complexity in Everyday Life*, Basic Books）

フィシュキン・ジェイムズ（2009=2011）『人々の声が響き合うとき：熟議空間と民主主義』岩木貴子訳、早川書房

フレイザー・ナンシー（1992=1999）「公共圏の再考——既存の民主主義の批判のために」キャルホーン・クレイグ編『ハーバーマスと公共圏』山本啓・新田滋訳、未来社（Fraser, Nancy 'Rethinking the Public Sphere: A Contribution to the Critique of Actually Existing Democracy', In Calhoun Craig ed. *Habermas and the Public Sphere*. MIT Press）

フランクリン・ボブ他著（2005=2009）『ジャーナリズム用語事典』国書刊行会（Franklin Bob, *Key Concepts in Journalism Studies*. Sage Publications of London）

古畑康雄（2010）「変貌する中国社会とインターネット」『神奈川大学論評』67：90-97

古畑康雄（2013）「パンドラの箱は開けられた　政府と網民の闘いは続く」朝日新聞社『Journalism 特集中国報道を考える』7月号38-46

ガーナム・ニコラス（1992=1999）「メディアと公共圏」『ハーバーマスと公共圏』山本啓・新田滋訳、未来社

ハーバーマス・ユルゲン（1990=1994）『公共性の構造転換——市民社会の一カテゴリーについての探求第2版』細谷貞雄・山田正行訳、未来社

ハーバーマス・ユルゲン（1992=2003）『事実性と妥当性』（下）河上倫逸ほか訳、未来社（Jürgen Habermas（1992=1996）*Between Facts and Norms: Contributions to a discourse theory of law and democracy*, translated by William Rehg. Polity Press）

花田達朗（1999）『メディアと公共圏のポリティクス』東京大学出版会

花田達朗（1996）『公共圏という名の社会空間：公共圏、メディア、市民社会』木鐸社

花田達朗・林香里（2005）「公共放送のリアリティとジレンマ」『世界』4月号186-195

畑仲哲雄（2014）『地域ジャーナリズム：コミュニティとメディアを結びなおす』勁草書房

畑仲哲雄（2012）「パブリック・ジャーナリズム」小林正弥・菊池理夫編著『コミュニタリアニズムのフロンティア』勁草書房

服部桂（2009）「ツイッターがつぶやくメディアの未来」朝日新聞社『Journalism』12月号14-22

服部桂（2006）「市民参加で広がるメディア環境——ネットの新潮流とジャーナリズムの未来」『新聞研究』654: 30-33

原真（2003）「インターネットによるジャーナリズムの可能性——多様な声を伝えたブログ」『アウラ』159: 14-17

原寿雄（1997）『ジャーナリズムの思想』岩波書店

原崎恵三（1995）『海賊放送の遺産』近代文芸社

橋元良明（2011）『メディアと日本人——変わりゆく日常——』岩波書店
林香里（2011）『〈オンナ・コドモ〉のジャーナリズム——ケアの倫理とともに』岩波書店
林香里（2004）「現代社会の世論と世論調査——デリベラティヴ・ポリングとは何か」日本放送文化研究所『放送メディア研究』2：135-162
林香里（2002）『マスメディアの周縁、ジャーナリズムの核心』新曜社
平井智尚（2013）「ウェブと公共性に関する概念・理論的研究の整理—新たな考察の展開に向けて—」慶應義塾大学メディア・コミュニケーション研究所『メディア・コミュニケーション』63：119-127
平塚千尋（2006）「オンラインジャーナリズムの新たな可能性」『立正大学人文科学研究所年報』44：92-93
平塚千尋（2002）「インターネット空間におけるジャーナリズム・試論——『ある火山学者のひとりごと』を例に」『放送研究と調査』52(9)：2-27
干川剛史（2003）『公共圏とデジタル・ネットワーキング』法律文化社
池尾伸一（2007）「市民メディアの台頭と新聞社の対応——読者の情報発信を取り込む双方向サイトを柱に」『新聞研究』676：14-17
池尾伸一（2009）『米国発ブログ革命』集英社新書
井上宏・荒木功（2009）『放送と通信のジャーナリズム』ミネルヴァ書房
稲葉陽二編著（2008）『ソーシャル・キャピタルの潜在力』日本評論社
伊藤昌亮（2012）『デモのメディア論：社会運動社会のゆくえ』筑摩書房
伊藤昌亮（2011）『フラッシュモブズ：儀礼と運動の交わるところ』NTT出版
ジャービス・ジェフ（2011=2011）『パブリック：開かれたネットの価値を最大化せよ』関美和訳、NHK出版（Jarvis Jeff *Public Parts: How sharing in the digital age improves the way we work and live.* Simon& Schuster Inc.）
ジョンズ・S・アレックス（2010）『新聞が消える ジャーナリズムは生き残れるか』古賀林幸訳、朝日新聞出版
カルドン・ドミニク（2010=2012）『インターネット・デモクラシー：拡大する公共空間と代議制のゆくえ』林昌宏・林香里訳、トランスビュー
河内孝（2007）『新聞社 破綻したビジネスモデル』新潮社
キーン・ジョン（2009=2013）『デモクラシーの生と死』（上・下）森本醇訳、みすず書房（Keane John *The life and death of democracy.* New York: W.W. Norton）
小林恭子（2006）「フリーランスから見たブログ——書き手が直接読者とつながるメディア」『新聞研究』654：42-45
高広強・中尾健二（2013）「中国における『人肉捜索』の現状と諸問題」『静岡大学情報学研究』18：33-50
香内三郎（1982）『活字文化の誕生』晶文社
コヴァッチ・ローゼンスティール（2001=2002）『ジャーナリズムの原則』加藤岳文・斎藤邦泰訳、日本経済評論社

クレイ・シャーキー(2008=2010)『みんな集まれ！：ネットワークが世界を動かす』岩下慶一訳、筑摩書房(Clay Shirky *Here comes everybody: The power of organizing without organizations.* Brockman Inc)
栗岡幹英(2010)「インターネットは言論の公共圏たりうるか：ブログとウィキペディアの内容分析」『奈良女子大学社会学論集』17：133-151
黒薮哲哉(2007)『崩壊する新聞―新聞狂時代の終わり』花伝社
リップマン・ウォルター(1925=2007)『幻の公衆』河崎吉紀訳、柏書房(Lippmann Walter *The Phantom Public*) Transaction Publishers.
李妍焱(2012)『中国の市民社会―動き出す草の根NGO』岩波新書
劉揚(2012)「ソーシャルメディアの普及は中国のマスメディアに何をもたらしたか」李相哲編『日中韓の戦後メディア史』藤原書店
ルーマン・ニクラス(1973=1990)『信頼』大庭健・正村俊之訳、勁草書房
ルーマン・ニクラス(1996=2005)『マスメディアのリアリティ』林香里訳、木鐸社
前川徹・中野潔(2003)『インターネットによる変容する報道　サイバージャーナリズム論』東京電機大学出版局
松本恭幸(2009)『市民メディアの挑戦』リベルタ出版
三上俊治(2000)「公共圏としてのサーバースペース――インターネット時代における世論形成過程」日本社会情報学会『社会情報学研究』4：17-23
宮田加久子(2008)「情報メディアがソーシャル・キャピタルに及ぼす影響」稲葉陽二編著『ソーシャル・キャピタルの潜在力』日本評論社
宮川公男・大守隆編(2004)『ソーシャル・キャピタル：現代経済社会のガバナンスの基礎』東洋経済新報社
宮崎正弘(2009)『朝日新聞がなくなる日　新聞・テレビ崩壊』WAC BUNKO
三好崇一(1995)「三好崇一教授特別講義　ジャーナリズムへの志を大切に：新聞学科に言い残したいこと」『コミュニケーション研究』25：6-27
水越伸(2005)『メディア・ビオトープ：メディアの生態系をデザインする』紀伊國屋書店
森健(2005)『インターネットは「僕ら」を幸せにしたか？：情報化がもたらした「リスクヘッジ社会」の行方』アスペクト
村上直之(1995)『近代ジャーナリズムの誕生：イギリス犯罪報道の社会史から』岩波書店
内藤康(2009)「ネットの向こうの中国」サーチナ・コラム　http://www.excite.co.jp/News/chn_soc/20090302/Searchina_20090302098.html (2014年10月20日にアクセス)
新島繁(1950)『ジャーナリズム』ナウカ講座
西垣通監修(2015)『ユーザーがつくる知のかたち：集合知の深化』角川インターネット講座
西垣通(2014)『ネット社会の「正義」とは何か：集合知と新しい民主主義』角川選書
西垣通(2013)『集合知とは何か　ネット時代の「知」のゆくえ』中公新書
ノリス・ピッパ(2003=2004)「ソーシャル・キャピタルと情報通信技術」宮川公男・大守

隆編『ソーシャル・キャピタル』東洋経済
小田光康（2007）『パブリック・ジャーナリスト宣言。』朝日新聞社
小黒純（2008）「『ニュース発信ツールとしてのブログ』研究：個人メディアが変えるジャーナリズム」『龍谷大学国際社会文化研究所紀要』10：267-284
岡田直之（1992）『マスコミ研究の視座と課題』東大出版会
大石裕（2005）『ジャーナリズムとメディア言説』勁草書房
呉連鎬（2004＝2005）『オーマイニュースの挑戦──韓国「インターネット新聞」事始め』大畑龍次・大畑正姫訳、太田出版
ペイトマン・キャロル著（1970＝1977）『参加と民主主義理論』寄本勝美訳、早稲田大学出版部
ペイジ・スコット（2007＝2009）『「多様な意見」はなぜ正しいのか：衆愚が集合知に変わるとき』水谷淳訳、日経BP社（Page Scott, *The difference: how the power of diversity creates better groups, firms, schools, and societies*）
パットナム・ロバート（2000＝2006）『孤独なボウリング：米国コミュニティの崩壊と再生』柴内康文訳、柏書房（Putnam Robert *Bowling alone: the collapse and revival of American community.* New York: Simon & Schuster）
祁景滢（2004）『中国のインターネットにおける対日言論分析』日本僑報社
ル・ボン・ギュスターヴ（1895＝1993）『群衆心理』桜井成夫訳、講談社学術文庫
齋藤純一（2000）『公共性』岩波書店
齋藤純一（2008）『政治と複数性：民主的な公共性にむけて』岩波書店
柴山哲也（2006）『日本型メディアシステムの興亡──瓦版からブログまで』ミネルヴァ書房
篠原一編著（2012）『討議デモクラシーの挑戦：ミニ・パブリックスが拓く新しい政治』岩波書店
篠原一（2004）『市民の政治学：討議デモクラシーとは何か』岩波書店
白石草（2011）『メディアをつくる：「小さな声」を伝えるために』岩波書店
白石草（2012）「小さな声、周縁の声を社会に届けるメディアをつくりたい」『TOKYO人権』55：2-4
清水幾太郎（1992）「ジャーナリズム」『清水幾太郎著作集9』講談社
章蓉（2009a）「中国都市テレビ局の「新型」方言ニュースの革新──ハーバーマスの「政治的公共圏の等価物」概念の検証──」『東京大学大学院情報学環紀要』77：111-125
章蓉（2009b）「中国の方言ニュースが面白い」『放送レポート』（メディア総合研究所）220：26-31
朱家麟（1999）『現代中国のジャーナリズム』田畑書店
シュミット・エリック、コーエン・ジャレッド（2013＝2014）『第五の権力：Googleには見えている未来』櫻井祐子訳、ダイヤモンド社（Eric Schmidt and Jared Cohen, *The new digital age: reshaping the future of people, nations and business.* John Murray Publish-

ers Ltd.）
シーバート，F. S.，ピータスン，T. A.，シュラム，W.（1956=1959）『マス・コミの自由に関する四理論』内川芳美訳、創元社（Siebert Fred, Peterson Theodore and Schramm Wilbur *Four theories of the press: the authoritarian, libertarian, social responsibility, and Soviet Communist concepts of what the press should be and do.* University of Illinois Press）
杉山あかし（2005）「電子ネットワークの変容と公共圏」『九州大学大学院比較社会文化研究科紀要』11:1-13
スロウィッキー・ジェームズ（2004＝2006）『「みんなの意見」は案外正しい』小高尚子訳、角川書店（Surowiecki James *The wisdom of crowds: why the many are smarter than the few and how collective wisdom shapes business, economies, societies, and nations.* Knopf Doubleday Publishing Group）
鈴木明（1992）『ジャーナリズムの原点はゴシップである』マゼラン出版
鈴木雄雅・村松泰雄（2012）「ジャーナリスト教育とジャーナリズム研究」上智大学創立100周年記念事業特別対談『朝日新聞』2012年3月23日広告特集
園田茂人編（2008）『不平等国家中国：自己否定した社会主義のゆくえ』中央公論新社
ソーントン・ジョン（2008）「中国民主化の可能性を検証する」『論座』3月号
サンスティーン・キャス（2001＝2003）『インターネットは民主主義の敵か』石川幸憲訳、毎日新聞社（Sunstain Cass *Republic.com.* Princeton University Press）
高田昌幸（2006）「ブログで問い直す読者との距離―新聞がネット社会で生き抜くために」『新聞研究』654:38-41
高田昌幸（2014）「調査報道」『現代ジャーナリズム事典』三省堂
高井潔司（2009）「吉林省・鋼鉄会社社長殺人事件報道にみる中国メディアの現状」朝日新聞社『Journalism』233:84-91
武田徹・藤田真文・山田健太監修（2014）『現代ジャーナリズム事典』三省堂
竹内郁郎（1967）「マス・コミュニケーションの機能」吉田民人・加藤秀俊・竹内郁郎編『今日の社会心理学4　社会的コミュニケーション』培風館
田村哲樹（2008）『熟議の理由：民主主義の政治理論』勁草書房
田村貴紀（2005）「ウェブログ上の社会的意見に対するマスメディアの影響―トピックとターミノロジーの連動―」『社会情報研究』9(2):45-58
田中淳・土屋淳二（2003）『集合行動の社会心理学』北樹出版
タルド・ガブリエル（1901＝1989）『世論と群集　新装版』稲葉三千男訳、未来社
谷藤悦史（2003）「市民社会、メディア、ジャーナリズムそして公共サービス・メディア――市民社会とメディア、ジャーナリズムの歴史と展望」『放送メディア研究』103-126
寺島英弥（2008）「地域コミュニティとどうつながるか――『当事者発信』を支援する地方紙の新たな可能性」『新聞研究』9月号:46-49
寺島英弥（2005）『シビック・ジャーナリズムの挑戦　コミュニティとつながる米国の地方

紙』日本評論社

唐亮（2001）『変貌する中国政治：漸進路線と民主化』東京大学出版会

津田正夫（2009）「蜃気楼としてのジャーナリズムと市民公共圏の恢復――実践／研究の中間総括に代えて」『立命館産業社会論集』45(1)：55-72

津田正夫・平塚千尋編（1998）『パブリック・アクセス：市民が作るメディア』リベルタ出版

辻大介（2006）「社会関係資本と情報行動」東京大学大学院情報学環編『日本人の情報行動2005』東京大学出版会

辻智佐子・辻俊一・渡辺昇一（2011）「インターネット・コミュニケーションにおける公共性に関する一考察」『城西大学経営紀要』7：33-51

鶴見俊輔（1965）「解説　ジャーナリズムの思想」鶴見俊輔編集・解説『ジャーナリズムの思想』筑摩書房

歌川令三（2005）『新聞がなくなる日』草思社

内川芳美・新井直之編（1983）『日本のジャーナリズム』有斐閣選書

ウォルツ・ミッチ（2005＝2008）『オルタナティブ・メディア　変革のための市民メディア入門』神保哲生訳、大月書店

若林幹夫（2010）「サイバーシティは『人を自由にする』か」北田暁大編『自由への問④コミュニケーション　自由な情報空間とは何か』岩波書店

渡辺浩平（2008）『変わる中国　変わるメディア』講談社現代新書

山田健太（2014）「熟議民主主義」『現代ジャーナリズム事典』三省堂

山田健太（2012）『言論の自由：拡大するメディアと縮むジャーナリズム』ミネルヴァ書房

山田賢一（2010）「ネットの普及は中国メディアをどこまで変えられるか」『放送研究と調査』4：52-59

山田竜作（2010）「現代社会における熟議／対話の重要性」田村哲樹編『語る――熟議／対話の政治学』風行社

矢野直明（2009）『総メディア社会とジャーナリズム　新聞・出版・放送・通信・インターネット』知泉書館

横田由美子（2005）『ネット時代の書き手たち―参加型ジャーナリズムの挑戦』『論座』9：82-90

米倉律・井田美恵子（2010）「インターネット時代のジャーナリズムの行方は：文献紹介　A.Currah "What's happening to Our News"」『放送研究と調査』60(8)：114-117

吉田純（2000）『インターネット空間の社会学　情報ネットワーク社会と公共圏』世界思想社

吉見俊哉（2004）『メディア文化論　改訂版』有斐閣アルマ

湯川鶴章（2005）「ネット参加型ジャーナリズムの時代――既存メディアに課題を突きつける」『新聞研究』646：18-20

湯川鶴章、高田昌幸、藤代裕之（2005）『ブログ・ジャーナリズム　300万人のメディア』野

良舎

湯川鶴章（2006）『ブログがジャーナリズムを変える』NTT 出版

英語文献

Benhabib Seyla (1996) 'The Democratic Moment and the Problem of Difference', in Benhabib Seyla ed. *Democracy and Difference: Contesting the boundaries of the political*, Princeton University Press

Boczkowski Pablo and Mitchelstein Eugenia (2013) *The News Gap: When the Information Preferences of the Media and the Public Diverge*, The MIT Press

Bowman Shayne and Chris Wills (2003) *We media: How Audiences are shaping the Future of News and Information*, The Media Center at the America Press Institute. http://www.hypergene.net/wemedia/download/we_media.pdf （accessed January 7, 2014）

Chambers Simone and Costain Anne (eds.) (2000) *Deliberation, democracy, and the media*, Rowman & Littlefield Publishers

Chan J. Lee, Pan F., ZD (2006) 'Online News Meets Established Journalism: How China's Journalists Evaluate the Credibility of News Websites' *New Media & Society* 8(6):925-947

Cheong Pauline Hope and Gong Jie (2010) 'Cyber Vigilantism, Transmedia Collective Intelligence, and Civic Participation', *Chinese Journal of Communication*, (4):471-487

Curran J. (2003) 'Global Journalism: A Case Study of the Internet', in Curran J. and Couldry N. (eds.) *Contesting Media power: Alternative Media in a Networked World*. Lanham, MD.: Rowman & Littlefield

Dahlgren Peter (2013) 'Online Journalism and Civic Cosmopolitanism', *Journalism Studies*, 14(2):156-171

de Burgh Hugo (2003) 'Kings without Crowns? The re-emergence of investigative journalism in China', *Media, Culture & Society* 25:801-820

Dryzek John (2000) *Deliberative Democracy and Beyond: liberals, critics, contestations*, Oxford University Press

Fishkin James and Laslett Peter eds. (2003) *Debating Deliberative Democracy*, Blackwell Publishing

Fishkin James (1997) *The Voice of the People: Public Opinion and Democracy*, Yale University Press

Fishkin James, He Baogang, Luskin Robert and Siu Alice (2010) Deliberative democracy in an unlikely place: deliberative polling in China, *British journal of political science* 40 (2):435-448

Fukuyama Francis (1992) *The end of history and the last man*, New York: Free

Press-Toronto: Canada, Maxwell Macmillan

Geoff Eley (1992) 'Nations, Publics, and Political Cultures: Placing Habermas in the Nineteenth Century' in Craig Calhoun (ed.) *Habermas and the Public Sphere*, MIT Press

Gillmor Dan (2004) *We the media: grassroots journalism by the people, for the people.* O'Reilly Media, Inc.

Glaser Mark (2006) Your Guide to Citizen Journalism http://mediashift.org/2006/09/your-guide-to-citizen-journalism270/

Glasser Theodore (2000) The Politics of Public Journalism, *Journalism Studies* 1(4):683-685

Habermas Jürgen (1996) 'Three Normative Models of Democracy', in Benhabib Seyla ed. *Democracy and Difference: Contesting the boundaries of the political*, Princeton University Press

Halpern David (2005) *Social Capital*, Polity Press

He Baogang (2010) 'Political Culture and Deliberative Democracy: The case of China' Paper presented at The Culture Sources of Deliberative Politics in East Asia IAS-Fudan University, May 1-2, 2010.

He Baogang (1996) *The Democratization of China*, Routledge

Hine Christine (2000) *Virtual Ethnography*, SAGE

Johnson T. and Kaye B. (2004) 'Wag the Blog: How Reliance on Traditional Media and the Internet Influence Credibility Perceptions of Weblogs Among Blog Users', *Journalism & Mass Communication* 81:622-642

Kaufhold K. and Valenzuela S., de Zuniga HG (2010) 'Citizen Journalism and democracy: How user-generated news use relates to political knowledge and participation' *Journalism & Mass Communication Quarterly* 87 (3-4):515-529

Keane John (2009) 'Monitory democracy and media-saturated societies', *Griffith REVIEW* 24:47-69

Keane John (1991) *The media and democracy*, Polity Press

Laclau Ernesto (2005) *On Populist Reason*, Verso

Lasica Joseph D. (2003) 'Blogs and Journalism need each other' *Nieman Report* 57:70-74

Lee-Wright Peter and Phillips A. Witschge T. (2012) *Changing journalism*, Routledge

Levy Pierre (1994=1997) *Collective Intelligence: Mankind's Emerging World in Cyberspace* translated by Bononno Robert, Helix Books

Merritt Davis (1998) *Public Journalism and Public Life: Why Telling the News is Not Enough*, Mahwah, NJ: Lawrence Erlbaum Associates

Norris Pippa (2002) 'The Bridging and Bonding Role of Online Communities' *Harvard International Journal of Press/Politics* 7(3):3-13

Phillips, A. and Witschge T. (2012) The changing business of news, in Lee-Wright Peter and Phillips A. Witschge T.（2012）*Changing journalism*, Routledge

Polumbaum Judy with Xiong Lei（2008）*China Ink: the changing face of Chinese journalism*, Lanham, Md: Rowman & Littlefield

Putnam Robert（1993）'The Prosperous Community: Social Capital and Public Life' *The American Prospect* 13:35-42

Reese Stephen and Dai Jia（2009）'Citizen Journalism in the Global News Arena: China's New Media Critics' in Stuart Allan and Thorsen Einar（eds.）*Citizen Journalism: Global Perspectives*（*Global Crises and the Media*）New York, Peter Lang Publishing Inc.

Rheingold Howard（1994）*The virtual community: homesteading on the electronic frontier*, New York, NY : HarperPerennial

Romano Angela（2010）*International journalism and democracy: civic engagement models from around the world*, Routledge

Rosen Jay（2008）「A Most Useful Definition of Citizen Journalism」*PressThink*, http://archive.pressthink.org/2008/07/14/a_most_useful_d.html（2016年12月1日にアクセス）

Shepard Alicia（1994）'The Gospel of Public Journalism' *American Journalism Review* September: 28-34

Skoric Marko and Ng Ying Ying（2009）'Bowling online, not alone: Online social capital and political participation in Singapore' *Journal of Computer-Mediated Communication* 14（2）:414-433

Stuart Allan and Thorsen Einar（ed.）（2009）*Citizen Journalism: Global Perspectives*（*Global Crises and the Media*）New York, Peter Lang Publishing Inc.

Tang Lijun and Sampson Helen（2012）'The interaction between mass media and the internet in non-democratic states: The case of China' *Media, Culture & Society* 34（4）: 457-471

Tang Min and Narisong Huhe（2014）'Alternative framing: The effect of the Internet on political support in authoritarian China', *International Political Science Review* 35（5）: 559-576

Tong Jingrong and Sparks Colin（2009）, 'Investigative Journalism in China Today' *Journalism Studies* 10（3）:337-352

Tong Jingrong（2011）*Investigative Journalism in China: Journalism, Power, and Society*, Continuum

Valenzuela S. and Kee K. F., Park N.（2009）'Is there social capital in a social network site?: Facebook use and college students' life satisfaction, trust, and participation' *Journal of Computer-Mediated Communication* 14（4）:875-901

van Dijck José（2009）'Users like you? Theorizing agency in user-generated content', *Media, Culture & Society* 31（1）:41-58

Wang Chunzhi and Bates Benjamin（2008）'Online public sphere and democracy in China', papaer presented at IAMCR, Stockholm, July 2008

Wang Jieying (2010) 'Beyond Information: The sociocultural role of the Internet in the 2008 Sichuan earthquake' *The Journal of Comparative Asian Development* 9(2):243-292

Xin Xin (2010) 'The Impact of "Citizen Journalism" on Chinese Media and Society', *Journalism Practice* 4(3):333-344

Yang Guobin (2003) 'The Internet and Civil Society in China: a preliminary assessment' *Journal of Contemporary China*12 (36):453-475

Yang Guobin (2009) *The Power of the Internet in China: Citizen Activism Online*, New York: Columbia University Press

Yang Xiao (2014) 'Are the linguistic tricks Chinese journalists use to express their opinions just another form of self-censorship?' *Nieman Reports*
URL http://www.nieman.harvard.edu/reports/article/103057/Moral-Hazard.aspx

You Shanshan (2004) *Envelope journalism in China*, California State University, UMI Dissertations Publishing

Zhang Rong (2014) 'Collective Journalism In Formation? Common Net-Users Challenging Professional Journalism Online and Offline', Paper Presented at XVIII ISA World Congress, Yokohama, Japan

Zhang Rong (2013) 'Journalism as professionalism challenged by net-users in China: Focusing on the online social affair', Paper Presented at ISA RC52 Conference, Lisbon, Portugal

Zhang Rong (2010) 'The Rise of Participatory Media in China: Focusing on online discussion of the "South China Tiger"' Paper Presented at International Communication Association 2010 Conference, Singapore

Zhao Yuezhi (2000) 'Watchdogs on Party Leashes? Contexts and implications of investigative journalism in post-Deng China', *Journalism Studies* 1(4):577-597

Zhou Xiang (2009) 'The political blogosphere in China: A content analysis of the blogs regarding the dismissal of Shanghai leader Chen Liangyu', *New Media & Society* 11(6):1003-1022

中国語文献

陳曉秦（2009）「網絡中争議性新聞事件伝播的"双螺旋"理論——以"華南虎事件"為例」『網絡財富』2月号150-151

杜駿飛（2008）「"華南虎事件"中公民新聞現象探析」『専題報道・研究探討』4:12-14

杜治洲・張瑞（2012）「中国網絡政治的発展現状及戦略構想」『北京航空航天大学学報』（社会科学版）25(3):1-5

樊亜平（2004）「網絡新聞伝播産生社会影響力的一種特殊模式——兼論網絡新聞伝播的社会

影響力」『科学・経済・社会』第22期

方興東・王俊秀（2003）『博客――Ｅ時代的盗火者』中国方正出版社

方漢奇（2002）『中国新聞伝播史』中国人民大学出版社

哈貝馬斯・景天魁（1999）「関于公共領域的問答」梁光厳訳『社会学研究』第3期35-36

姜華（2013）「公民新聞及其民主監督作用初探」『国際新聞界』35(4):38-46

蒋招華・何包剛（2005）「協商民主懇談：参与式重大公共事項的決策機制」『学習時報』2005年10月24日

敬一丹（2004）「一個欄目、三任総理」『新聞記者』
http://xwjz.eastday.com/eastday/xwjz/node23670/node23672/userobject1ai329849.html（2014年9月5日にアクセス）

匡文波（2007）『網絡伝播理論与技術』中国人民大学出版社

李彪（2011）「網絡事件伝播空間結構及其特徴研究」『新聞与伝播研究』第3期90-99

李東曉（2012）「互聯網対中国貪腐新聞生産的影響及介入模式研究」『鄭州大学学報：哲学社会科学版』第3期151-156

劉家林（2010）『新中国新聞伝播60年長編（1949―2009）』暨南大学出版社

盧新寧（2007a）「面対公衆、政府無権保持沈黙」『人民日報』（2007-11-30第05版）

盧新寧（2007b）「華南虎事件　従'真偽之弁'到'意義之争'」『人民日報』（2007-12-04）

羅昌平（2014）「科技、透明度与伝統媒体微博和微信是如何打破信息壟断的」
The State of Journalism in China, Nieman Reports, Winter, 160-164

羅平漢（2001）『墻上春秋――大字報的興衰』福建人民出版社

駱慧敏（2010）「網絡議程設置的効果時限研究――2009年天涯社区聚焦頭条為例」『青年記者』第8期34-35

馬欣（2014）「網絡反腐的社会意義及発展規範問題探析」『中共珠海市委党校珠海市行政学院学報』第2期18-22

馬円円（2009）「網絡話語権的出売現象研究――以網絡水軍為例」『新聞愛好者』9:44-45

潘知常（2007）『誰劫持了我們的美感――潘知常掲秘「四大奇書」』学林出版社

唐紅・王懐春（2011）「網絡新聞跟貼的特点及功能」『新聞愛好者』12月号72-73

魏永征・魏武揮（2008）「自媒体的力量――大字報与 Blog 的効用比較研究」

呉心遠（2014）「上海地鉄"咸猪手"事件輿情分析――"人肉捜索"之後錦江公関与警方失踪」『人民網輿情頻道』http://yuqing.people.com.cn/n/2014/0710/c210118-25265268.html（2014年12月10日にアクセス）

向芬（2011）「基于不同平台的網絡意見領袖伝播特徴初探」『新媒体藍皮書　中国新媒体発展報告』社会科学文献出版社

肖紅慧（2010）「网络论坛的价值」『網絡伝播』第9期18-23

楊継紅（2008）『誰是新媒体』清華大学出版社

尹冬華（2008）「中西方情境中的互聯網与民主――一項海外文献調査」『四川理工学院学報』23(5):5-11

尹韻公編（2010）『新媒体藍皮書　中国新媒体発展報告2010』社会科学文献出版社
喩国明（2011）「『微博謡言』是個偽命題」『中国青年報』9月11日03版
張萍（2007）「論博客文化与知識共享」『現代教育技術』第11期22-25
張頤武（2013）「"跟帖文化"的長短」安徽教育出版社『中国夢の世紀』154-157
周群（2012）「国内商業門戸網站新聞来源情況調査――以新浪、網易為例」『今伝媒』3:38-40
祝華新・単学剛・胡江春（2012）「2011年中国互聯網輿情分析報告」社会科学文献出版社『中国社会藍皮書』シリーズ
朱紅軍（2007）「山西黒砖窰风暴被她点燃」『南方週末』http://www.infzm.com/content/5662

あとがき

　本書は、平成27年度に東京大学大学院学際情報学府に提出した博士学位請求論文『中国における参加型メディアの成長とジャーナリズムの新展開に関する研究──「コレクティヴ・ジャーナリズム」の提起と考察』を一般読者向けに作成したものである。博士論文は東京大学林香里先生、大阪大学名誉教授三島憲一先生、成蹊大学伊藤昌亮先生、東京大学水越伸先生、東京大学園田茂人先生に査読・審査していただき、多くの貴重なご教示をいただいた。先生方に厚くお礼を申し上げたい。

　本書は一般読者向けということで、より多くの読者に中国の現在進行形のネットメディアおよびネットジャーナリズムの発展状況を知ってもらうために新しい情報も入れ、一方で、紙幅の関係もあり理論の部分を大幅に圧縮している。

　振り返ってみれば、本書の完成までに長い年月が流れ、自分の研究生活にも紆余曲折があった。大学時代は日本語を専攻した。同級生が相次ぎ日本企業に就職したが、自分はジャーナリストの職業に憧れ、メディア機関に就職した。当時、中国では比較的新しいウェブメディア部門に入ったが、新し過ぎて、全てが新鮮だった。日本に留学し、念願のメディア・ジャーナリズム研究を始めた際、あえてニューメディアのインターネットではなく、伝統のメディア、しかもローカルテレビ局の「方言ニュース」を研究テーマにした。2007年に提出した修士論文のタイトルは「中国都市テレビ局の『新型』方言ニュース放送に関する研究──脱政治化と〈政治的なもの〉の間」であった。

　博士課程でも最初は方言ニュースのテーマを続けようと思ったが、インターネット時代の波の力が強く、試行錯誤の末、とうとうネットメディアに引き付けられてしまった。2007年頃から、中国のネットユーザーが急激に増加し、ネット社会事件も多発し、ネットメディアの影響が非常に大きいものとなってきた。私も既存のマスメディアの代わりに、ネット上でユーザーたちの言動がジ

ャーナリズム的な力を発揮したことを身をもって感じていた。ただし、博士課程の途中で研究テーマを変えることは、大きなリスクだと感じ、不安要素も多々あった。

最終的に無事に博士論文を書き終え、博士号を取得したのは、本当に周囲のサポートのおかげだと思う。

まずは指導教員の林香里先生に心から感謝の意を表したい。10年以上先生のご指導をいただき、研究の内容だけでなく、研究者のあるべき姿、生き方など多くを学ばせていただいた。何回もつまずき、倒れそうになった私を奮い立たせたのは、先生の心に染みるお言葉だった。先生のご恩は山高水長で、本当に感謝の言葉もない。

そして水越伸先生とは長年の「知り合い」で、「隣のおじさん」という親しみやすい一面を持ち、研究のアドバイスと指導を多くいただいた。心より感謝を申し上げたい。

また研究を含めて、たくさんアドバイスをくださった林研究室の皆様に感謝を述べたい。先輩のリン・イーシェンさん、畑仲哲雄さんからは博士論文予備発表の際に多くのアドバイスをいただいた。普段の研究発表の際に、李美淑さん、李ミンジュさん、郭ソンヨンさん、金カヨンさんなどの皆さんから助言や励ましもいただいた。また自主勉強会・研究会では、金ヨニさん、毛里裕一さん、鄭佳月さん、福博充さん、李永晶さんたちからも貴重なご意見などをいただいた。葛星さん、俞静媛さん、張笑さんも中国のことについて多くの助言を下さった。

留学中、日常生活で多くの知り合い、友人から温かい応援と激励をいただいた。ここでは名前を挙げ切れないが、心から感謝している。博士課程は孤独な作業が多いが、博士論文を最終的に完成できたのは、ある意味で「コレクティヴ」の結晶でもあると私は思う。言うまでもないが、内容は全て私一人が責任を負うものである。

その他、東大のGCL（Global Creative Leaders）プログラムから助成を受け、ポルトガルの学会で初めてCollective Journalismに関する研究を発表できた。また、お茶の水女子大学でポストドクターのプログラムに採用され、星かおり先生をはじめとするアカデミック・プロダクションの先生方から博士論文の励

あとがき

ましをいただき、大変お世話になった。ここで併せてお礼を申し上げたい。

　博士論文審査の最後の段階、そして本書の出版に当たり、職場である朝日新聞社デジタル編集部の上司と同僚からも多くのご理解とご支援をいただいた。特に withnews 編集長の奥山晶二郎さんをはじめ、若松真平さん、丹治翔さんなどに大変助けていただいた。ここでもお礼を申し上げたい。

　最後に家族への感謝の気持ちを記したい。「日本の父」で愛知教育大学の中田敏夫先生が、最初に日本留学と学問の道を導いてくださった。そして「日本のお母さん」ふくえさんは、いつも電話や手紙で私を励ましてくれた。私の長きにわたる留学を応援してくれた母、義父母にも感謝の気持ちでいっぱいである。私のことをよく理解し、子育てにも協力的な夫に最大の感謝を述べたい。最愛の息子は今年4歳になり、だいぶたくましくなった。家族の絆と愛があったからこそ、最後まで頑張れたと思う。本当に、ありがとう。

　本書がこのような形で出版できたのも、公益財団法人新聞通信調査会の助成をいただいたおかげである。新聞通信調査会の長谷川和明さん、鈴木元さん、倉沢章夫さん、編集者の相澤与剛さんにも心よりお礼を申し上げたい。

　最後の最後に、本書を、天国にいる父へ捧げたいと思う。

　2016年10月　金木犀の香りの中

　　　　　　　　　　　　　　　　　　　　　　　　　　　章　　蓉

著者紹介

章　蓉 (Zhang Rong)

中国浙江省出身。北京大学卒業後、人民日報社・人民網記者・編集者を経て、2003年来日。東京大学・大学院学際情報学府博士課程修了。博士（社会情報学）。16年4月より朝日新聞社デジタル編集部（withnews編集部）記者。

編集：公益財団法人　新聞通信調査会　倉沢章夫
編集協力：相澤与剛

コレクティヴ・ジャーナリズム
中国に見るネットメディアの新たな可能性

発行日	2017年1月27日
著　者	章　蓉　［Zhang Rong］
発行者	長谷川和明
発行所	公益財団法人 新聞通信調査会

Ⓒ Japan Press Research Institute 2017, Printed in Japan

〒100-0011　東京都千代田区内幸町2-2-1
　　　　　　日本プレスセンタービル1階
電話（03）3593-1081（代表）
URL：http://www.chosakai.gr.jp
ISBN978-4-907087-04-3

公益財団法人新聞通信調査会　2016年度出版補助対象書籍

装幀　坂田政則
印刷所　㈱太平印刷社

新聞通信調査会　出版本

書名	著者	出版年
通信社史	通信社史刊行会編	1958
報道報国の旗の下に		1963
五風十雨　古野伊之助アルバム		1966
障壁を破る　AP組合主義でロイターのヘゲモニーを打破	ケント・クーパー	1967
古野伊之助	古野伊之助伝記編集委員会	1970
国際報道と新聞	R・W・デズモンド	1983
国際報道の危機　上下	ジム・リクスタット共編	1983
アメリカの新聞倫理	ジョン・L・ハルテン	1984
国際報道の裏表	ジョナサン・フェンビー	1988
さらばフリート街	トニー・グレー	1991
放送界この20年　上下	大森幸男	1994
IT時代の報道著作権	中山信弘監修	2004
新聞の未来を展望する	面谷信監修	2006
在日外国特派員	チャールズ・ポメロイ総合編集	2007
岐路に立つ通信社		2009
新聞通信調査会報 CD-ROM（1963～2007年）		2009
日本発国際ニュースに関する研究	有山輝雄ほか	2009
ブレーキング・ニュース	AP通信社編	2011
関東大震災と東京の復興	新聞通信調査会編	2012
メディア環境の変化と国際報道	藤田博司ほか	2012
大震災・原発とメディアの役割		2013
日本からの情報発信	有山輝雄ほか	2013
東京の半世紀	新聞通信調査会編	2013
写真でつづる戦後日本史	新聞通信調査会編	2014

日中関係の針路とメディアの役割	新聞通信調査会編	2014
ジャーナリズムの規範と倫理	藤田博司・我孫子和夫	2014
2020東京五輪へ	新聞通信調査会編	2014
ジャーナリズムよ	藤田博司	2014
戦後70年	新聞通信調査会編	2015
子どもたちの戦後70年	新聞通信調査会編	2015
広がる格差とメディアの責務	新聞通信調査会編	2016
報道写真が伝えた100年	新聞通信調査会編	2016

新聞通信調査会シリーズ（小冊子）		
通信社の話	通信社史刊行会	1953
新聞組合主義の通信社のありかた	通信社史刊行会	1959
日本の新聞界と外国通信社	福岡誠一	1960
通信衛星の現状と将来	岸本康	1962
日本通信社小史（A short History of the News Agency in Japan）	古野伊之助	1963
世界の通信社	ユネスコ編	1964
アジア通信網の確立	吉田哲次郎	1968
物語・通信社史	岩永信吉	1974
新聞の名誉棄損　上下	日本新聞協会調査資料室編	1974
STORY OF JAPANESE NEWS AGENCIES	岩永信吉	1980